"十四五"时期国家重点出版物出版专项规划项目

 转型时代的中国财经战略论丛 ◢

新发展阶段山东省体育产业高质量发展研究

Research on the High-Quality Development of
the Sports Industry in Shandong Province during
the New Development Stage

李 刚 著

中国财经出版传媒集团

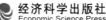 经济科学出版社
Economic Science Press

图书在版编目（CIP）数据

新发展阶段山东省体育产业高质量发展研究／李刚
著 . -- 北京 ：经济科学出版社，2025. 2. --（转型时
代的中国财经战略论丛）. -- ISBN 978 - 7 - 5218 - 6253 - 9

Ⅰ. G812. 752

中国国家版本馆 CIP 数据核字第 2024UV9024 号

责任编辑：戴婷婷
责任校对：王京宁
责任印制：范　艳

新发展阶段山东省体育产业高质量发展研究

李　刚　著

经济科学出版社出版、发行　新华书店经销

社址：北京市海淀区阜成路甲 28 号　邮编：100142

总编部电话：010 - 88191217　发行部电话：010 - 88191522

网址：www. esp. com. cn

电子邮箱：esp@ esp. com. cn

天猫网店：经济科学出版社旗舰店

网址：http：//jjkxcbs. tmall. com

北京季蜂印刷有限公司印装

710 × 1000　16 开　17.5 印张　280000 字

2025 年 2 月第 1 版　2025 年 2 月第 1 次印刷

ISBN 978 - 7 - 5218 - 6253 - 9　定价：76.00 元

（图书出现印装问题，本社负责调换。电话：010 - 88191545）

（版权所有　侵权必究　打击盗版　举报热线：010 - 88191661

QQ：2242791300　营销中心电话：010 - 88191537

电子邮箱：dbts@ esp. com. cn）

山东省社科规划项目新发展阶段山东省体育产业高质量发展路径研究－研究成果（项目批准号：23CTYJ09）

总　序

　　"转型时代的中国财经战略论丛"（以下简称《论丛》）是在国家"十四五"规划和2035年远景目标纲要的指导下，由山东财经大学与经济科学出版社共同策划的重要学术专著系列丛书。当前我国正处于从全面建成小康社会向基本实现社会主义现代化迈进的关键时期，面对复杂多变的国际环境和国内发展新格局，高校作为知识创新的前沿阵地，肩负着引领社会发展的重要使命。为响应国家战略需求，推动学术创新和实践结合，山东财经大学紧密围绕国家战略，主动承担时代赋予的重任，携手经济科学出版社共同推出"转型时代的中国财经战略论丛"系列优质精品学术著作。本系列论丛深度聚焦党的二十大精神和国家"十四五"规划中提出的重大财经问题，以推动高质量发展为核心，深度聚焦新质生产力、数字经济、区域协调发展、绿色低碳转型、科技创新等关键主题。本系列论丛选题涵盖经济学和管理学范畴，同时涉及法学、艺术学、文学、教育学和理学等领域，有力地推动了我校经济学、管理学和其他学科门类的发展，促进了我校科学研究事业的进一步繁荣发展。

　　山东财经大学是财政部、教育部和山东省人民政府共同建设的高校，2011年由原山东经济学院和原山东财政学院合并筹建，2012年正式揭牌成立。近年来，学校紧紧围绕建设全国一流财经特色名校的战略目标，以稳规模、优结构、提质量、强特色为主线，不断深化改革创新，整体学科实力跻身全国财经高校前列，经管类学科竞争力居省属高校首位。随着新一轮科技革命和产业变革的推进，学科交叉融合成为推动学术创新的重要趋势。山东财经大学秉持"破唯立标"的理念，积极推动学科交叉融合，构建"雁阵式学科发展体系"，实现了优势学科的联动发展。建立起以经济学、管理学为主体，文学、理学、法学、工学、教育学、艺术学等多学科协调发展的学科体系，形成了鲜明的办学特色，为国家经济建设和社会发展培养了大批高素质人才，在国内外享有较高声誉和知名度。

山东财经大学现设有 24 个教学院（部），全日制在校本科生、研究生 30000 余人。拥有 58 个本科专业，其中，国家级一流本科专业建设点 29 个，省级一流本科专业建设点 20 个，国家级一流本科专业建设点占本科专业总数比例位居省属高校首位。拥有应用经济学、管理科学与工程、统计学 3 个博士后科研流动站，应用经济学、工商管理、管理科学与工程、统计学 4 个一级学科博士学位授权点，11 个一级学科硕士学位授权点，20 种硕士专业学位类别。应用经济学、工商管理学、管理科学与工程 3 个学科入选山东省高水平学科建设名单，其中，应用经济学为"高峰学科"建设学科。在 2024 软科中国大学专业排名中，A 以上专业 23 个，位居山东省属高校首位；A＋专业数 3 个，位居山东省属高校第 2 位；上榜专业总数 53 个，连续三年所有专业全部上榜。工程学、计算机科学和社会科学进入 ESI 全球排名前 1%，"经济学拔尖学生培养基地"入选山东省普通高等学校基础学科拔尖学生培养基地。

山东财经大学以"努力建设特色鲜明、国际知名的高水平财经大学"为发展目标，坚定高质量内涵式发展方向，超常规引进培养高层次人才。通过加快学科交叉平台建设，扎实推进学术创新，实施科学研究登峰工程，不断优化科研管理体制，推动有组织的科研走深走实见行见效，助力学校高质量发展。近五年，学校承担国家级科研课题 180 余项，整体呈现出立项层次不断提升、立项学科分布逐年拓宽的特征，形成以经管学科为龙头、多学科共同发展的良好态势。其中，国家重点研发计划 1 项，国家社会科学基金重大项目 5 项、重点项目 9 项、年度项目 173 项。学校累计获批省部级科研奖励 110 余项，其中，教育部人文社科奖一等奖 1 项，成功入选《国家哲学社会科学成果文库》，实现学校人文社科领域研究成果的重大突破。学校通过不断完善制度和健全机制激励老师们产出高水平标志性成果，并鼓励老师们"把论文写在祖国的大地上"。近五年，学校教师发表 3500 余篇高水平学术论文，其中，被 SCI、SSCI 收录 1073 篇，被 CSSCI 收录 1092 篇，在《中国社会科学》《经济研究》《管理世界》等中文权威期刊发表 18 篇。科研成果的竞相涌现，不断推进学校哲学社会科学知识创新、理论创新和方法创新。学校紧紧把握时代脉搏，聚焦新质生产力、高质量发展、乡村振兴、海洋经济和绿色低碳已搭建省部级以上科研平台机构 54 个，共建中央部委智库平台 1 个、省级智库平台 6 个，省社科理论重点研究基地 3 个、省高等学校实验室 10 个，为教师从事科学研究搭建了更广阔的平台，营造了更优越的学术生态。

"十四五"时期是我国从全面建成小康社会向基本实现社会主义现代化迈进的关键阶段，也是山东财经大学迎来飞跃发展的重要时期。2022 年，党的二十大的胜利召开为学校的高质量发展指明了新的方向，建校 70 周年暨合并建校 10 周年的校庆更为学校的内涵式发展注入了新的动力；2024 年，学校第二次党代会确定的"一一三九发展思路"明确了学校高质量发展的路径。在此背景下，作为"十四五"时期国家重点出版物出版专项规划项目，"转型时代的中国财经战略论丛"将继续坚持以马克思列宁主义、毛泽东思想、邓小平理论、"三个代表"重要思想、科学发展观和习近平新时代中国特色社会主义思想为指导，紧密结合《中共中央关于制定国民经济和社会发展第十四个五年规划和二〇三五年远景目标的建议》和党的二十届三中全会精神，聚焦国家"十四五"期间的重大财经战略问题，积极开展基础研究和应用研究，进一步凸显鲜明的时代特征、问题导向和创新意识，致力于推出一系列的学术前沿、高水准创新性成果，更好地服务于学校一流学科和高水平大学的建设。

我们期望通过对本系列论丛的出版资助，激励我校广大教师潜心治学、扎实研究，在基础研究上紧密跟踪国内外学术发展的前沿动态，推动中国特色哲学社会科学学科体系、学术体系和话语体系的建设与创新；在应用研究上立足党和国家事业发展需要，聚焦经济社会发展中的全局性、战略性和前瞻性重大理论与实践问题，力求提出具有现实性、针对性和较强参考价值的思路与对策。

前　言

随着我国经济社会的持续进步，体育产业作为国民经济的重要组成部分，正逐渐展现出其巨大的发展潜力和战略价值。党的二十大报告强调，要"促进群众体育和竞技体育全面发展，加快建设体育强国"，这体现了党中央对体育事业的高度重视，也为体育产业的发展指明了方向。在新时代的背景下，体育产业不仅承载着促进人民健康、提升国民生活质量的重任，更是推动经济社会全面发展的重要引擎。

体育总局办公厅也在工作文件中提出，要全面贯彻落实党的二十大精神，并强调了体育产业在国民经济中的重要地位。包括推进体育强国建设、健康中国建设、全民健身战略以及青少年和学校体育发展等方面，为体育产业的发展提供了明确的政策指导和支持。山东省，作为我国经济文化的重要省份，其体育产业的发展对于全国乃至全球的体育事业都具有重要的示范和引领作用。

我国正处于新发展阶段，体育产业的高质量发展成为时代赋予的重要使命。山东省凭借其独特的地理优势、丰富的体育资源和深厚的文化底蕴，为体育产业的发展提供了得天独厚的条件。然而，面对新的发展机遇和挑战，如何推动山东省体育产业实现高质量发展，成为一个亟待解决的问题。为此，本书从创新、协调、绿色、开放、共享五个维度对山东省在新发展阶段体育产业的发展现状和问题进行分析，探讨了山东省体育产业高质量发展的影响因素，将山东省体育产业高质量发展与新发展理念相结合，从多维度进行全面分析探索并提出相应优化路径，对山东省体育产业在新发展阶段实现高质量发展起到促进作用。

目　录

第1章　导论 ……………………………………………………………… 1

　1.1　问题的提出 ……………………………………………………… 1

　1.2　新发展阶段、高质量发展内涵及相关理论基础 …………… 3

第2章　新发展阶段山东省体育产业高质量发展的综合动因与总体思路 …… 13

　2.1　新发展阶段山东省体育产业高质量发展目标 ……………… 13

　2.2　新发展阶段山东省体育产业高质量发展内容 ……………… 20

　2.3　研究方法思路 ………………………………………………… 36

第3章　新发展阶段山东省体育产业的发展现状、特点及趋势 ……… 38

　3.1　山东省体育产业的内容 ……………………………………… 39

　3.2　山东省体育产业发展现状 …………………………………… 40

　3.3　山东省体育产业发展特点 …………………………………… 44

　3.4　山东省体育产业发展的不足之处 …………………………… 45

　3.5　山东省体育产业未来发展趋势 ……………………………… 55

第4章　新发展阶段山东省体育产业高质量发展的影响因素 ………… 57

　4.1　新发展阶段山东省体育产业高质量发展外部影响因素 …… 57

　4.2　新发展阶段山东省体育产业高质量发展内部影响因素 …… 74

第5章　新发展阶段山东省体育产业高质量发展的创新维度 ………… 93

　5.1　山东省体育产业高质量发展的创新维度现状和问题 ……… 94

5.2 山东省体育产业高质量发展的创新发展路径 ·············· 101

第6章 新发展阶段山东省体育产业高质量发展的协调维度 ·········· 125

6.1 山东省体育产业高质量发展的协调维度现状和问题 ······ 126
6.2 山东省体育产业高质量发展的协调发展路径 ·············· 139

第7章 新发展阶段山东省体育产业高质量发展的绿色维度 ·········· 158

7.1 山东省体育产业高质量发展的绿色维度现状和问题 ······ 159
7.2 山东省体育产业高质量发展的绿色发展路径 ·············· 182

第8章 新发展阶段山东省体育产业高质量发展的开放维度 ·········· 190

8.1 山东省体育产业高质量发展开放维度现状和问题 ········ 190
8.2 山东省体育产业高质量发展的开放发展路径 ·············· 217

第9章 新发展阶段山东省体育产业高质量发展的共享维度 ·········· 228

9.1 山东省体育产业高质量发展共享维度内涵和现状 ········ 229
9.2 新发展阶段山东省体育产业高质量
发展共享发展路径 ············ 252

第10章 结语 ············ 262

参考文献 ············ 263

第1章 导 论

1.1 问题的提出

2020 年 10 月 29 日,习近平总书记在党的十九届五中全会上提出"新发展阶段"。"新发展阶段"就是全面建设社会主义现代化国家、向第二个百年奋斗目标进军的阶段。进入新发展阶段,是中华民族伟大复兴历史进程的大跨越。"十四五"时期,我国将进入新发展阶段,贯彻新发展理念,构建新发展格局,是由我国经济社会发展的理论逻辑、历史逻辑、现实逻辑决定的。在新发展阶段,同时也提出了高质量发展。起初,高质量发展仅指经济高质量发展,后延展为经济社会全面、全方位、全领域、全过程的高质量发展。中共中央十九届五中全会关于制定"十四五"发展规划和二〇三五年远景目标的建议,以及出台的国家"十四五"发展规划和 2035 年远景目标纲要,在"指导思想"中明确指出:以推动高质量发展为主题,以深化供给侧结构性改革为主线,以改革创新为根本动力,以满足人民日益增长的美好生活需要为根本目的。高质量发展成为审视我国经济社会发展的主流范式。在此背景下,体育产业也需要以高质量发展为目标,坚持质量第一、效率优先的原则,努力成为直接促进我国新时期经济健康增长的重要支撑性新兴产业。近些年来,我国围绕体育产业高质量发展也出台了一系列政策措施规划等。例如,2019 年 8 月国务院办公厅印发的《体育强国建设纲要》明确提出了体育产业高质量发展的战略目标;同年 9 月,国务院办公厅出台了《国务院办公厅关于促进全民健身和体育消费推动体育产业高质量发展的意见》,围绕"使体育产业成为国民支柱性产业"这一目标,深化"放管服"改革、完善产业政策、促进体育消费等共十个方面提出了三十五条政治举措。2021年7月，国务院印发的《全民健身计划（2021—2025）》将推动体育产业高质量发展确立为"十四五"时期实施全面健身计划的八大主要任务之一，始终以满足人民群众日益增长的多元化健身需求作为出发点和落脚点，坚持问题导向，进一步明确构建更高水平的全民健身公共服务体系，在新的历史起点上继续推动全民健身公共服务高质量发展；同年，山东省体育局印发《山东省"十四五"体育产业发展规划》，省政府出台《山东省人民政府关于加快推进新时代社会主义现代化体育强省建设的实施意见》《山东省人民政府办公厅关于促进全民健身和体育消费推动体育产业高质量发展的实施意见》两项重要文件，深入实施全民健身国家战略，促进体育消费持续提质升级，推动体育产业成为国民经济支柱性产业。

随着全球经济的不断发展和人民生活水平的提高，体育产业已经成为全球经济的重要组成部分。作为中国的重要省份，山东省体育产业在新发展阶段高质量发展方面具有巨大的潜力和必要性。首先，进入新发展阶段，贯彻创新、协调、绿色、开放、共享的新发展理念，构建以国内大循环为主体、国内国际双循环相互促进的新发展格局，高质量发展是全面建成社会主义现代化国家的首要任务。将体育产业高质量发展与新发展理念有机地结合起来，不仅符合经济发展的要求，又能够促进山东省体育产业的优化改善，进而能够对山东省体育产业的快速发展和全面建设起到促进作用。其次，体育产业高质量发展是推动山东省经济转型升级的重要途径。随着传统产业的逐渐饱和和转型升级的压力，山东省需要寻找新的经济增长点。体育产业作为一种新兴产业，具有高附加值、高成长性等特点，可以为山东省经济转型升级提供有力支撑。最后，体育产业高质量发展有助于提升山东省的国际形象和影响力。体育产业作为一种全球性的文化交流平台，可以促进不同国家和地区之间的文化交流和合作。通过发展体育产业，可以提升山东省的国际形象和影响力，增强山东省的国际竞争力。

基于此，本书从新发展理念的角度出发，从创新、协调、绿色、开放、共享五个维度对山东省在新发展阶段体育产业的发展现状和问题进行分析，探讨了山东省体育产业高质量发展的影响因素，将山东省体育产业高质量发展与新发展理念相结合，从多维度进行全面分析探索并提出相应优化路径，为山东省体育产业在新发展阶段实现高质量发展起到促进作用①。

1.2 新发展阶段、高质量发展内涵及相关理论基础

1.2.1 新发展阶段

习近平总书记明确指出："党的十九届五中全会提出，全面建成小康社会、实现第一个百年奋斗目标之后，我们要乘势而上开启全面建设社会主义现代化国家新征程、向第二个百年奋斗目标进军，这标志着我国进入了一个新发展阶段。"总书记的重要论述，给予新发展阶段明确定位，赋予其科学内涵。这就是说，新发展阶段不是什么别的阶段，而是全面建设社会主义现代化国家、向第二个百年奋斗目标进军的阶段。这是我国经济社会发展中的一个新的历史方位，在我国发展进程中具有里程碑意义。

3

1.2.2 新发展理念

新发展理念即创新、协调、绿色、开放、共享的发展理念，是习近平总书记于 2015 年 10 月在党的十八届五中全会上提出。创新发展注重的是解决发展动力问题，协调发展注重的是解决发展不平衡问题。

绿色发展注重的是解决人与自然和谐问题，开放发展注重的是解决发展内外联动问题，共享发展注重的是解决社会公平正义问题，强调坚持新发展理念是关系我国发展全局的一场深刻变革。新发展理念的实施有助于推动经济结构调整、转型升级和提质增效，为山东省体育产业高质量发展提供有力的思想武器和行动指南。

---

① 王晨曦、满江虹：《中国体育产业高质量发展评价指标体系的构建：基于动力变革、效率变革、质量变革》，载于《首都体育学院学报》2020 年第 3 期。

1.2.3　新发展格局

进入新发展阶段明确了我国发展的历史方位，贯彻新发展理念明确了我国现代化建设的指导原则，构建新发展格局明确了我国经济现代化的路径选择。要推动高质量发展，必须加快构建以国内大循环为主体、国内国际双循环相互促进的新发展格局，这是根据我国发展阶段、环境、条件变化，特别是基于我国比较优势变化，审时度势作出的重大决策，是一项关系我国发展全局的重大战略任务。从全局高度准确理解构建新发展格局的内涵要义，对以高质量发展为首要任务全面建设社会主义现代化国家具有重大意义。

1.2.4　高质量发展

1. 高质量发展的提出

高质量发展，提出于 2017 年 11 月党的十九大报告，进一步阐述于当年底的中央经济工作会议，后频繁出现于重大会议、重大报告、重大部署和重要讲话之中，提出我国经济需要从高速增长时期转变成高质量发展时期。2018 年 3 月，习近平总书记通过十三届全国人大重点强调，想要让我国经济实现高质量发展，就需要对我国产业结构的转型、升级给予足够重视，从根本上将我国实体经济建设做实。2020 年 11 月召开的党的十九届五中全会上得到重申：新时代我国经济发展的基本特征，就是由高速增长阶段转向高质量发展阶段。

2. 高质量发展的内涵

高质量发展是贯彻新发展理念的集中体现。新时代新阶段的发展必须贯彻新发展理念，必须是高质量发展。推动高质量发展，既是保持经济持续健康发展的必然要求，也是适应我国社会主要矛盾变化和全面建成小康社会、全面建设社会主义现代化国家的必然要求，更是遵循经济规律发展的必然要求。所以，严格按照新发展理念，不断改进实体产业结构，促进其实体经济社会增长发展方式的有效转换，让经济发展方式得到转化。本书从创新、协调、绿色、开放和共享五个方面来具体分析山东省体育产业高质量发展情况。

第一，创新发展。首先，创新可以提升体育产业的经济效益，通过科学技术的投入与更新，降低成本、提高产品质量和效益，推动体育产业走向高效集约，为社会提供更多、更好的服务。

其次，创新可以促进体育产业结构调整和优化升级，提高体育消费市场需求层次，扩大体育产业服务范围，对高素质、专业化的人力资源队伍建设提出更高要求，从而推动体育产业向高质量发展。

此外，创新还可以提高体育产业的竞争力，使体育产业在激烈的市场竞争中立于不败之地。例如，通过科技投入，开发更具创新性和实用性的体育产品和服务，提高体育产业的吸引力和影响力。

最后，创新可以为体育产业带来新的发展机遇。随着科技的不断进步和社会需求的不断变化，体育产业需要不断创新来适应市场需求，抓住新的发展机遇。创新是推动体育产业高质量发展的关键因素，需要通过科技创新、管理创新、制度创新等多方面手段来不断推动体育产业的创新发展。

高质量发展时期必须将技术创新摆在首位，坚持自主创新，积极主动研发新动能，利用创新来推动传统产业的发展，进一步完善经济结构。

第二，协调发展。首先，协调可以促进体育产业内部的良性互动。体育产业是一个复杂的系统，包括多个子领域和相关产业，如体育赛事、体育场馆、体育器材等。通过协调，可以促进这些子领域之间的合作与交流，实现资源共享和优势互补，提高整个体育产业的效率和竞争力。

其次，协调可以推动体育产业与相关产业的融合发展。体育产业与旅游、文化、教育等产业密切相关，通过协调可以促进这些产业之间的合作，推动体育旅游、体育文化、体育教育等新业态的发展，为体育产业提供更广阔的市场和发展空间。

此外，协调还可以促进体育产业与政府、社会各方面的合作。政府可以通过政策引导和支持，为体育产业提供良好的发展环境和条件。同时，社会各方面也可以通过参与和投入，为体育产业提供更多的资源和支持。通过协调，可以促进政府、社会各方面与体育产业的紧密合作，

5

形成合力推动体育产业高质量发展。

最后，协调还可以促进体育产业内部的平衡发展。在体育产业发展过程中，不同地区、不同领域的发展水平可能存在差异。通过协调，可以促进资源在各地区、各领域之间的合理流动和配置，实现体育产业的平衡发展，避免出现资源浪费和重复建设等问题。协调是推动体育产业高质量发展的重要手段之一。通过协调可以促进体育产业内部的良性互动和融合发展，推动与相关产业的合作和政府、社会各方面的支持，实现体育产业的平衡发展和高效发展。

第三，绿色发展。绿色发展是体育产业可持续发展的必然要求。随着人们对环保意识的提高，对绿色、低碳、环保的体育产品和服务的市场需求不断增加。因此，体育产业需要注重绿色发展，采取环保措施，减少对环境的负面影响，以满足消费者对环保产品的需求。

此外，绿色发展还可以促进体育产业的创新和升级。随着科技的不断进步，绿色技术、绿色材料等不断涌现，为体育产业提供了新的发展机遇。通过采用绿色技术、绿色材料等，可以开发出更加环保、健康、高效的体育产品和项目，推动体育产业的创新和升级。

最后，绿色发展可以促进体育产业与社会的和谐发展。体育产业作为社会文化的重要组成部分，需要与社会各方面保持和谐关系。通过绿色发展，可以促进体育产业与社会的和谐发展，为社会的可持续发展作出贡献。体育产业需要注重绿色发展，采取环保措施，提升品牌价值和市场竞争力，促进创新和升级，以及与社会各方面的和谐发展。

第四，开放发展。开放对体育产业高质量发展具有重要意义。

首先，开放可以促进体育产业的国际交流与合作。通过加强与国际体育产业的交流与合作，可以引进先进的技术、理念和管理经验，提高我国体育产业的水平和竞争力。同时，也可以推动我国体育产业走向国际市场，拓展海外市场，提高我国体育产业的国际影响力。

其次，开放可以推动体育产业的创新发展。在开放的环境下，各种新的思想、新的理念可以相互碰撞、相互融合，为体育产业带来新的发展思路和方向。同时，开放也可以促进体育产业与其他产业的融合发展，推动体育产业向多元化、综合化方向发展。

此外，开放还可以促进体育产业的市场化改革。在开放的市场环境下，体育产业需要更加注重市场需求和消费者体验，加强市场化运作和管理，提高市场活力和竞争力。同时，开放也可以促进体育产业的公平竞争和优胜劣汰，推动体育产业向高质量、高效率方向发展。

最后，开放还可以促进体育产业的资源共享和协同发展。在开放的环境下，各种资源可以更加自由地流动和配置，实现资源共享和协同发展。同时，开放也可以促进体育产业内部的协作和配合，形成合力推动体育产业高质量发展。通过开放可以促进国际交流与合作、推动创新发展、促进市场化改革和资源共享等，为体育产业的高质量发展注入新的动力和活力。

第五，共享发展。首先，共享可以促进体育资源的优化配置。在体育产业中，场地、设施、教练等资源往往有限，而共享可以使得这些资源得到更加合理的分配和利用，避免资源的浪费和重复建设。通过共享，可以使更多人能够享受到优质的体育资源，提高体育服务的覆盖面和效率。

其次，共享可以推动体育产业的创新发展。共享经济模式为体育产业带来了新的发展思路和商业模式，例如，共享健身、共享篮球等。这些新的商业模式不仅可以满足消费者的个性化需求，也可以为体育产业带来新的增长点和竞争力。

此外，共享还可以促进体育产业的绿色发展。通过共享，可以减少资源的浪费和重复建设，降低对环境的影响。同时，共享也可以促进体育产业的可持续发展，推动体育产业向更加环保、健康的方向发展。

最后，共享还可以促进体育产业的数字化转型。随着互联网技术的发展，数字化已经成为体育产业发展的重要趋势。通过共享，可以推动体育产业的数字化转型，提高体育产业的信息化水平和智能化程度。通过共享可以促进资源的优化配置、推动创新发展、促进绿色发展和数字化转型等，为体育产业的高质量发展注入新的动力和活力。

1.2.5　相关基础理论

体育具有公共性和私人性的双重特性，与这种双重特性相连，体育产品也可以区分为公益性体育和经营性体育，并由此产生了体育产业的概念。体育产业管理作为公共管理的一部分，研究其相关论点时，应依靠母学科的相关理论，结合自身特色，对其进行科学研究。

1. 波特钻石理论

钻石理论是美国战略管理学家迈克尔·波特于 1990 年提出，该理论指出，一个国家的某种产业竞争力取决于四个关键因素：生产要素、需求条件、企业战略、结构和同业竞争、相关及支持产业，此外，政府与机会也是影响产业竞争力的两个重要变数。他认为在产业发展的整个阶段，政府对竞争环境、需求情况、相关支持产业和生产要素的任何一个方面都会产生积极和消极的影响。本书在分析体育产业高质量发展影响因素时，着重运用了该理论。

2. 需求层次理论

马斯洛的需求层次理论指出，人类的需求从低层次到高层次分为生理，安全，社交需要，尊重和自我实现的需求，在马斯洛看来需求层次理论认为，当低层次的需求得到满足后，人们会追求更高层次的需求。同时，不同人对需求的优先级和满足程度也有所不同。体育产业中的第三产业部门作为较高的需求，是人们生活水平提高后将要追寻的这种新需求。本书在分析共享发展以及高质量发展内容方面运用了这理论。

3. 新公共管理理论

新公共管理理论是一种主张将企业管理思想和方法引入公共管理领域以提高管理效率的理论。该理论强调市场机制在公共服务领域中的作用，积极借鉴私营管理的技术和方法，提升政府的管理能力和公共服务能力。新公共管理理论的理论基础与以往的行政理论有很大的区别，它以现代经济学和私营企业管理理论和方法作为自己的理论基础。新公共管理理论认为，私营部门许多管理方式和手段都可为公共部门所借用，如绩效管理、市场导向、成本效益分析等。同时，政府应更加注意维护公平、公正，尊重民意，真正承担起为民服务责任。新公共管理理论是一种新的管理模式，旨在提高政府的管理能力和公共服务能力，促进社会公平和发展。本书在高质量发展的措施方面，主要结合新公共管理理论，强调市场在体育产业高质量发展中的关键作用，更好地发挥政府的作用。

4. 配第－克拉克定理和库兹涅茨法则

配第－克拉克定理指出，随着经济的发展，人均国民收入水平的提高，劳动力首先由第一产业向第二产业转移；当人均国民收入水平进一步提高时，劳动力便向第三产业转移。劳动力在产业间的分布状况是，第一产业逐渐减少，第二产业先增加后减少，第三产业将不断增加；库兹涅茨法则认为，随着经济的发展，农业部门实现的国民收入在整个国民收入中的比重不断下降，工业部门的国民收入相对比重大体上是上升的，工业部门劳动力上升的份额低于或等于服务业部门，而服务部门的国民收入相对比重和劳动力的相对比重在所有国家都是上升的。

体育产业作为第三产业，其内部结构又和第二产业有所交叉，随着产业自身的不断发展壮大，体育产业内部的第三产业部门应该强于第二产业部门，也就是说，在体育产业的发展过程中，体育服务业的比重要远远大于体育制造业的比重，这样的产业结构才符合产业发展规律。本书在分析山东省体育产业发展现状时重点结合了该理论。

5. 创新驱动理论

创新驱动理论是指发展的动力主要来源于科学技术的创新，这种创新可以带来效益，提高生产要素的产出率，从而实现集约的增长方式。在创新驱动发展和体育消费逐渐释放的大趋势下，以高新技术为支撑的智慧体育在升级全民健身服务、变革体育消费方式、优化体育产业结构等方面发挥日益重要的作用。本书在分析山东省体育产业高质量发展影响因素时重点结合了该理论。

6. 生态马克思主义经济发展理论

生态马克思主义经济发展理论是一种将生态学与经济学相结合的理论，强调了经济发展与生态环境之间的相互关系和协调发展。这一理论是由马克思和恩格斯提出，并在现代得到进一步发展和应用。它认为，人类社会的发展必须以保护生态环境为基础，实现可持续发展。它强调了自然与人类之间的互动关系，认为人类的经济活动应该遵循自然规律，同时人类也应该为自然提供必要的保护和服务。生态马克思主义经济发展理论的核心思想是实现生态与经济的协调发展。它认为，传统的经济发展模式是以破坏生态环境为代价的，这种模式不仅损害了自然环境，也威胁了人类的生存和发展。因此，它主张通过调整经济结构、改变生产方式、提高资源利用效率等措施，实现经济发展与生态环境之间的协调发展。同时还强调了经济与社会的协调发展。它认为，经济发展应该以满足人类的基本需求为目标，而不是以追求利润最大化为目标。同时，它也强调了社会公正和公平的重要性，认为每个人都应该享有平等的机会和待遇。

现实中，生态马克思主义经济发展理论的应用已经取得了一些成果。例如，一些企业已经开始采用绿色生产方式，通过提高资源利用效率、减少废弃物排放等措施，实现了经济效益和环境效益的双赢。它为推动绿色产业发展和实现可持续发展提供了重要的指导思想。在山东省体育产业高质量发展的过程中，也需要以这一理论为指导，促进体育产业的绿色转型和可持续发展。本书在分析山东省体育产业高质量发展绿色维度时重点结合了该理论。

7. 生态经济协调可持续发展理论

生态经济协调可持续发展理论是一种全面、系统化的经济发展理论，强调了自然环境、经济和社会之间的协调和平衡。这一理论旨在实现人类与自然的和谐共生，以及经济、社会和环境的可持续发展。该理论的核心思想是实现生态、经济和社会的相互促进和协调发展。它主张在经济发展中考虑生态系统的需求和限制，通过调整经济结构、改变生产方式、创新技术手段等途径，实现经济发展与生态环境保护的双赢。生态经济协调可持续发展理论具有以下几个特点：综合性，持续性，公平性，创新性。该理论强调了自然环境、经济和社会之间的综合发展，追求的是整体最优的协调发展，而不仅是某一方面的片面发展；主张在满足当代人需求的同时，不损害后代人满足需求的能力，强调了可持续发展的重要性，并认为，经济发展应该公平分配资源和利益，每个人都应该享有平等的机会和待遇，鼓励在经济发展中采用新的技术手段和创新性的政策措施，以实现经济与生态环境之间的协调发展。

生态经济协调可持续发展理论对于山东省体育产业高质量发展具有重要意义。首先，该理论为山东省体育产业高质量发展提供了指导思想和方法论。通过应用生态经济协调可持续发展理论，可以更好地把握山东省体育产业高质量发展的方向和路径。其次，该理论为山东省体育产业高质量发展提供了理论基础和实践指导。通过深入研究和应用生态经济协调可持续发展理论，可以更好地了解山东省体育产业高质量发展的现状和问题，并提出相应的解决方案和发展建议。在实践中，生态经济协调可持续发展理论已经被广泛应用于各个领域和行业。例如，在体育产业领域，一些体育企业和组织已经开始采用绿色生产方式，通过节约能源、减少废弃物排放等措施，实现了经济效益和环境效益的双赢。此外，一些国家和地区也制定了相关政策和法规，以推动绿色产业的发展和保护生态环境。这些成功案例为我们提供了有益的借鉴和启示，也为山东省体育产业高质量发展提供了参考和借鉴。生态经济协调可持续发展理论是一种全面、系统化的经济发展理论，为山东省体育产业高质量发展提供了重要的指导思想和理论基础。通过深入研究和应用这一理论，可以更好地推动山东省体育产业的绿色发展，实现经济、社会和环境的可持续发展。本书在分析山东省体育产业高质量发展绿色维度时重点结合了该理论。

8. 绿色经济发展理论

绿色经济发展理论是一种以可持续发展为核心的经济理论，旨在促进经济增长、社会进步和环境保护的协同发展。该理论强调经济活动与环境保护的协调，通过采取一系列措施，如提高资源利用效率、减少环境污染、促进绿色就业等，实现经济、社会和环境的共赢。在绿色经济发展理论中，以下几个方面值得特别关注：可持续发展。可持续发展是绿色经济发展的核心思想。它强调在满足当代人需求的同时，不损害未来世代的需求。可持续发展包括经济、社会和环境三个方面的协调发展，其中环境保护是实现可持续发展的重要途径。

资源节约与循环利用。绿色经济发展理论强调资源的高效利用和循环利用。通过采用先进的生产技术和设备，提高资源利用效率，减少浪费和污染。同时，推行废弃物回收和再利用，实现资源的最大化利用。

环境保护与生态建设。环境保护与生态建设是绿色经济发展的重要目标。通过采取措施，如减少污染排放、改善环境质量、保护生物多样性等，实现生态环境的保护和改善。同时，加强生态建设，包括绿色建筑、绿色能源、绿色交通等方面，为经济活动提供更加环保的基础设施和支持。

绿色产业与绿色就业。绿色产业是指采用环保技术和设备的产业，如清洁能源、环保材料、节能环保等领域。这些产业在生产过程中对环境影响较小，且具有较高的附加值和市场竞争力。同时，绿色产业的发展也会带动绿色就业，为劳动者提供更加稳定和可持续的就业机会。

绿色消费与生活方式转变。绿色消费是指消费者选择环保、可持续的产品和服务，如有机食品、绿色家居、环保旅游等。通过绿色消费，消费者可以促进企业的环保行为和企业转型。同时，转变生活方式，如减少浪费、鼓励步行和骑自行车等低碳出行方式，也有助于减少环境污染和促进绿色经济发展。本书在分析山东省体育产业高质量发展绿色维度时重点结合了该理论。

第2章 新发展阶段山东省体育产业高质量发展的综合动因与总体思路

2.1 新发展阶段山东省体育产业高质量发展目标

新发展阶段山东省体育产业的高质量发展应在习近平新时代中国特色社会主义思想的指导下，认真贯彻党的十八大、十九大和二十大精神，全面贯彻山东省委、省政府对"十四五"时期总体部署。以新发展理念为引领，以高质量发展为主题，以深化供给侧结构性改革为主线，以改革创新为动力，围绕建设体育强省目标，推动群众体育、竞技体育、体育产业、青少年体育、体育文化、体育科技、体育人才以及体育对外交流的协调发展。《山东省"十四五"体育发展规划》中明确提出：到2025年，建立与小康社会相适应的体育发展新格局。

2.1.1 全民健身公共服务体系进一步完善

在《山东省"十四五"体育发展规划》中明确提出：经常参加体育锻炼人数比例达到42%以上，人民群众体质和健康水平指标位居全国前列，城乡居民达到《国民体质测定标准》合格以上人数比例高于全国平均水平，人均体育场地面积达到2.7平方米以上。

首要目标是全民健身公共服务体系的进一步完善。为实现这一目标，应重点关注提高体育锻炼参与率。力争使经常参加体育锻炼的人数比例达到42%以上。这一努力旨在推动更多人积极参与体育锻炼，构建一个更为健康的社会。在体育锻炼参与率的提高同时，要注重人民群众的体质和健康水平。力争将人民群众的体质和健康水平指标位居全国前列，确保城乡居民达到《国民体质测定标准》合格以上人数比例高于全国平均水平。这不仅是对人民身体健康的负责，更是对全面建设体育强省目标的有力支撑。城乡居民的体育场地面积也是应该关注的重点。将人均体育场地面积设定为2.7平方米以上，以确保为居民提供更多样化、更便捷的运动场所，促使更多人参与到体育锻炼中来。

在实现这些目标的过程中，社会各方力量将共同参与。政府将通过制定有力的政策，鼓励企事业单位提供更多的体育设施和服务。学校和社区将成为全民健身计划的重要阵地，通过强化教育和社区体育建设，为居民提供更多元化、专业化的体育锻炼机会。此外，我们注重的不仅是体育锻炼的数量和质量，更强调健康理念的传播。通过开展健康教育活动，力求提高人们对于健康生活方式的认知，引导他们更加科学合理地参与体育锻炼，塑造积极向上的生活态度。

在全民健身公共服务体系进一步完善的过程中，将不断探索适合各地特色的发展路径，促使全民健身事业在全省范围内实现更高水平、更广覆盖、更深层次的发展。通过这一系列努力，期望在新发展阶段建立起与小康社会相适应的全新体育发展格局，为全体居民提供更健康、更丰富的生活方式。

2.1.2 竞技体育综合实力保持全国领先

参加奥运会、亚运会、全运会、青运会等重大赛事成绩居全国前列，争取更多优秀山东籍运动员入选国家队并站上国际、国内最高领奖台。

在竞技体育综合实力保持全国领先的目标背后，是对于国家形象和社会向往的高度认知，以及对体育事业在整个国家发展中所扮演角色的深刻理解。这一目标的制定，旨在通过在奥运会、亚运会、全运会、青运会等重大赛事中取得显著成绩，提升山东在竞技体育领域的整体水平。

首先，保持全国领先的综合实力是为了在国内体育舞台上树立起山东的强大形象。体育赛事作为一种国家软实力的体现，成绩的优异将有力地传递出山东体育的强势，为全国提供了一个引领潮流的样板。这不仅对于山东来说是一种荣誉，更为整个国家增光添彩，助力提升中国在国际上的体育影响力。其次，争取更多优秀山东籍运动员入选国家队，站上国际、国内最高领奖台，是对山东体育培养和储备体系的认可。通过不断提升培养水平，为全国国家队输送更多的优秀运动员，从而在国际舞台上树起山东的旗帜。这不仅是对培养体系的肯定，更是对山东体育人才储备和选拔工作的一种推动。此外，该目标的提出还体现了对运动员个人潜力的充分挖掘和释放。通过鼓励优秀运动员在重大国际和国内赛事中展示个人实力，激发更多的运动员追求卓越的动力。通过为他们提供更广阔的舞台，期望他们能够在国际体育大家庭中彰显山东体育的风采。

总体而言，竞技体育综合实力保持全国领先这一目标的制定，是新发展阶段对山东体育在国家体育大局中所扮演重要角色的深刻认知。这不仅关系到山东形象的树立，更是对全国体育水平的一种有力推动。通过这一目标的实现，能够为全民健身、国家体育崛起和全面建设体育强省目标的实现贡献力量，使山东在竞技体育领域始终走在全国前列。

2.1.3　青少年体教融合发展取得实效性成效

主体多元的体育后备人才培养体系基本建成，体育后备人才基础更加坚实。

青少年体教融合发展取得实效性成效的目标背后，是对于培养全面发展的体育后备人才的迫切需求和对体育事业长远发展的战略考量。这一目标的制定旨在构建一个主体多元的体育后备人才培养体系，确保青少年体育的全面发展，从而为新发展阶段山东省体育产业的高质量发展奠定坚实基础。

首先，该目标的提出源于对全面培养青少年体育人才的强烈需求。在习近平新时代中国特色社会主义思想的引领下，我们深刻认识到青少年体育人才的培养既关系到个人的成长，更涉及国家体育事业的长远发展。因此，迫切需要构建一个主体多元的培养体系，通过融合教育和体育，培养出德智体美全面发展的青少年体育人才。其次，该目标是确保

15

体育后备人才培养体系基本建成，这是为了在山东全省范围内形成可持续的、多元化的青少年体育人才培养格局。通过建设完备的体育后备人才培养系统，旨在发现和培养更多具备潜质和天赋的青少年，为他们提供系统、科学的培训，实现个体全面发展。这不仅有助于挖掘和培养更多体育人才，更是对青少年身心健康的有益投资。另外，青少年体教融合发展取得实效性成效的目标还反映了对山东省青少年体育事业长远发展的考量。通过推动教育与体育的深度融合，旨在实现体育人才的全面素养，培养具备较高综合素质的人才，以满足未来社会对高素质人才的需求。这一目标不仅有助于提高山东省体育人才的整体水平，更将为社会培养更为全面发展的新一代领军人才。

在全面理解这一目标的背后，也应了解实现青少年体教融合发展取得实效性成效的必要性。这不仅要求要深化教育和体育的深度合作，更需要构建起一个科学、全面的培养机制。通过制定科学合理的培养计划，将为每一位青少年提供平等、充分的发展机会，努力使他们在体育领域中发挥潜力，实现自身的价值。这一目标的实现还需要广泛凝聚社会各界的共同努力。政府、学校、社区以及体育机构等各方应协同推动青少年体教融合发展的落地。政府应加大对青少年体育事业的投入，为培养机制的建设提供经济支持；学校应强化体育教育，将体育与课程相结合，使体育真正成为学生综合素质的重要组成部分；社区和体育机构则应积极承担社会责任，提供更多、更优质的体育培训资源。

综上所述，青少年体教融合发展取得实效性成效的目标不仅是对于青少年个体全面发展的保障，更是对山东省体育事业长远发展的积极探索。通过建设主体多元的体育后备人才培养体系，将实现在全省范围内形成多元、全面、可持续的青少年体育人才培养格局。这不仅有助于挖掘和培养更多具有体育天赋的青少年，更将为新发展阶段山东省体育产业的高质量发展提供坚实支持。

2.1.4　体育产业规模保持全国领先

新发展阶段山东省体育产业高质量发展目标之一是体育产业规模保持全国领先。"十四五"期间，要求达到6000亿元以上，增加值占全省GDP的比重接近2%，体育服务业增加值占比进一步提高。这一宏伟目标的制定是出于对体育产业在经济社会发展中的战略地位的深刻认知，以及对全面建设体育强省目标的积极响应[①]。

首先，体育产业规模保持全国领先的目标的提出是基于对体育产业在现代社会中的重要性的深刻理解。体育产业作为一种新兴产业，不仅是满足人们娱乐需求的产物，更是一种经济增长的重要引擎。通过将体育产业规模保持在全国领先水平，旨在挖掘和释放这一产业的巨大潜力，使之成为推动山东经济发展的重要力量。其次，6000 亿元以上的产业规模和接近 2% 的占比要求，代表了对山东体育产业在全省经济中发挥更为重要作用的期望。通过实现这一目标，不仅是在数字上取得了巨大的突破，更是为山东体育产业在全省经济体系中的地位提供了有力的支撑。这不仅有助于促进相关产业的协同发展，还将为全省创造更多就业机会，促进居民收入的提高。另外，体育服务业增加值占比进一步提高的目标的提出，则是基于对体育服务业在整个体育产业链中的关键地位的认知。体育服务业作为体育产业的重要组成部分，直接关系到体育产业的发展质量。通过提高体育服务业的增加值占比，我们旨在加强体育服务业在整个产业链中的地位，提高其在全省经济中的贡献度。

这一目标的实现，不仅需要在硬件设施上进行投入，更需要在软性服务上进行升级。通过提升体育服务业的增加值占比，要鼓励企业在提供体育服务时注重创新和个性化，满足不同层次、不同需求的人群。这将为我省居民提供更为丰富多彩、个性化的体育服务，推动体育服务业不断迭代和升级。值得强调的是，这一目标的提出不仅关乎数字的增长，更关乎产业链的升级和结构的优化。通过提高体育服务业的增加值占比，引导体育产业朝着更为高端、智能化的方向发展。这将推动体育产业从传统的体育赛事、场馆建设向更为智能、数字化、体验化的方向迈进，为山东体育产业的高质量发展注入新的活力。在实现这一目标的过程中，政府的引导和支持举足轻重。通过制定更为有力的政策，加大对体育产业的扶持力度，政府将成为体育产业发展的重要助推器。鼓励企业投资体育基础设施建设，提高运动员待遇，将为体育产业的健康发展提供坚实基础。此外，更多的社会力量的参与也是实现这一目标不可

17

---

① 李刚、代刚：《新时期我国体育消费的理论构建和实践路向——基于消费者行为理论研究》，载于《西安体育学院学报》2023 年第 6 期。

或缺的因素。企业、社区、学校等各方应共同努力，形成合力，推动体育服务业的发展。企业可通过提供更为创新和个性化的体育服务，社区可通过组织多样化的体育活动，学校则可加强与企业的合作，共同推动体育服务业的提档升级①。

综上，新发展阶段山东省体育产业高质量发展目标中体育产业规模保持全国领先的设定，不仅关系到山东体育产业的增长速度，更体现了山东对体育产业在整个经济体系中的战略性布局。通过实现这一目标，期望为山东经济的高质量发展、全面建设体育强省目标的实现以及全国体育产业的健康发展提供有力支持。

2.1.5　体育文化软实力逐步提升

新发展阶段山东省体育产业高质量发展目标中的一项重要目标是体育文化软实力逐步提升，中华体育精神传承发扬，体育对外交流合作进一步增强。这一目标的制定源于对体育文化在社会发展中的核心地位的认知，以及对中华体育精神传承和对外交流的战略考量。

首先，提升体育文化软实力的目标是基于对体育文化在社会发展中的重要性的深刻理解。体育不仅是一种娱乐和锻炼方式，更是一种传承千年的文化形态。通过提升体育文化的软实力，旨在传递中华体育文化的内涵，让更多人认识和理解中华文化的博大精深，从而提升山东在全国文化舞台上的影响力。其次，中华体育精神传承发扬的目标是为了弘扬中华传统文化，培育和传承中华体育文化的精髓。中华体育精神蕴含着中国人对健康、团结、奋发向前的理念，是中华传统文化的重要组成部分。通过传承和发扬中华体育精神，旨在激发广大人民群众的爱国情怀，树立健康向上的生活态度，为全省社会的和谐发展注入正能量。另外，体育对外交流合作进一步增强的目标，则反映了山东积极参与国际交流的决心和对全球体育合作的重视。通过加强与国际的体育交流，不仅能够学习借鉴他国的优秀体育文化和管理经验，更能够通过体育交流增进国际间的友谊，提升山东在国际上的形象和声望。

这一目标的实现既需要在国内深化体育文化建设，也需要在国际上

---

① 任波、戴俊：《中国体育产业高质量发展：困境、逻辑与路径——基于"质量和效益为中心"的视角》，载于《体育与科学》2020年第2期。

拓展交流合作。在国内，需要注重弘扬中华传统文化，通过加强学校和社区的体育文化教育，让更多人了解和热爱中华体育文化。通过举办体育文化活动、展览等方式，令中华体育精神深入人心，使之成为社会文明进步的重要组成部分。在国际上，需要积极参与国际性的体育赛事、论坛、展览等活动，加强与其他国家的体育机构、团体的交流合作。通过与国际友人分享中华体育文化的独特之处，加深对彼此文化的理解，促进友好关系的建立。同时，借助国际平台，展示山东在体育产业高质量发展方面的成就，吸引更多国际资源和投资，推动体育产业的国际化发展。此外，通过体育对外交流合作，还能够提升山东在国际上的品牌影响力。通过丰富多彩的国际交流活动，将展示山东的体育实力和文化魅力，吸引更多国际目光，为山东的文化、旅游等产业的发展打开更广阔的国际市场。在实现这一目标的过程中，政府的支持和引导起到至关重要的作用。政府可以通过出台更为有力的政策，加大对体育文化建设和对外交流合作的支持力度，提供更为宽松的政策环境和良好的运营平台，引导社会各界积极参与体育文化的传承和对外交流的合作。

　　总体而言，新发展阶段山东省体育产业高质量发展目标中的体育文化软实力逐步提升，中华体育精神传承发扬，体育对外交流合作进一步增强，体现了山东对于体育文化在社会进步和国际间友好交流中的关键作用的深刻认识。这一目标的制定旨在通过提升体育文化的软实力，传承和发扬中华体育精神，加强国际间的体育交流合作，为山东的文化崛起和全球体育产业的互利发展作出积极贡献。

　　在实现这一目标的过程中，需要深化对体育文化价值的认识，使之成为全社会的共识。通过在学校、社区、企业等各个层面推广体育文化教育，培养人们对中华体育文化的认同感和自豪感。通过举办各类体育文化活动，让体育文化深入人心，成为社会共同的精神纽带。同时，还需要积极引导和支持体育产业的国际化发展。通过政府的引导和推动，帮助体育产业企业更好地融入国际市场，促进国内外的合作和交流。鼓励企业通过国际合作，引进先进的技术和管理经验，提升体育产业的创新能力和竞争力。在国际交流方面，可以通过举办国际性的体育赛事、论坛、文化交流活动等方式，促进各国之间在体育领域的深度合作。加强与国际体育组织、机构的沟通和合作，共同推动全球体育事业的繁荣发展。这不仅有助于传播中华体育文化，也将为山东在国际舞台上赢得更多的赞誉和尊重。此外，还需要注重人才培养和团队建设。培养具备国际视野和跨文化沟通能力的体育专业人才，使其能够在国际体育事业中发挥重要作用。建立国际化的团队，吸引并培养具有国际竞争力的体育人才，推动山东在国际体育舞台上崭露头角。

在实现这一目标的过程中，需要全社会的共同努力。政府、企业、学校、社区等各方应加强合作，形成强大的合力。政府可以通过制定政策，提供支持和引导，激发企业、学校等各方的积极性。企业应积极响应政府号召，通过加大对体育文化的投入，提升文化软实力。学校和社区应加强体育文化的传承教育，培养更多有国际视野的体育人才。

综上所述，新发展阶段山东省体育产业高质量发展目标中的体育文化软实力逐步提升，中华体育精神传承发扬，体育对外交流合作进一步增强，旨在为山东的文化崛起和国际体育事业的共同繁荣奠定基础。通过深化对体育文化的认知，传承中华体育精神，加强国际体育交流合作，有信心、有能力推动新发展阶段山东省体育产业走向更加高质量的未来。

2.2　新发展阶段山东省体育产业高质量发展内容

自党的二十大报告提出"贯彻新发展理念实现高质量发展是全面建设社会主义现代化国家的首要任务"，以及国务院于 2019 年印发《关于促进全民健身和体育消费推动体育产业高质量发展的意见》，从国家层面确立推动体育产业高质量发展的战略要求，至此体育产业开始进入新发展阶段。结构上体育服务业已经占据体育产业总产出的 53.2%，而增加值已经占总增加值的 70%，位居首位，体育用品及相关产品制造增加值占总增加值的 28%，基本达到了新发展阶段体育服务业和体育用品制造业增加值的初步平衡[①]。

体育管理活动、体育竞赛表演活动、体育健身休闲活动、体育场

---

① 任波、戴俊：《"双循环"新发展格局下中国体育产业高质量发展：逻辑、动力与路径》，载于《体育学研究》2021 年第 2 期。

地和设施管理、体育教育与培训、其他体育服务等体育产业下属分类产业都在总产出总量和增加值上有着不同程度的增加，而在结构上体育产业的结构组成更加完善，结构占比更加合理，产业结构得到了进一步优化。

2.2.1　坚持"创新"，提升核心竞争力

坚持体育产业创新发展战略，提高创新发展能力。新发展阶段山东省体育产业各组成部分应贯彻落实新发展理念，树立创新意识。政府加强政策引导，扶持相关体育产业，帮助优化体育产业结构；重视人才在体育产业创新发展中的作用，重点培养一批懂体育爱体育的体育产业相关人才；科技是第一生产力，要加强体育产业相关技术创新，体育产业各组成部分要给予科技创新高度的重视；增加科技研发投入，鼓励科技创新，对科技创新行为进行奖励；加快构建一批国际先进的科研实验室，为科研创新提供最大便利，促进体育产业的创新发展能力动力。最终提高新发展阶段山东省体育产业的核心竞争力。

1. 积极推进政策和体制创新

政策引导和政府服务职能转变对于山东省体育产业创新有着很大作用。政策引导的作用对于山东省体育产业的创新发展有着至关重要的作用，起到导向和制约的作用，政府政策将引导山东省体育及相关产业的发展战略方向，为山东省体育产业创新发展道路扫平政策障碍，为行业发展方向起到引领作用。政策创新不仅会为体育产业带来政策红利，还会为体育产业带来资金红利，吸引来更多资金推动体育产业更快更好发展。然而好的政策固然重要，但更需要政府起好监督指导和服务的作用。所以需要政府积极转变政府职能，实行政府体制机制改革创新。由原有的传统型政府转变为服务型政府，简化审批流程提高办事效率缩短办理时间；减少具体实施的参与程度，转而将重点放在行业监督监管，政策的建立和引导上，让体育企业安心创新，提高核心竞争力。最重要的是相关政策要因地制宜充分考虑山东省体育产业的现实情况，各地区的优势劣势，参考借鉴与山东省情况大致相同有借鉴价值省份的体育产业，或发展较为优异地区的创新优惠政策为山东省所用。

2. 加大人才培养力度，建立创新人才队伍

专业人才是体育产业实现创新发展的重要一环，如果说创新是体育产业发展的第一动力，那么人才就是体育产业发展的第一资源。只有加大力度培养体育产业相关人才，并留住人才才能最终实现体育产业的创新发展。政策上山东省要紧跟国家人才强国和创新驱动发展战略，抓住教育大省的优势，重点培养一批体育专业人才，建立属于山东省的体育产业专业人才数据库，并且针对存在的大量人才外流问题要加大引导力度，鼓励企业和学校合作进行宣讲，为体育专业人才提供思路，并通过提高待遇等办法防止人才流失，为山东省体育产业储备后备人才。加强体育人才培养体系建设，培养专业化、高素质的体育人才队伍，为体育产业的发展提供人才支持。例如，可以加强对运动员的培养和选拔，提供专业化的训练和指导，培养出更多的优秀运动员。同时，还可以加强对教练员、裁判员、管理人员等的培养，提高他们的专业水平和管理能力。以山东省体育职业学院为例，该学院是山东省培养体育人才的重要机构之一。学院开设了多个专业，如体育教育、体育训练、体育经济与管理等，为学生提供全面的体育教育和培训。通过培养优秀的体育人才，山东省可以提升体育产业的竞争力和发展水平。

3. 增加科技研发投入，鼓励科技创新

科技是体育产业的第一生产力，科技创新是体育产业创新发展的源泉动力。首先，山东省体育产业各相关企业要将科技创新工作放在重要位置，积极增加科技创新的人力物力财力的投入，提高投入产出比，让技术源源不断地实现迭代更新，更好地为山东省体育产业创新发展注入动力。其次，引进和学习国际国内先进理念思想，聘请有技术创新经验的专家学者帮助企业实现技术创新，并且帮助培养一批专业技术人才作为技术创新的后备力量。再次，要为技术创新提供充足的条件，配备充足的创新实验室，给予充足的技术创新时间，加大用于科技创新的资金投入，并且鼓励更多体育赛事活动落地山东省，为技术创新提供更多收集数据和进行实际使用测试的机会。最后，加强体育科技创新研发，推动体育科技与产业的深度融合，提升体育产业的技术含量和竞争力。例如，可以开展体育数据分析研究，利用大数据和人工智能技术分析运动

员的表现和训练效果，提供科学化的训练建议。同时，还可以推动虚拟现实技术在体育训练中的应用，提供更真实、高效的训练体验。以山东省体育科学研究院为例，该研究院致力于体育科技创新和应用研究。研究院开展了多个科研项目，如运动生理学研究、运动训练技术研究等，为山东省的体育产业提供了科学支持和技术创新。

4. 加大科研力度，提高科研水平

山东省体育产业各组成部分都应认识到科研创新对发展起到的重要作用，积极建设科研部门，增加科研投入，培养科研人才，运用科研技术，打造科研品牌。首先，在建设科研部门方面，体育企业应该单独设立级别等同于其他部门的科研部门，在合理范围内给予最大的支持和尊重，建设先进的科研及试验场所，配备先进的仪器，为科研创新扫除一切障碍，为科研人员能够心无旁骛地进行科研创新提供有利条件。其次，科研创新需要大量的资金支持，各体育企业应加大科研投入占总投入的比重。并且科研还需要较长的时间才能看到成果，成果转化周期长就需要体育企业有耐心和恒心。最重要的是建立健全符合山东省体育产业科研人才成长规律、成果价值验证规律和科研创新的科研评价激励制度和科研支撑体系，打破制约多学科多行业多区域交叉研究和融合创新的科研创新壁垒，激发科研部门和科研人员的创新动力和科研活力，促进高质量科研成果的不断涌现，最后是应该不断优化科研资源配置效率。

2.2.2　促进"协调"，助推产业平衡

坚持创新协调可持续战略，促进体育产业协调发展。新发展阶段山东省体育产业各组成部分应贯彻落实新发展理念，树立协调意识。在以市场为导向的同时结合山东省自身资源条件，优化体育产业结构；扩大体育产业规模，鼓励支持体育产业集群化发展，发挥规模经济和产业集群优势；积极组织专业人员和专家学者对当前体育产业结构和规模进行分析，结合各方资料数据对山东省体育产业的未来发展趋势进行预测，提前作出具有科学性和前瞻性的布局，为山东省体育产业各组成部分自身发展方向提供思路。

1. 优化体育产业结构，达成结构均衡

众所周知，体育产业结构合理与否，对体育产业的发展具有决定性影响，合理的产业结构既是一个产业可持续发展的必要条件，也是衡量该产业发展水平的重要标准。然而山东省体育产业的结构问题就有待重视，按照国际普遍公认的体育产业最优结构组成，体育服务业应该占体育产业总产值的七成左右，且体育用品制造业也应该是高端制造并非一味生产低端产品。但是目前山东省体育产业整体上还是呈现大而不强、大而不优，主要以体育产品生产为主，结构单一，行业种类较少。

（1）首先需要确定体育产业结构优化的方向。

第一，山东省的体育产业结构要把创新创造、技术革新、新生产模式、新发展业态的新体育产业作为产业结构优化的方向，大力发展体育服务产业的体量和水平，着重打造体育用品的高端制造，体育用品制造业的高端化转型，抓住正在进行的技术革命产业革新的重大机遇，积极推动"互联网＋体育"的发展，大力推进以智能互联网为平台的新型体育服务产业，借助新技术提高人们与体育场馆业、健身休闲业、竞赛表演业、体育设施设备业之间的交流沟通，为人们预约场馆、提供体育活动指导、购买观看比赛、体育设施定制等服务提供更多便利。鼓励发展互联网多媒体、互联网广播电视、移动 App 等新业态体育传媒方式。支持引导山东省体育企业借助互联网平台通过收集数据更好服务关于人们对健身休闲业、体育设施设备的用户个性化定制服务，鼓励发展可穿戴运动设备和 VR 虚拟现实装备等新兴产品的研发。第二，改善山东省的体育产业营商环境，为山东省体育产业发展营造良好的营商氛围，引导帮扶一批优秀的体育俱乐部、具有山东特色的品牌赛事、有知名度的山东本土企业和先进体育场馆，充分发挥体育产业的带动作用和辐射感染力，带动更多企业或产业发展，从而进一步扩大体育服务业的规模，持续增加山东省体育产业的服务经济比重。通过打造一批高效的体育服务平台，提高市场间企业间的沟通效率和资源共享，完善体育服务产业的结构，扩大体育服务产业的工作范围，强化体育服务产业的工作水平，保障未来体育服务产业的工作质量。第三，进一步加快山东省体育产业从原本的低端制造业向高端制造和高附加值产业、服务业转型升

级。花大力气在高端体育用品制造和高端体育服务业的建设上，促进资本、科技、信息、人才及专业服务体系建设，进一步扩大山东省高端体育服务业的影响范围，增强山东省高端体育用品制造业的影响力和竞争力。最后，要加紧对山东省体育产业进行的技术创新和模式变革，引导体育产业向便捷化、智能化、信息化发展，支持企业运用新的时代产物和技术如互联网、人工智能、大数据算法和物联网等推动山东省体育产业发展模式创新、服务创新、技术创新，打造山东省体育产业智能化、人性化、个性化、高端化的市场新名片。

（2）其次要调整体育产业结构的优化模式。

要在全国进行的体育产业结构优化模式上，着重强化体育产业结构优化的一体化进程和统筹全局的力度，根据山东省的自身条件走出一条具有山东特色的体育产业机构优化调整之路，进一步把山东省打造成具有清晰且齐全、结构合理且均衡、空间和时间布局合理的成熟体育产业强省。第一，围绕重点发展产业或体育赛事或体育运动相关产业链。以竞赛表演、健身休闲、体育用品和体育新兴业态为重点打造产业生态簇群，实现各种产业环节的有机融合。引导体育用品制造业将发展眼光和层次放远放高，将简单的体育用品业务延伸到高端智能制造和高端体育服务业，将企业打造成全产业链都具有优势的企业。以山东省传统强项三大球和新起的冰雪等重点运动项目作为引导，通过发布专项引导规划、开展青少年体育运动项目培训、职业体育联赛改革等手段，探索运动项目的产业化发展道路。以新兴的冰雪运动、大众喜闻乐见的山地户外、传统风筝项目和年轻人热衷的电竞等体育运动项目为重点，引导具有带动人们参与和消费的健身休闲项目产业发展，形成具有山东特色的特色项目产业生态链。第二，加快建设紧跟国家全民健身计划战略和支撑产业转型升级的先进体育产业体系。大力发展健身休闲、竞赛表演、体育培训、体育旅游、运动与健康促进等生活性服务业，鼓励和引导发展体育策划咨询、体育经纪服务、体育电子商务、体育会展、运动装备租赁等生产性服务业，形成完善的体育服务业体系。进一步调整优化体育用品业和体育服务业，打造具有山东特色的高附加值高端体育用品业和满足用户个性化精细化要求的体育服务业。第三，加大体育与文化、旅游、养老、教育、健康等其他产业的有机融合，扩大体育产业的影响范围和在其他领域的服务作用。充分抓住文化发展趋势，着力打造体育与文化相结合的优质体育文化产业；把握住旅游业、健身休闲业转型发展的巨大机遇，结合山东省本土旅游项目众多优势，与旅游产业相关部门积极合作，打造山东特色体育旅游和健身休闲产业；预见未来养老及健康产业的巨大市场，积极布局体育康养，通过体育提高人们的健康生活水平。大力发展体医融合，积极推广覆盖全生命周期的运动健康服务。

（3）最后要找好体育产业结构优化的着力点。

在体育产业结构优化的过程中，需强化要素结构调整与产业结构优化的联动效应，以实现整体效益的显著提升。为此，首要任务是发挥要素结构调整的引领作用，促进体育产业结构优化与产业调整的协同并进。具体而言，需加快体育产业单元结构的转型升级，注重本土体育品牌的培育、专业人才的造就以及知识产权的保护。同时，提升体育产业资源配置效率，发挥市场在资源配置中的决定性作用，实现各类资源的优化配置和要素的深度融合，从而提高体育产业的全要素生产率。此外，推进体育产业空间的集聚化、高效化和综合化发展也是关键所在。应通过树立典型示范，提升体育产业的集约化水平，构建具有品牌影响力和质量的体育产业基地，形成一批具有强大聚合力和规模效应的体育产业集群。这不仅可以推动体育产业的高效发展，也有助于提升整个体育产业链的竞争力。

需要适应行业整合与行业功能多元的潮流，以便在体育行业的空间中进行多元化的开发，并对土地进行全面的使用，从而增强该行业空间的经济与社会的整体收益。加强对体育产业联系点城市和单位的政策指导，督促相关地区和单位切实做好联系点组织实施工作，加快出台一批可复制、可推广的政策创新成果，为全国体育产业发展提供引导经验。拓宽体育服务贸易领域，在自由贸易试验区探索开展体育产业政策创新试点，培育一批体育服务贸易示范区。进一步释放科技要素在体育产业结构优化中的效益，抓住新一轮科技革命的机遇，进一步整合资源，增强资本、技术、人才、政策等多种资源的创新创造能力，形成 1+1 大于 2 的创新合力。要引导体育企业将更多资源和注意力投向科学研发，研制科技水平更高，摆脱国外技术垄断产权封锁的自主研发的运动器材设备，着重发展智能运动可穿戴设备和智能大数据运动设备。还要支持现代科技成果和信息技术向体育产业领域的转移与应用，加快推进体育产业在内容、形式、方式和手段等方面的创新，重点支持"互联网＋体育"的创新发展。要坚定不移地强化人才要素在体育产业结构优化中的积极作用，通过建立健全人才培养、流动、激励保障机制，激发体育产业人才创新创造活力，为体育产业的持续发展提供有力的人才保障。为提升体育产业人才队伍素质，山东省将积极推动校企合作，着力培养各类体育经营策划、运营管理、技能操作等专业应用型人才，为体育产业的转型升级提供强有力的人才支撑。同时，山东省将加强对从业人员的职业培训，提升体育健身场所工作人员的服务水平和专业技能，确保为广大人民群众提供优质、专业的体育服务。在加强体育产业人才培育的国际交流与合作方面，将搭建"体育产业创新创业教育服务平台"，促进企业、高校、金融机构之间的有效对接，推动资源共享和互利共赢，提升山东省体育产业在市场上的竞争力和影响力。此外，将加大对退役运动员、教练员的引导和支持力度，鼓励他们投身体育产业，为体育产业的持续发展注入新的活力。在理论研究方面，将加强体育产业理论体系建设，建立体育产业智库体系，为体育产业的科学决策和发展提供有力支撑，推动山东省体育产业不断迈上新的台阶。

2. 扩大产业规模，为经济发展增添动能

首先，山东省要以政策为引导，助推体育产业高质量发展。颁布一系列优惠政策和意见，让更多体育民营企业参与到扩大体育产业规模增进体育经济发展的进程中。在政府政策方面，以试点城市为抓手，创新政策措施，完善体制机制，着力提升改善体育消费环境；以赛事活动为核心，加大高质量赛事活动供给，鼓励和引导平民基层足篮排赛事等广泛安全开展；以产业融合为动力，促进体旅文教全面融合发展，培育体育消费新业态新模式。从市场角度出发，引领各地加大市场主体培育力度，推动体育市场主体走"专精特新"发展道路，搭建展示平台助力打造知名品牌。其次，构建"综合体"创新体育消费新场景。目前山东省体育综合体发展火热，各地市争奇斗艳，参与模式和投融资方式趋于多样化。借助当前的火热形势，鼓励打造一批有山东特色且大众喜闻乐见的高端体育综合体，加大体育产业与教育培训、场馆会展、商场购物等产业的融合发展，形成产业良性互动的新业态。再次，充分释放精

品赛事对体育消费的促进作用。持续强化山东本土俱乐部和精品赛事的影响力,对足球篮球已有的品牌赛事加大支持引导其优化升级,争取成为高水平赛事;对于山东省欠缺的赛事类型,给予政策上和投融资贷款等经济上的帮助,助力其落地生根;对于山东传统特色项目,加大保护力度,加大宣传推广力度让更多人认识到。用精品赛事吸引消费,带动比赛场馆周边酒店、商场、旅游等消费业态。最后,发放体育消费券提振体育消费。通过举办体育消费节、发放体育消费券来促进体育消费,激发市场活力。

3. 积极进行产业布局,做到前瞻性科学性

首先,进一步合理规划布局山东省体育产业发展,围绕建立省会、胶东、鲁南经济圈体育协作机制,策划建设沿海、沿黄河、沿大运河体育带,支持"三圈""三带"建立体育发展联盟、举办体育联赛、策划打造地域特色鲜明的全民健身赛事活动,以及跨区域的健身休闲、竞赛表演、产业新高地等国家战略,完善体育产业布局。紧跟经济全球化趋势,积极推进区域体育产业协同发展,重点发展省会、胶东、鲁南经济圈所在的体育产业圈[①]。建设一批体育产业园区,提供优质的场地和服务,吸引体育产业相关企业和机构入驻,推动体育产业集聚发展。例如,可以在济南、青岛等城市建设体育产业园区,为体育产业提供专业化的场地和配套设施。以济南体育科技创新园为例,该园区是山东省重要的体育产业园区之一。园区内聚集了众多体育产业相关企业和机构,涵盖了体育器材制造、体育培训、体育科技研发等多个领域。这些企业和机构在园区内共享资源,相互合作,推动了体育产业的快速发展。其次以市场化手段为基础,充分挖掘森林、湖泊、江河、湿地、山地、滨海等独特的自然资源和传统体育人文资源,发展区域特色产业。以信息技术发展为依托,通过"互联网+"等手段,形成省会、胶东、鲁南经济圈体育产业良性互动格局。在新发展阶段谋篇布局,做好了规划图和实施方案。山东体育强省建设要体现山东特色,发挥自然资源和地理区位方面的优势,谋划好沿海、沿黄、沿大运河体育,要促进齐鲁体育文化与中华体育精神的有效结合,要利用山东雄厚的竞技人才基础,强

---

① 李刚、代刚、杨立忠:《我国冰雪体育产业高质量发展的内在逻辑、国际经验及实现路径》,载于《山东财经大学学报》2022年第1期。

化山东省传统优势项目；利用山东多样的自然资源条件，利用开发山东省健身休闲体育康养等优势产业。

2.2.3　贯彻"绿色"，实现生态协调

坚持绿色协调可持续发展战略。山东省应坚定不移走体育产业绿色发展之路，坚持以人民为中心的发展理念，着眼山东省持续发展；重视体育产业开发保护，强化环境保护力度，推进重点区域绿色发展，建设舒适宜人的体育运动环境；大力发展绿色低碳新兴产业，指导资源密集型企业错峰有序发展；支持传统产业进行绿色转型，推动清洁能源低碳发展。

首先，坚持在政策上体现绿色发展、以人为本，为体育产业市场营造绿色营商环境，更是为人民提供绿色美好的体育运动生态环境。随着人民的经济条件越来越好，人们早就不满足于仅获得最初级的体育产品，所以山东省要顺应时代需要顺应人民对绿色体育产品、绿色体育环境的需求。其次，绿水青山就是金山银山，要注意在体育产业开发中的污染防治和环境保护问题。在体育服务业方面，山东省在开展体育与旅游业、健身休闲业、户外体育业相关产业合作的过程中要注意环境保护问题。例如，在体育旅游、冰雪运动、登山探险、露营等运动项目过程中尽量减少环境污染，垃圾不随地乱扔，离开时将环境恢复成原貌、不燃烧垃圾木炭而使用清洁能源等，让山东省的环境做到绿色可持续发展而不是一锤子买卖。更重要的是体育用品业方面，传统低端体育用品制造业和资源密集型企业对于环境污染太过严重，廉价的衣物鞋帽制造了大量有害环境的化学垃圾污染，对生产地周围的大气、水源和土地都有极其严重的影响。对此，第一，要将此类体育用品制造企业远离水源地和耕地，第二，引导监督此类企业对生产后的有害垃圾进行无害化处理。最后，鼓励帮助此类资源密集型和低端制造业进行转型升级，由传统制造业向高端、智能、个性化、定制化的新型制造业转型，使用绿色健康技术打造绿色健康产品，并依托自身优势将业务拓展到一部分精细化的体育服务产业，做到全产业链都具有优势。将系统观念贯彻到新发展阶段山东省体育产业发展环境保护全过程，处理好发展与保护、总体与部分、现在与未来等一系列关系，打造合理有效有序的体育产业空间

布局体系、低碳环保可持续的理念体系、监督和激励并举的制度体系。由政府引导将山东省各地市有可能产生污染的体育用品产业相关企业聚集在本地市建议的统一区域集中管理方便监督，配备无害化处理设备，接入绿色清洁能源减少排放，不定期抽检。通过上述新发展内容推动山东省体育产业的绿色发展、可持续发展，实现山东省体育行业与生态环境的和谐发展，成为环境友好型省份。

2.2.4 扩大"开放"，合作共建共赢

1. 加大跨地区跨地域开放力度

进一步加强与其他地区优秀体育制造业、体育服务业、竞赛表演业的合作。山东省作为我国传统制造业强省，拥有最全产业链工业门类，素来以价格实惠、生产效率高、产品质量优闻名中外，这为国内外企业来鲁投资合作提供了先决条件。但更重要的是山东省要摒弃故步自封、闭门造车的传统思维，以及过度保护本土企业的壁垒思想，充分开放市场，做到充分市场化竞争，只有在良性的相互竞争中才能促使山东省各体育行业得到最大程度的进步和发展。同时政府要颁布相关文件政策，鼓励山东省本土体育企业"走出去"和"引进来"，鼓励企业带着优秀产品和技术到其他地区和国家投资合作和学习，更支持其他地区和国家的企业带着先进技术和产品来鲁投资合作。在这个开放过程中，一方找到了合适的产品生产地，顺利完成生产产生盈利；而另一方承接了产品生产工作获得了投资和报酬，带动了本地就业和经济发展，真正意义上地实现了合作共赢。在竞赛表演业方面，山东省要加强与国外先进地区之间的合作交流，在国际比赛、职业联赛等竞赛表演方面一些西方先进地区已经发展得相当成熟，近些年山东省也随着经济和社会的不断发展，体系和相关技术也得到了不同程度的发展。这些年山东省一直通过互联网等新媒体平台对从国外引进一些优秀成熟的体育赛事体育活动进行转播，不断丰富和满足山东省人民对于高水平和国际化体育赛事的观赏需求。在未来几年中，积极争取举办国内外重大体育赛事，提升山东省在体育赛事方面的影响力和知名度。例如，山东省可以争取举办全国性的体育赛事，如全国运动会、全国青少年运动会等。此外，还可以争

取举办国际性的体育赛事，如亚洲运动会、世界大学生运动会等。以青岛为例，该城市曾成功举办过多个国际体育赛事，如青岛国际帆船赛、青岛国际马拉松赛等。这些赛事不仅吸引了国内外的运动员和观众，也提升了青岛在体育赛事方面的知名度和影响力。通过举办体育赛事，山东省可以吸引更多的游客和投资，推动当地体育产业的发展。随着山东省体育产业各产业发展的愈发成熟愈发合理，体育产业发展模式和发展内容也会变得更加丰富精彩，山东省的体育产业最终会实现从引进来到完全走出去，以强劲势头挺进到国际市场①。

2. 加大跨领域跨学科开放力度

扩大开放不仅是简单意义上的本地与外地或外国的企业或资本进行的跨地区跨地域合作，还应该实现产业与其他产业跨领域跨学科的产业协同合作、融合发展。积极推动体育产业与科技产业、旅游产业、医疗健康产业、文化产业、教育培训产业的深度融合发展。

（1）推动体育科技与产业深度融合，加强体育科技创新研发。

众所周知科技是第一生产力，任何产业都不可能脱离科技产业还能独善其身。唯有主动与科技产业进行合作，提升体育产业自身的技术含量和竞争力才是正确的道路。近些年随着科技的爆发式发展，越来越多的新科技新技术开始应用到现实场景中了。例如，开展体育数据分析、虚拟现实技术在体育训练中的应用、人工智能服务、智能运动穿戴设备和电子竞技活动等。鼓励在山东省举办电子竞技相关比赛，鼓励将体育科技设备运用到比赛中。针对这些已经实现的体育科技技术，要做到加大推广宣传力度，将体育产业与科技产业融合的成果让人民切实感受便利，更是接受社会和市场的考验，为进一步优化产品提供宝贵经验数据。政策上应颁布一系列鼓励体育科技的利好政策，向上为体育科技企业打通政策道路，向下为体育科技企业吸引更多投资。

（2）推动体育产业与旅游产业深度融合。

充分挖掘山东省江河湖泊、大川大江、森林山地和大海等独特的自然资源和蹴鞠、风筝、针灸、推拿等传统体育人文资源，谋划好沿海、

---

① 高庆勇、彭国强、程喜杰：《美国体育产业发展经验及启示》，载于《体育文化导刊》2019年第9期。

沿黄、沿大运河体育旅游等，结合丰富的自然和人文资源，推动体育与旅游的融合发展，打造体育旅游品牌，吸引更多游客前来体验体育赛事和体育旅游项目。山东省拥有平原、丘陵、山地等多种地形和大量名山大川及丰厚的历史底蕴，可以结合这些优秀自然和人文资源打造推广山东特色体育旅游项目。例如，可以开展山地自行车赛事，利用山东省的山地地形和自然风光，吸引自行车爱好者前来参赛和观赛；开展沿黄河马拉松赛事，利用山东省黄河滩区雄伟壮观的自然风光，吸引马拉松爱好者等。在开发新兴体育旅游项目的同时，坚持保留已有的优质体育旅游项目。例如，泰山登山运动、青岛帆船运动、淄博蹴鞠、潍坊风筝节等。政策上加强宣传引导，提高体育旅游的知名度美誉度；为来鲁参与体育旅游的消费者提供消费券优惠券，制作城市景点及目的地周边引导，提高消费者好感度。使体育运动项目与旅游风光的吸引力影响力充分相互作用，最终融合发展带动当地经济。

（3）加强体育与健康产业的结合，推动体医产业的发展。

随着社会和经济的不断发展，人民对于美好生活的需求越来越高。包括健身俱乐部、健康管理机构、体育保健品、体育医疗运动康复等，满足人们对健康生活的需求。着力打造一批高标准高水平的体育健身休闲娱乐部，为市民提供优质的体育服务；规范和监督引导健康管理机构，保障人民的身体健康；制定关于体育保健品的相关标准，保护人民健康安全；充分挖掘山东省江河湖泊、大川大江、森林山地和大海等独特的自然资源和蹴鞠、风筝、针灸、推拿等传统体育人文资源，因地制宜建立环境优美的健身休闲和体育康养产业小镇。政策上为体育与医疗健康融合发展提供便利①。

（4）加强体育与文化产业的融合发展，传承和推广。

大力推动体育产业与文化产业的融合发展，是拓展体育产业发展空间、提升体育产业竞争力的重要手段，也是满足人民群众日益增长的文化娱乐需求、提升城市形象和市民文化生活质量的必然选择。首先，加大宣传推广力度，助力产业融合。充分调动山东省体育总局、文化和旅游部、教育部等相关政府部门，采取一个部门主导其他部门积极协助给予便利的工作方法，组织开展丰富多彩的体育文化活动，并大力宣传推

---

① 戴腾辉、王跃、周孝等：《我国体育产业发展过程中的宏观经济效应分析——基于总量和结构的视角》，载于《西安体育学院学报》2019 年第 3 期。

广。大力宣传山东省体育竞赛表演业中的优秀俱乐部和优秀精品赛事，完善优化体育广播电视模式和内容、打造体育动漫网游文化和周边商品。其次，推进体育与文化产业相互渗透，加速融合。山东省体育产业发展的关键领域在于大型体育赛事、文化体育赛事旅游、高科技体育文化产品和服务，即打造文化附加值高的体育产品品牌和相关衍生品，进而提高体育产业的品牌影响力。打造现代化体育文化产业组织，着力打造体育文化品牌提高体育文化影响。其中包含竞赛表演文化、健身休闲文化、公民体育文化等其次，培育打造特色品牌工程，引导带领体育文化产业融合。体育与文化产业深度协同发展有着众多不可多得的优势，应大力推进体育文化产业融合发展的名片工程，引导带领体育文化产业的融合。例如，体育文化产业基地、小镇，就是体育产业与文化产业深度融合发展的助推器、促进剂，它将运用文化产业的理念思想打造一个体育文化特色体育产业基地，对于体育文化双方来说，都是最大程度上实现了共赢的效果。最后，政府要增强政策和资金上的支持力度，促进体育文化产业深度融合。

加大思维创造力开放，秉持开放思维充分挖掘创造力。推动体育产品、体育服务多元化。相比对外的跨地区跨地域、跨领域跨学科的开放，对内秉持开放思维，发挥想象力创造力，发现更多新规律创造更多新技术，从而实现对自身产品质量的提升，增加核心竞争力使产品更具价值。

2.2.5　加强"共享"，缩小发展差异

坚持"共享"的新发展理念，缩小人民之间参与体育活动享受体育服务的差距。"共享"是体育发展的使命，体育事业做大做强，不仅有助于我国经济发展方式的转型，也有助于人民享受到更多社会进步的福祉。未来山东将通过提高产业的供给、基础设施的建设、引进社会资本的支持实现共享。

1. 提高供给发展水平，缩小共享差异

首先，通过提高体育产业发展水平，提高各体育行业的生产效率，增加体育产品的供给，降低体育用品的价格，降低购买体育用品和参与

体育活动的成本。其次，构建覆盖全民的差异化个性化体育服务，将产品划分为不同等级，使人民可以根据自身情况选择符合自己预期的产品，打造从低端、中端到高端的不同产品，不会因为产品供给不足放弃参与体育活动，使不同生活水平的人民都能享受到体育产业发展带来的红利。

2. 加强基础设施建设，推动全民共享

《健康中国 2030》的发展规划中，已经将我国的全民健身作为推进国家健康发展的战略。加强体育基础设施建设，完善全民参与体育运动服务体系。

首先，强化社区在全民健身中的基础性作用。为此，将全民健身公共服务纳入社区服务体系，培育并扶持一批深入社区、扎根基层的体育俱乐部和运动协会。符合条件的基层体育组织，只要在社区内开展活动，可依法向县级民政部门申请登记。引导体育社会组织下沉社区，设立健身活动站点，组织各类健身赛事活动。同时，实施社区健身设施夜间开灯持续为人们提供运动场地，提升居民的健身参与度和满意度。

其次，推动更多竞技体育成果惠及全民。体育系统管理的训练中心、基地、体校的健身设施以及运动康复等服务将向社会开放，促进国家队训练方法、日常食谱、康复技巧等的市场化开发和成果转化。建立国家队、省队运动员进校园、进社区制度，现役国家队、省队运动员每年要在中小学校或社区开展一定时间的健身指导服务。此外，建立面向全社会的体育运动水平等级制度，健全服务全民健身的教练员、裁判员评价体系。同时，建立高水平运动队帮扶基层体育社会组织的机制，提升基层体育组织的专业水平。

最后，建立绿色低碳便利化的全民健身新平台。推进优化全民基础健身设施，补齐短板；建设更多全民健身场馆、全民体育场、公共篮球场足球场、公共乒乓球台等健身休闲设施，打造覆盖城市乡镇和社区的多层次便捷健身休闲圈。为人民创造更多新的健身休闲空间，制定山东省步道建设综合方案和情况指南，鼓励根据综合条件开展自然资源依法建立森林步道、登山步道等休闲运动设施。进一步加强公共性质体育公园和场地建设，促进这类体育公园向全民开放。在已有的非体育类公园

内根据现实情况加设一部分健身休闲设施。调整优化户外运动一系列设施，加强森林、河流、山体等户外运动营地及健身步道、山体步道、徒步步道和自行车步道等户外设施。促进体育运动场地实现全部免费开放，企事业单位要对合理向社会免费开放可用于运动的场地做出表率，对有条件的学校试行"一场两门、早晚两开"的运动场地安全防护改造；对还未建设的学校规划设计的运动场地要符合开放条件。鼓励学校运动场地和器材实行免费或低收费。探索第三方对学校部分区域运动场地和设施开放进行市场化运营。鼓励私营企业向社会开放自有健身设施。

3. 引进社会资本参与，加快实现共享

为提升市民的体育活动参与度，应积极鼓励社会资本投入体育场馆建设和赛事举办。通过大力推动体育事业的发展，为广大市民提供更多优质的休闲和健身场所，同时提升体育服务水平，满足市民多元化的锻炼需求[①]。

首先，开放体育赛事承办，引入社会资本参与。通过公开赛事目录及承接标准，推动体育赛事安保服务的市场化、专业化发展，以满足市民更高层次的消费需求。

其次，着力培育各类体育赛事品牌。建立分学段、跨区域的四级青少年体育赛事体系，以及足球、篮球、排球等业余竞赛体系。同时，加快发展自主品牌赛事，培育具有世界影响力的职业联赛。此外，还将组织各类城市群众性特色体育赛事和广场舞、健步跑、象棋等健身活动，引导市民积极参与。

最后，为促进户外运动的蓬勃发展，政府已制定户外运动行业发展计划。计划实施自然向户外运动开放试验，建立可进行的户外运动活动项目。同时，促进户外运动装备的快捷配送和相关企业的延伸发展，以支持户外运动的普及和提升。

---

① 龚秋玲、刘飞平：《我国体育产业的经济效应分析》，载于《体育文化导刊》2014 年第 9 期。

2.3　研究方法思路

2.3.1　研究方法

（1）文献资料法。根据本研究的实际工作需要，通过国家体育总局、山东省体育局等官方网站，中国知网、维普全文知识期刊信息资源数据综合查询服务平台、万方数据库全文专业知识期刊服务平台，Web of science 中国外文期刊数据库、EBSCO 全文知识期刊资源数据库全文查询系统，检索更多的体育学术专著文献，阅读与浏览体育运动行业、体育市场经济、体育企业管理、体育行业品牌等多个行业方面的学术专著，同时在网上检索浏览了国家统计局等与本研究相关的统计管理部门网站，获得了大量的体育产业政策法规相关文档和学术资料，为本书研究提供重要的体育科学技术理论研究基础和其他相关科学技术理论支撑。

（2）案例分析法。对山东省施行的政策和战略和体育行业作出改变的具体举措进行具体分析，或用于辅助分析。

（3）对比分析法。将山东省体育产业发展情况与其他省份发展情况进行对比，来显示之间的差异，借此来了解产业发展的成绩和问题的一种分析方法。

（4）逻辑分析法。运用逻辑学中的相关知识和理论方法，对实践中调查的基础性情况及其所收集的数据资料进行研究与分析，得出自己的理论结果。

2.3.2　研究思路

本书研究思路，如图 2 – 1 所示。

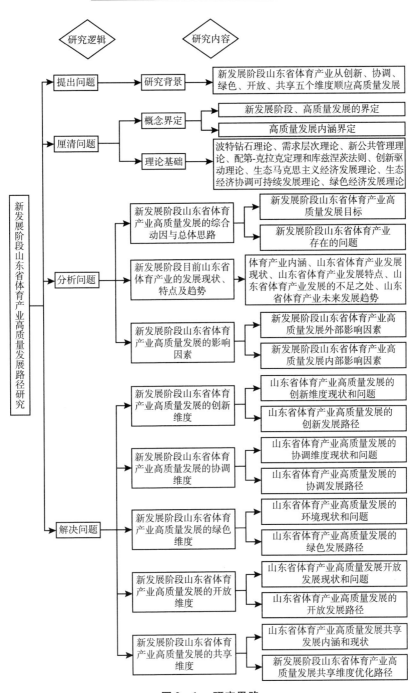

图 2 - 1　研究思路

第 3 章　新发展阶段山东省体育产业的发展现状、特点及趋势

　　进入中国特色社会主义新时代以来，人民对体育的需求日益增长，体育及体育产业的发展也面临着新的挑战和机遇。在这个时代背景下，体育及体育产业需要顺应时代发展的趋势，满足人民对美好生活的需求，以实现更高水平的发展①。

　　首先，体育及体育产业需要注重满足人民对健康和健身的需求。随着人们生活水平的提高和健康意识的增强，越来越多的人开始注重身体健康和体育锻炼。体育及体育产业需要积极适应这一趋势，加强体育设施建设和公共服务，提供更多适合不同年龄层次和健康需求的运动项目，帮助人们建立健康的生活方式。其次，体育及体育产业需要注重满足人民对精神文化生活的需求。人们不仅需要身体健康，还需要丰富的精神文化生活。体育及体育产业需要提供更多具有文化内涵和艺术价值的赛事和活动，如文艺演出、音乐会、美术展览等，让人们在欣赏艺术的同时，感受到体育的魅力。再次，体育及体育产业需要注重满足人民对科技和创新的需求。随着科技的不断发展，人们对于体育的需求也在不断升级。体育及体育产业需要积极引入新技术和新模式，如互联网＋体育、智能健身等，为人们提供更加智能化、个性化的健身服务和产品。最后，体育及体育产业需要注重满足人民对生态和环保的需求。在绿色发展和环保意识日益增强的今天，人们对于户外运动和生态旅游的需求也在不断增加。体育及体育产业需要积极推动生态体育和绿色旅游的发展，提供更多具有环保意识的运动项目和旅游产品。

---

　　①　荆林波：《我国体育产业发展现状、问题与对策建议》，载于《南京体育学院学报（社会科学版）》2016 年第 4 期。

　　总之，进入中国特色社会主义新时代，体育及体育产业需要紧跟时代步伐，以人民为中心，顺应人民对美好生活的需求，积极创新和发展，为实现更高水平的发展作出贡献。

3.1　山东省体育产业的内容

　　山东省体育产业的内容非常丰富，涵盖了体育用品制造、体育健身休闲、体育竞赛表演等多个领域。

3.1.1　体育用品制造业

　　作为中国的体育用品制造大省，山东省的体育用品制造业具有悠久的历史和强大的实力。全省拥有众多知名的体育用品企业，如青岛双星、泰山体育等，这些企业生产的体育用品涵盖了鞋服、器材等多个品类，不仅满足了国内市场需求，还大量出口到海外市场。

　　在体育用品制造领域，山东省注重科技创新和品牌建设，不断提升产品质量和品牌影响力。同时，山东省还积极推动体育用品制造业的转型升级，鼓励企业加大研发投入，提高产品的科技含量和附加值，推动体育用品制造业向高端化、智能化方向发展。

3.1.2　体育健身休闲业

　　山东省的体育健身休闲产业近年来发展迅速，各类健身中心、健身房、瑜伽馆等如雨后春笋般涌现，为广大市民提供了多样化的健身选择。同时，山东省还积极推动户外运动产业的发展，建设了一批高标准的户外运动场地和设施，吸引了越来越多的户外运动爱好者。

　　在体育健身休闲领域，山东省注重提升服务品质和用户体验，不断加强行业自律和规范管理。同时，还积极推动体育健身休闲与旅游、文化等产业的融合发展，打造了一批集健身、休闲、娱乐于一体的综合性运动休闲基地，满足了人们日益增长的健身休闲需求。

3.1.3　体育竞赛表演业

山东省的体育竞赛表演产业具有深厚的历史底蕴和广泛的群众基础。全省拥有众多高水平的职业联赛和民间赛事，如山东鲁能泰山足球队、山东高速男篮等，这些赛事吸引了大量球迷和观众，为山东省的体育竞赛表演产业带来了巨大的商业价值。

在体育竞赛表演领域，山东省注重引进国内外先进的赛事组织和运营理念，不断提高赛事质量和观赏性。同时，还积极培育本土赛事品牌，鼓励企业和社会组织参与赛事组织和运营，推动体育竞赛表演产业的多元化发展。

3.2　山东省体育产业发展现状

近年来，山东省持续探索"体育＋"多元化业态，让体育成为拉动经济的新引擎。山东省发展和改革委员会发布的2023年最新数据显示，山东省体育消费总规模达到2131.8亿元，居民人均体育消费支出2090元、占人均可支配收入的5.85%。在服务型消费方面，健身休闲、体育培训、观赛参赛、体育旅游等消费占比达到55.43%，居民体育消费覆盖60余种体育运动项目。此外，自2020年启动以来，山东已向社会发放体育健身服务、体育培训等5类体育惠民消费券2867万元，直接拉动体育消费超过1.29亿元。在一系列政策的推动中以下几个方面有显著的提升。

3.2.1　体育产业规模不断扩大、结构日益完善

随着人们生活水平的提高和健康意识的增强，山东省的体育消费市场不断扩大。据统计，山东省的体育产业增加值逐年上升，体育产业总规模已经超过了1000亿元。这表明山东省的体育产业已经具备了较为完备的产业链和较强的市场竞争力。近年来，山东省体育产业发展总体保持上升态势，于内部结构和外在表现均有良好展现，具体体现在以下几个方面：一是产业规模持续增长。统计数据显示，2015年体育产业

总产出 1980.79 亿元，增加值 606.74 亿元；2018 年总产出 2466.55 亿元，增加值 968.58 亿元，占全省 GDP 的 1.45%，高于全国平均水平 0.35 个百分点。2015～2018 年山东省体育产业增加值年均增速达到 17.06%，比同期全省 GDP 增速高近 10 个百分点，对山东省国民经济的综合贡献率显著提升，逐渐成为支柱性的经济增长点。二是产业结构不断优化。体育服务业继续维持增长势头，增加值为 713.98 亿元，占山东省体育产业增加值比重的 73.7%；体育用品及相关产品制造的增加值为 249.46 亿元，占山东省体育产业增加值比重的 25.8%；体育场地设施建设增加值为 5.14 亿元，占山东省体育产业增加值比重的 0.5%，体育产业结构提档升级是高质量发展的重要途径。各地大力发展健身休闲、竞赛表演、场馆服务、体育培训等本体产业，尤其重视体育赛事，形成了马拉松、自行车、登山、帆船、冰雪等赛事举办热潮。仅马拉松一项，2019 年就达 166 场，参与总人数达到 50 万人次，其中 5000 人以上规模的马拉松赛事多达 29 场。三是各市增势幅度明显。目前全省体育产业总规模过百亿的市有：青岛、济南、烟台、威海、潍坊、德州、济宁、临沂和菏泽，其中青岛、济南、烟台三市均超过 300 亿元。青岛属于沿海经济发达城市，蕴含众多有利于体育产业发展的优势资源。因此，青岛体育产业发展迅速，总产出为 561.48 亿元，稳居全省第一，占全省的 22.8%；济南作为省会城市，是山东省政治、文化和教育中心，这为体育产业特别是体育服务业的发展创造了优越条件，济南体育产业总产出为 381.36 亿元，占全省的 15.5%，位列第二；烟台地处山东半岛东部，GDP 总量位居全省第三，体育产业发展相对平衡，体育制造业和体育服务业发展均居全省前列，体育产业总产出为 337.61 亿元，占全省 13.7%[①]。

3.2.2　体育产业品牌效应逐渐凸显

　　山东省的体育产业品牌效应逐渐凸显，涌现出了一批具有影响力的体育企业和品牌。例如，青岛双星、泰山体育等企业已经成为国内外知名的体育品牌。这些企业在国内外市场上的竞争力不断提升，为山东省

---

　　① 王先亮、张瑞林：《从生产到生活：论美好生活需要下体育产业高质量发展》，载于《沈阳体育学院学报》2020 年第 4 期。

的体育产业树立了良好的形象。近年来,山东省大力实施品牌战略,积极打造体育产业各业态领军品牌,发挥各地区的规模优势迅速做大做强体育产业。一是持续推动区域品牌建设。经过运营孵化,形成了以"帆船之都"青岛、"水上运动之都"日照、"蹴鞠起源地"淄博、"鸢都"潍坊、"登山圣地"泰安为代表的城市体育名片,培育了鲁能泰山、山东西王等一批高水平职业体育俱乐部,打造了东营国际马拉松、泰山国际登山节、青岛国际帆船周、威海国际铁人三项赛等一批品牌体育赛事,涌现了泰山体育、英派斯、迈宝赫、大胡子等一批知名体育企业,创建了一批国家和省级体育名牌产品、驰名商标①。二是重点关注特色小镇规划。邀请国内体育产业知名专家进行业务培训,联合相关单位为小镇注入各种赛事、培训、训练基地资源,通过山东体育产业公共服务平台为小镇品牌宣传提供支持。为进一步推动山东省体育特色小镇规范化管理奠定基础,广泛征求社会各界意见,起草了《山东省体育特色小镇创建管理规范》。《山东省体育产业发展报告(2018-2022)》中提出,山东省成功创建了11个国家级和77个省级体育产业示范基地,建设了德州乐陵、宁津、青岛即墨、日照开发区等一批具有规模优势的体育产业园区。三是协调构建产业联盟组织。在行业标准、技术研发、生产制造、市场开拓等方面协同创新,在原材料采购、产品生产、销售和售后服务等价值链环节加强合作。

3.2.3 市场主体日益活跃,带动作用明显

随着市场环境的改善与优化,山东省体育产业市场主体日益活跃,主要表现在:一是市场主体规模提升迅速。根据山东省统计局、工商局、民政厅相关数据,截至2018年,全省在工商注册体育类法人单位61743家、产业活动单位123家、个体工商户7007家,其中全省规模以上体育制造业企业达到171家、限额以上体育产品批发零售企业18家,其他体育产业相关市场主体5721家。在民政注册体育类民办非企业单位4280家、社会团体1597家;体育产业按户数和注册资本在全省10大高成长行业统计均列全省第二位,市场主体总量和成长性都有新的进

---

① 钟倪、任君保、张春燕等:《体育产业高质量发展的"量"与"质"协同问题研究》,载于《体育学研究》2023年第3期。

步。二是产业服务平台逐步完善。在产业资源方面，山东省体育局与山东海看网络科技有限公司共同建设了山东体育产业公共服务平台，整合政府和市场资源，通过惠民补贴、电子地图、场馆预约、产业交易、赛事服务、媒体转播等多种方式打通供给侧和消费侧链接。在知识产权方面，联合省知识产权保护中心共同搭建了山东省体育知识产权大数据平台，推进体育行业知识产权保护工作的全面发展。在协同创新方面，筹建山东体育产业协同创新中心，鼓励政府、高校、企业、社会组织等相互协作，促进人才培养、科技创新、成果转化和社会服务。三是做好产业基地创建工作。山东省积极开展体育产业基地评估事宜，提高基地管理水平，突出产业基地的引领和示范效应。《山东省体育产业发展报告（2018－2020）》中显示，2018年威海核心蓝区等4家单位、2019年德州庆云等4家单位新获评国家体育产业基地、单位、项目等。积极实施省级体育产业示范基地评审，2019年新命名了23个省级体育产业示范基地，另有31家体育企业被认定为山东省高新技术企业。自2014年命名首批以来，已累计命名25个省级体育产业示范基地、38个省级体育产业示范单位和14个省级体育产业示范项目，涵盖竞赛表演、体旅融合、健身休闲、体育教育、场馆服务、体育用品研发制造等产业领域。经过精心培育，打造了日照奥林匹克水上运动小镇、即墨田横运动休闲特色小镇、惠民体育绳网小镇等。为发挥赛事带动作用来推动体育产业发展，山东省创建培育了多个大型赛事活动，青岛国际帆船周·青岛国际海洋节、威海国际铁人三项赛等多个赛事被评选为国家体育产业示范项目。

3.2.4　产业基础更加坚实，辐射效果良好

山东省为打牢体育产业基础，在公共服务上不断发力，体育基础设施建设、产业战略管理成效显著。一是体育场地设施网络逐步健全。体育产业的发展离不开体育场地的建设，为推动全民健身国家战略，满足体育产业发展的场地需求，山东省各市按照"指标"导向，加快对多种不同种类的体育场地投建。根据《山东省体育产业发展报告（2018－2020）》显示，截至2018年底，山东省体育场地15.88万个，体育场地面积1.92亿平方米，人均体育场地面积1.91平方米；全民健身路径已

达到 7.22 万个，健身步道累计达到 3980 公里，球类和冰雪类场地大幅增加，能够满足多种健身运动需要。二是体育调研活动深入推进。2019年省体育局结合全省"第四次经济普查"工作，对 2018 年度全省的体育产业名录信息进行了调查和完善，出版发行了首期《山东省体育产业发展报告（2015—2017）》，同时配合省统计局进行了 2018 年全省体育产业统计数据核算。开展首次山东省城镇居民体育消费调查，摸清全省体育消费规模和结构，为下一步制定促进体育消费政策打下基础。三是体育产业统计成果丰硕。体育产业统计是体育产业发展的成果体现和量化标杆，能够指正体育产业的发展方向。自 2015 年进行体育产业统计工作以来，目前已建立 2015～2018 年居民体育消费调查数据、山东省体育场地统计调查数据（至 2018 年）以及 2015～2018 年山东省及十七市体育产业总产出和增加值数据等。以上统计数据不仅反映了近年来山东省体育产业的发展状况，也为后续制定政策法规、优化市场环境、推进全民健身等工作提供参考依据。

3.3 山东省体育产业发展特点

目前山东省体育产业发展的特点主要体现在以下几个方面。

3.3.1 体育产业规模发展不断扩大

随着山东省经济的快速发展，人们的生活水平不断提高，对体育健身的需求也越来越高。因此，山东省体育产业规模不断扩大，体育健身设施不断完善，体育服务业、体育制造业、体育贸易业等各个领域都在快速发展。

3.3.2 体育服务业占比不断提高

随着人们对健康生活的追求和对体育健身的重视，山东省体育服务业占比不断提高。体育服务业包括体育健身、体育培训、体育旅游、体育广告等，这些领域都在快速发展，成为山东省体育产业的重要支柱。

3.3.3　专业化发展趋势明显

随着人们对体育健身需求的不断提高，山东省体育产业专业化发展趋势明显。例如，足球、篮球、乒乓球等项目在山东省得到了广泛的推广和发展，形成了一批专业化较强的体育俱乐部和培训机构。

3.3.4　体育产业与互联网融合发展

随着互联网技术的不断发展，山东省体育产业与互联网融合发展，出现了许多新的商业模式和业态。例如，线上健身、线上培训、线上赛事等，这些新的商业模式和业态为山东省体育产业的发展注入了新的动力。

综上所述，目前山东省体育产业发展的特点主要体现在规模不断扩大、服务业占比不断提高、专业化发展趋势明显以及与互联网融合发展等方面。未来，随着人们对健康生活的追求和对体育健身的重视程度不断提高，山东省体育产业将继续保持快速发展态势。

3.4　山东省体育产业发展的不足之处

作为中国的体育产业大省，山东省在未来几年内对于体育产业的发展仍然会遇到许多困难和挑战，分析产业在发展过程中的优缺点，探究它们发展所被制约的因素，是加快推进山东省体育产业发展的必由之路。

3.4.1　体育产业创新能力不足

1. 科技投入不足

在新发展阶段，科技投入不足是影响山东省体育产业创新的一个关键问题。这一问题的背后涉及多方面因素，包括企业战略、预算限制、科技认知等。

首先，企业对科技价值的认知可能存在滞后。在新发展阶段，科技已经成为推动各行业进步的引擎，但一些企业可能未能充分认识到科技投入对体育产业创新的重要性。这可能受到传统观念的影响，认为体育行业不需要过多涉足科技领域，导致科技投入不被重视。其次，预算限制也是制约科技投入的一个关键因素。在新发展阶段，一些体育产业企业可能面临资金有限的情况，更偏向于将资源用于传统的体育赛事、设施建设等方面，而对科技投入持保留态度。这可能导致了企业无法购买先进的技术设备、雇佣高水平的科研团队，制约了科技在体育产业中的应用。此外，科技认知水平的不足也是一个挑战。一些企业可能对新兴科技的应用了解不深，缺乏科技人才的引入。在新发展阶段，要推动科技在山东省体育产业的广泛应用，企业需要加强对科技趋势的了解，积极招聘和培养科技人才，以便更好地融入科技创新的浪潮。

因此，需要在新发展阶段山东省体育产业中制定科技投入战略，提高企业对科技价值的认知，调整预算分配，确保足够的科技投入，同时加强对科技人才的培养和引进。通过这些举措，可以更好地推动体育产业在新发展阶段实现科技与创新的有机结合，提升其竞争力和可持续发展能力。

2. 创新机制不健全

在新发展阶段，山东省体育产业面临的另一个突出问题是创新机制不健全。这一问题涉及政策法规、知识产权保护、创新激励机制等多个层面，阻碍了体育产业在新发展阶段实现更高水平的创新。

首先，政策法规的不健全可能是创新机制面临的主要挑战之一。在新发展阶段，需要有明确的政策支持，鼓励企业积极投入研发，推动科技与体育产业的深度融合。然而，如果相关政策存在空白或不足，企业在创新方面可能会缺乏明确的方向和支持，影响创新的积极性。

其次，知识产权保护问题也是创新机制不健全的一个方面。在新发展阶段，体育产业的创新可能涉及新的技术、设计和营销方法，而缺乏有效的知识产权保护机制可能让企业在创新中面临风险。如果企业担心创新成果容易被侵权，就难以形成持续的创新动力。此外，创新激励机制的不足也是制约创新的一个关键问题。在新发展阶段，需要建立科学合理的激励机制，以鼓励企业进行风险投入、不断尝试创新。如果企业在创新方面缺乏得到认可的激励手段，员工可能缺乏积极性，企业则难以在激烈的市场竞争中脱颖而出。

因此，要解决创新机制不健全的问题，首先需要政府在新发展阶段出台明确的支持政策，加大对体育产业创新的引导力度，确保政策的及时性和前瞻性。其次，建立健全的知识产权保护体系，保障企业在创新中的合法权益。最后，通过制定科学有效的激励机制，激发企业和从业人员的创新热情，推动体育产业在新发展阶段实现更高水平的创新与发展。

3.4.2 体育产业区域发展不协调

1. 城市之间发展不协调

城市之间的发展不协调这一问题凸显了在推动体育产业高质量发展的过程中，地区之间的差异性和不平衡性。新发展阶段山东省体育产业的发展应该是全面、均衡的，但城市之间的不协调发展可能导致资源配置不均、服务水平不同，从而影响整个省份体育产业的协同发展。

首先，城市之间的不协调可能引发体育资源分配不均。一些发达城市可能更容易获得大型体育赛事的主办权、体育场馆的建设支持，而其他相对弱势的城市可能面临相对欠缺的情况。这种不均衡导致了人们在不同城市之间享有的体育资源和服务水平存在明显差异，制约了居民的广泛体育参与。其次，不协调的发展可能导致人才的流失和分散。一些大城市由于其较好的经济实力和发展优势，更容易吸引体育产业相关的专业人才，而其他地区则可能面临人才流失的困扰。这使一些地区在体育产业发展中面临人才短缺，影响了其创新和竞争力。此外，城市之间的不协调也可能导致体育产业发展模式的单一化。一些发达城市可能更容易引进国际高水平体育赛事、培养顶尖运动员，而其他地区可能相对较难实现这样的发展。这可能使体育产业在全省范围内发展缺乏多样性，难以实现全面创新和可持续发展。

因此，要解决城市之间发展不协调的问题，需要在新发展阶段山东省体育产业中实施差异化发展战略。这包括建立全省范围内的体育资源

47

整合机制，确保各地区能够分享到全省的体育资源，提高服务水平。同时，需要加强人才培养与引进政策，鼓励中小城市培养本地体育产业人才，减少人才流失。最后，鼓励各城市制定差异化的体育发展规划，发挥各自的特色和优势，推动全省体育产业呈现多元、协调发展的态势。通过这些努力，可以更好地协调城市之间的体育产业发展。

2. 城乡之间发展不协调

城乡之间发展的不协调反映了在推动体育产业高质量发展的过程中，地区间的差异性和不平衡性，对新发展阶段山东省体育产业提出了新的挑战。城乡之间的不协调发展可能导致资源配置不均、服务水平差异，影响整个省份体育产业的协同发展。

首先，城乡之间发展不协调可能引发体育资源分配的不平衡。城市地区可能更容易获得大型体育赛事的主办权、体育场馆的建设支持，而农村地区相对欠缺这些资源。这造成了体育资源在城乡之间的不均衡分布，使得农村地区的居民在体育资源享有和体育服务水平上存在明显差异。其次，不协调的发展可能导致农村地区的体育产业相对滞后。由于城市地区在经济和社会发展上的优势，农村地区在体育产业的发展可能受到限制。这使得一些农村地区无法充分挖掘本地的体育资源和特色，制约了农村体育产业的创新和发展。此外，城乡之间的不协调也可能导致体育服务水平的落差。城市地区可能拥有更丰富的体育设施和专业教练团队，而农村地区可能面临设施不足、人才匮乏的问题。这可能使农村居民在体育参与和体育水平上面临一定的困难，拉大了城乡之间的体育服务水平差距。

因此，要解决城乡之间发展不协调的问题，需要实施差异化发展战略。首先，应建立健全的农村体育资源整合机制，确保农村地区能够分享到全省的体育资源，提高服务水平。同时，需要加强农村体育产业的政策支持，激发农村地区的体育创新活力。此外，鼓励城市地区与农村地区建立合作机制，共同推动整个省份体育产业的均衡发展。通过努力，可以更好地协调城乡之间的体育产业发展，促进山东省整体体育产业的健康均衡发展。

3.4.3　体育产业绿色发展环境水平较低

1. 环境污染治理费用高昂

在新发展阶段，山东省体育产业面临的一个显著问题是体育产业的绿色发展环境水平相对较低，而环境污染治理所需费用较高。这一问题的根本原因在于在追求体育产业增长的同时，环境保护和可持续发展并未得到充分重视。

首先，随着体育产业的蓬勃发展，相关设施和活动对环境的影响逐渐显现。例如，体育场馆的建设、赛事的组织以及大量运动器材的制造和处理，可能导致能源消耗、废弃物产生和土地资源浪费等环境问题。这些活动未受到有效的环保措施的约束，导致了环境污染的积累。其次，体育产业在新发展阶段可能过度追求短期经济利益，而忽视了环保投入。在市场竞争激烈的环境下，企业可能倾向于降低成本、提高产值，而对环境友好型技术和管理手段的应用不够积极。这使得产业在发展过程中未能形成健康的环保机制。此外，相关法规和标准的不完善也是导致环境治理费用高昂的原因之一。在新发展阶段，体育产业所涉及的环保法规和标准可能尚未完全适应产业的发展需求，导致环境治理的操作成本较高。而如果法规制度完善，企业可能更容易采用更环保的技术和管理手段。

要解决这一问题，首先需要加强新发展阶段山东省体育产业的绿色发展理念，确保经济增长与环保的平衡。其次，需要推动体育产业各环节的环保技术创新和应用，降低环保成本，提高资源利用效率。同时，政府应完善相关法规和标准，引导和规范体育产业的环境治理行为。通过这些措施，可以实现体育产业在新发展阶段更为可持续的绿色发展，减少环境污染治理费用的高昂现象。

2. 生态修复力较弱

新发展阶段山东省体育产业在绿色发展环境方面存在生态修复力较弱的问题，这一现象的根本原因在于过去的发展模式对生态环境的认知和对可持续性发展的关注不足。

49

首先，过去山东省体育产业在追求经济效益的过程中，往往将经济发展与环境保护视为一种矛盾对立关系，更强调短期内的盈利而忽略了长远的生态效益。这导致了在体育场馆建设和体育赛事举办中，对于生态环境的影响并未得到足够的重视。其次，在过去的发展过程中，山东省体育产业的发展往往以土地的大规模开发为主，忽略了对于原有自然生态系统的保护。体育场馆的选址和建设过程中，往往将优美的自然环境改造为混凝土森林，使得原本生态平衡良好的区域遭受不可逆转的破坏。这种发展方式缺乏对生态环境的尊重，导致了生态修复力的相对薄弱。另外，过去对于绿色发展理念的认知也存在一定滞后。在过去，企业和政府更多关注的是经济增长和就业创造，而对于生态环境的维护和修复并未形成系统的理念。这导致了在新发展阶段，体育产业在整合可持续性发展理念时显得力不从心，缺乏对于生态环境的全面考量。

因此，要解决新发展阶段山东省体育产业生态修复力较弱的问题，需要进行全面的制度性变革。在政策制定上，应加强对于绿色发展理念的引导，通过法规和政策的制定，强调体育产业在发展过程中对生态环境的保护和修复责任。同时，加强公众的环保意识，形成社会共识，推动体育产业在新发展阶段更加注重生态环境的可持续性发展。通过这些措施，可以逐步改变过去发展模式带来的问题，为山东省体育产业的绿色发展提供更为坚实的基础。

3.4.4　体育产业对外开放规模较小

1. 对外贸易水平低

新发展阶段山东省体育产业对外开放规模较小、对外贸易水平较低的问题涉及多个方面的因素。首先，历史发展中山东省体育产业长期以来在国内市场占有主导地位，形成了相对封闭的发展模式。这种模式在一定程度上影响了企业的国际化意识和能力培养，导致了体育产业在新发展阶段对外开放的欠发达。其次，过去的体育产业发展更注重在国内市场的拓展，忽略了国际市场的机遇。这可能与当时国内市场对于体育消费的强势需求相关，但也使得在新的发展阶段，面对全球化竞争和合作的时机，山东省体育产业在对外开放方面显得相对被动。企业对国际市场的了解和适应能力相对不足，缺乏足够的国际化运营经验，从而制约了其在全球范围内的市场竞争力。另外，缺乏国际合作平台也是制约山东省体育产业对外开放的因素之一。在全球化的背景下，跨国合作和交流对于产业的发展至关重要。然而，过去山东省体育产业在国际合作平台的构建和利用方面存在较大不足。这一缺失使得企业在面对国际市场时缺乏合作伙伴，难以在全球范围内形成合力，制约了其对外贸易水平的提升。

为了解决这一问题，山东省体育产业需要加强国际化战略的制定和执行。在政府层面，可以通过提供政策支持和资金扶持，鼓励企业积极参与国际体育产业展会、论坛等活动，促进与国外企业的合作。同时，建立更加开放的国际合作平台，加强与国外体育产业组织的交流，推动企业更好地融入全球产业链。通过这些努力，可以逐步提高山东省体育产业的对外开放水平，促使其在国际市场上获得更大的发展机会。

2. 吸引外资能力不足

在新发展阶段，山东省体育产业存在吸引外资能力不足的问题，涉及多方面原因。第一，历史上山东省体育产业长期以来更侧重于本土市场的开发，缺乏对国际市场的深入了解和积极参与。这导致了在新的发展时期，体育产业的国际化水平相对较低，难以吸引外资。第二，过去的发展模式使得企业在国际市场拓展方面相对保守，缺乏主动出击的国际化战略。这种态势与吸引外资的需求存在明显矛盾。在全球经济一体化的今天，吸引外资已经成为产业发展的重要途径之一，然而缺乏对国际市场的深刻洞察和主动的国际化布局，使得山东省体育产业在吸引外资方面显得能力不足。第三，对外开放的能力也与国际合作平台的建设有关。在过去，山东省体育产业在国际体育产业组织和展会上的参与相对有限，未能建立起与国际企业合作的有效渠道。这使得在新发展阶段，企业在吸引外资方面缺乏可靠的合作伙伴和平台，制约了外资流入的规模和速度。第四，问题的产生还与山东省体育产业在国际市场推广方面的相对薄弱有关。过去可能过于依赖本地市场，缺乏对于国际市场的深入了解和主动拓展。在新发展阶段，全球市场正经历快速变革，如果体育产业不能迅速适应和把握国际市场的发展动态，就难以吸引足够的外资。最后，缺乏国际市场推广的有效手段也是问题所在。国际市场推广需要更具有针对性和创新性的市场营销策略，包括品牌推广、跨国合作、参与国际体育赛事等多方面的举措。如果这些方面的工作不得力，就会影响企业在国际市场上的知名度和吸引力。

解决这一问题的关键在于加强体育产业的国际化战略和能力建设。在政府层面，可以通过提供更加便利的政策环境、加强对外开放的政策引导，鼓励企业更积极地参与国际市场竞争。同时，建立更为开放的国际合作平台，促进与国外企业的深度合作，形成互利共赢的合作关系。通过这些努力，可以提升山东省体育产业的国际化水平，增强吸引外资的能力，推动产业更好地融入全球产业链。

3.4.5 体育产业共享发展水平不足

1. 体育资源分配不均

在新发展阶段，山东省体育产业存在体育资源分配不均的问题，这主要与历史发展、市场竞争和政策导向等因素相互交织而成。首先，过去的发展模式可能导致了一些优质的体育资源被集中在少数区域或企业手中。在这一过程中，可能存在着历史遗留的体育产业基础较为雄厚的地区，它们能够更好地吸引和积累体育资源，形成了一定的发展优势。这种不均衡的资源分布可能受到地域差异、行业集聚等因素的影响。相对繁荣的城市可能更容易吸引赛事、培训机构、体育企业等资源，而相对偏远或经济欠发达的地区则面临资源短缺的困扰。这造成了不同地区的体育产业发展水平差异较大，形成了资源的不均匀分布。其次，市场竞争也是导致体育资源不均衡分配的原因之一。在市场竞争激烈的情况下，一些知名品牌、优质赛事、明星运动员等资源更容易被热门地区或大型企业所垄断。这种垄断效应会使得其他地区或中小企业难以获得足够的资源支持，进而形成了资源的不均衡分配格局。政策导向也在一定程度上影响了体育资源的分配。如果政府在体育产业发展中对某些区域或企业给予过多关注和扶持，可能导致资源向这些区域或企业集中。而对于其他地区或企业的支持不足，也就难以在竞争中获得更多的体育资源。政府在政策制定和执行中需要更加公正、平衡地对待各个地区和企业，确保资源的公平分配。此外，体育资源分配不均的问题还可能与不同地区的经济发展水平和城乡差异有关。相对发达的城市通常更具备吸引体育资源的能力，例如，举办大型赛事、引进高水平的培训机构等。这种集聚效应可能导致资源在城市之间的不均匀分布，而相对农村或经济较为欠发达的地区则难以享受到足够的体育资源支持。在新发展阶段，应当重视扶持偏远地区和农村地区的体育产业，通过政策引导和投入，弥补资源分配的差异。另外，过去体育产业发展中可能存在的投资热点集中现象也是导致资源分配不均的原因之一。某些领域或项目因为较快的回报和较低的风险可能吸引了大量投资，而其他领域或项目则相对滞后。这种投资偏好可能使得一些体育资源得到过度开发，而其他有潜力的领域则未能得到足够的关注。要解决这一问题，需要引导投资更加均衡地分布，促使资源得到更加合理的配置。最后，产业链上下游环节的协同度不足也是导致资源分配不均的原因之一。如果体育产业内部各个环节之间缺乏有效的协同与合作，可能导致资源流动受阻，一些环节得到的资源较多，而其他环节却相对匮乏。在新发展阶段，可以通过加强行业协会、联盟的建设，促进各个环节之间的信息流通和资源共享，实现全产业链的协同发展，以推动资源的更加均衡分配。

因此，在解决山东省体育产业体育资源分配不均的问题上，需要综合考虑地区发展差异、市场竞争、政策导向、经济结构和产业链协同等多方面因素。通过制定差异化的支持政策、引导投资方向、加强产业链协同，可以逐步实现体育资源在新发展阶段的更加均衡分布，促进全省体育产业的协同发展。

2. 发展机会不平等

在新发展阶段，山东省体育产业共享发展中存在发展机会不平等的问题，这是多方面因素相互交织而成。

首先，历史发展中可能形成的一些发展路径依赖，使得一些地区或企业相对于其他地区或企业拥有更多的先发优势。过去的体育产业发展模式可能使得一些知名品牌、优质赛事等资源聚集在有一定产业基础的地区，形成了发展机会的不平等格局。

其次，市场竞争的激烈程度也可能导致发展机会的不平等。一些知名品牌或大型企业由于其规模和品牌优势，更容易获得政策支持、吸引投资、拓展市场等机会，而中小企业或新兴力量可能面临更大的市场准入难度，使得其发展机会相对受限。政策导向对于体育产业发展机会的平等分配也有着重要影响。如果政府在政策制定和执行中未能明确支持中小企业和新兴市场的导向，过于偏袒传统企业或已有规模较大的企业，可能导致发展机会的集中，阻碍了其他潜在竞争者的发展。与此同时，不同地区的体育产业基础和资源分布也可能导致机会不平等。一些地区可能由于地理位置、文化传统或其他因素拥有更丰富的体育资源，从而更容易形成一定的体育产业聚集效应，而其他地区则相对缺乏这样的机会。另外一个导致体育产业共享发展中发展机会不平等的原因是在新兴领域和创新方向上的投入不足。在新发展阶段，体育产业可能涌现出一些新的领域、新的技术或新的商业模式，然而，由于一些企业或地区对于新兴领域的投入不足，使得这些创新机会没有得到充分挖掘和发展。相反，那些能够迅速投入并主导新兴领域的企业或地区则能够占据先机，导致机会的不平等。产业发展的不平衡也可能源自教育和技术创新方面的差异。如果一些地区的教育体系、科研机构相对较弱，企业在人才和技术创新方面的基础相对薄弱，那么这些地区在体育产业的创新领域可能面临较大的机会差距。因此，加强对教育和科研的投入，培育高素质的人才，将对创新领域机会不平等的问题起到积极作用。另外，市场信息不对称也可能导致体育产业发展机会的不平等。有些企业或地区可能更具备获取和利用市场信息的能力，而其他一些可能因为信息不对称而错失发展机会。建立透明、公正的信息共享平台，确保市场信息对于各个参与者都是平等可得的，对于解决机会不平等问题具有积极作用。最后，文化、社会网络和关系也可能对体育产业机会的分配产生影响。一些传统上就具备体育资源或商业关系的地区或企业，由于其长期积累的社会网络和关系，可能更容易获得发展机会。因此，建立公正的商业环境，打破某些地区或企业的垄断地位，有助于更加平等地分配体育产业的机会。

因此，在解决山东省体育产业共享发展中发展机会不平等的问题上，需要从新兴领域投入、教育与技术创新、市场信息透明和社会关系等多个角度入手。通过政策引导、资金支持和制度建设，逐步消除这些不平等因素，实现全省体育产业机会更为平等、公正的共享发展。

54

3.5　山东省体育产业未来发展趋势

随着全球化和信息化的加速发展，体育产业已成为全球经济的重要组成部分。作为中国的重要省份，山东省在体育产业方面具有巨大的潜力和发展空间。下面将对山东省体育产业未来发展趋势进行详细分析，以探讨其发展前景和挑战。

3.5.1　政策环境与支持

政策环境是影响体育产业发展的重要因素。山东省政府已经认识到体育产业的重要性，并出台了一系列政策措施，以推动体育产业的快速发展。并且山东省将继续加大对体育产业的支持力度，包括财政投入、税收优惠、土地供应等方面，之后随着国家对体育产业的重视程度不断提高，山东省政府也将加大对体育产业的支持力度。未来，山东省将出台更多有利于体育产业发展的政策，为体育产业的发展提供政策保障和推动力。

3.5.2　消费升级与市场需求

随着人们生活水平的提高和消费观念的转变，对体育健身的需求也在不断增加。未来，山东省体育产业将更加注重满足消费者的个性化、多元化需求，推动体育消费升级。同时，随着健康意识的普及和健身人群的扩大以及随着城市化进程的加速和人口老龄化的趋势，体育健身市场和山东省体育产业的市场需求将进一步扩大。因此，山东省体育产业将迎来更大的市场需求和发展空间。

3.5.3　科技创新与数字化转型

随着科技的不断进步，数字化、智能化等新技术将在体育产业中得到广泛应用，并且科技创新和数字化转型将会成为推动体育产业发展的

55

重要动力。未来，山东省体育产业将更加注重科技创新和数字化转型，提高体育产业的科技含量和运营效率。例如，通过智能化技术提高体育场馆的运营效率，提供更加便捷、高效的健身服务；通过数字化技术推动体育赛事的直播、转播等业务的升级。同时，山东省还将加强与科技企业的合作，推动体育产业的科技创新和数字化转型。

3.5.4 体育旅游与文化融合发展

山东省拥有丰富的自然和人文资源，为体育旅游提供了广阔的发展空间。未来，山东省将进一步推动体育与旅游、文化的深度融合，打造具有山东特色的体育旅游品牌和文化产品，吸引更多的游客前来参与。同时，通过体育旅游和文化融合发展，也可以推动山东省体育产业的多元化发展。例如，可以开发具有山东特色的体育旅游线路和产品，推动体育旅游与文化、农业等产业的融合发展。

3.5.5 国际化发展与交流合作

山东省作为中国的体育大省，未来将更加注重与国际接轨，推动体育产业的国际化发展。通过举办国际性赛事、加强国际交流合作等方式，提高山东省体育产业的国际知名度和影响力。同时，也可以借鉴国际先进经验和技术，推动山东省体育产业的创新发展。此外，还可以加强与周边省份的合作与交流，共同推动区域体育产业的发展。

综上所述，山东省体育产业未来发展趋势将受到政策支持、市场需求、科技创新、文化融合和国际化发展等多方面因素的影响。未来，山东省将通过政策支持、科技创新、文化融合和国际化发展等措施，推动体育产业的持续发展。同时，还需要加强人才培养和引进、完善法律法规体系等方面的工作，为山东省体育产业的健康发展提供有力保障。

第4章 新发展阶段山东省体育产业高质量发展的影响因素

本章主要探讨新发展阶段山东省体育产业高质量发展的内外部影响因素以及目前山东省体育产业的发展现状、特点及未来发展趋势。

本章结合创新驱动理论等理论基础，深入探讨影响山东省体育产业高质量发展的外部和内部因素。

外部因素如政策环境、市场需求、消费需求、区域协调以及文化影响等是制约山东省体育产业高质量发展的重要因素。针对这些影响因素做出分析，这些分析都能在推动山东省体育产业的高质量发展的过程中体现出来。

内部因素主要是从不同的层面进行分析如：产业内部管理层面、产业人力层面以及产业内部创新层面。其中，产业需求因素、财务管理因素以及技术创新因素和服务创新因素是推动山东省体育产业高质量发展的关键因素。

4.1 新发展阶段山东省体育产业高质量发展外部影响因素

4.1.1 外部环境层面

1. 产业政策因素

政府对产业的形成和发展会进行一定的干预，这种干预主要体现在制定某些规则和政策，目的是促进经济社会的持续发展，这些干预政策的总和即被称为产业政策。产业政策的作用主要是有效配置资源，弥补市场自发性的一些缺陷。产业政策在市场经济的运作中起着指导作用。产业政策的主要作用是：在平衡市场中商品的供求方面可以调整商品供求结构。在资本的合理流动和优化配置方面，可以调节资本市场。在促进区域和统一市场的发展和形成方面，它可以打破区域障碍和市场壁垒。山东省体育产业政策种类单一，多数为总体产业规划，综合性较强，要想充分发挥体育产业政策的导向作用，就要充分考虑体育产业各个种类的具体发展目标，用高标准的政策规划引导体育产业向高质量发展。

产业政策对新发展阶段山东省体育产业高质量发展具有重要影响，以下是对其带来影响的分析。

（1）引导和推动作用。

产业政策是政府对产业发展的重要引导和推动手段。通过制定和实施相关产业政策，山东省政府可以明确体育产业的发展方向和目标，为体育产业的高质量发展提供政策支持和保障。

（2）资源配置作用。

产业政策可以通过财政、税收、金融等手段，对体育产业进行资源配置。例如，政府可以通过财政补贴、税收优惠等措施，鼓励企业加大对体育产业的投入，提高体育产业的竞争力和发展水平。

（3）优化产业结构。

产业政策可以通过调整产业结构，促进体育产业的转型升级。例如，政府可以鼓励企业加强科技创新，推动体育产业的智能化、绿色化发展；同时，也可以引导企业加强品牌建设，提高体育产品的附加值和市场竞争力。

（4）促进产业协同发展。

产业政策可以促进体育产业与其他产业的协同发展。例如，政府可以推动体育与旅游、文化、健康等产业的融合发展，形成产业链和产业集群，提高体育产业的综合效益和竞争力。

总的来说，产业政策是新发展阶段山东省体育产业高质量发展的重要保障和支持手段。通过引导和推动、资源配置、优化产业结构以及促进产业协同发展等方面的影响，产业政策可以为山东省体育产业的高质量发展提供有力支持。

2. 区域协调因素

坚持统筹规划、协调改革发展，是我们党在巩固发展中国特色社会主义理论体系上的优势。实现我国经济高质量发展的一个内在基本需求是区域协调发展，区域协调发展的根本任务目标之一就是为了有效地协调解决区域发展中很有可能就会出现的不能均等发展问题，对发展过程中的不足加以补足。新时代、新发展背景下促进区域协调发展，要遵循客观世界经济发展规律趋势来合理调节和制定完善区域经济政策管理制度，发挥山东省的面向地区性和面向国际化的区域比较经济优势，合理高效地综合利用各种资源要素，努力向着更加高质量的发展方向前进。深入推进乡村振兴的重大工程，促进城乡之间的融合和协调，提升山东省体育产业发展的韧性。山东省作为经济大省，各地市体育产业协调发展对于带动经济显得至关重要。

同时在新发展阶段，山东省体育产业的发展面临着诸多挑战和机遇。区域协调作为推动体育产业发展的重要因素，对于促进山东省体育产业的全面发展具有重要意义。下面将详细分析新发展阶段山东省体育产业发展影响因素中的区域协调因素，以为山东省体育产业的可持续发展提供参考。

（1）资源共享与优化配置。

山东省各地区在体育产业发展中，应加强资源共享与优化配置。通过共同建设体育场馆、共享体育设施、联合举办体育赛事等方式，促进区域间的资源流动和共享，提高资源利用效率，推动区域协调发展。同时，应加强人才培养和引进，提高各地区体育产业的人才素质和创新能力，为山东省体育产业的可持续发展提供有力支持。

（2）政策引导与支持。

山东省政府应制定相关政策，引导和支持各地区体育产业的发展，促进区域间的平衡发展。通过制定差异化的政策措施，对欠发达地区给予更多的政策支持，推动各地区体育产业的协调发展。同时，应加强政策宣传和解读，提高各地区对政策的认知度和执行力，为山东省体育产业的可持续发展提供有力保障。

（3）市场机制与竞争合作。

山东省应建立健全市场机制，促进各地区体育产业的竞争与合作，推动资源共享、优势互补、协同发展。通过市场竞争和合作，激发各地区体育产业的发展活力，促进区域间的协调发展。同时，应加强市场监管和规范管理，维护市场秩序和公平竞争环境，为山东省体育产业的可持续发展提供有力支持。

（4）跨地区合作与交流。

山东省各地区应加强跨地区的合作与交流，共同推动体育产业的发展。通过举办体育赛事、开展体育交流活动等方式，促进各地区之间的合作与互动，推动区域协调发展。同时，应加强与其他省份的交流与合作，共同推动全国体育产业的发展。此外，还应积极参与国际交流与合作，引进国际先进经验和理念，推动山东省体育产业的国际化发展。

（5）为加强区域协调推动山东省体育产业发展的措施建议。

第一，完善政策体系。山东政府应进一步完善政策体系，加大对欠发达地区的政策支持力度。通过制定差异化的政策措施，引导和支持各地区体育产业的发展。同时，应加强对政策的宣传和解读工作，提高各地区对政策的认知度和执行力。

第二，推动资源共享和优化配置。山东省各地区应加强资源共享和优化配置工作。通过共同建设体育场馆、共享体育设施、联合举办体育赛事等方式，促进区域间的资源流动和共享。同时，应加强对资源的优化配置工作，提高资源利用效率。

第三，加强市场监管和规范管理。山东省应加强市场监管和规范管理工作力度。通过建立健全市场机制、加强市场监管等方式维护市场秩序和公平竞争环境为山东省体育产业的可持续发展提供有力支持。

未来在新发展阶段下区域协调是推动山东省体育产业发展的重要因素之一，通过加强资源共享与优化配置政策，引导与支持市场机制与竞争合作，以及跨地区合作与交流等方面的协调与合作，可以推动山东省体育产业的区域协调发展，提高整体竞争力，为山东省体育产业的可持续发展提供有力支持。展望未来，随着科技的进步和社会的发展，山东省体育产业将继续面临新的机遇和挑战。因此需要继续加强区域协调工作以适应新形势下的市场需求和社会发展要求，推动山东省体育产业的高质量发展和创新发展，实现更高水平的发展目标。

3. 文化影响因素

在新发展阶段，文化成为推动体育产业发展的重要因素之一。文化不仅可以为体育产业提供丰富的创意和灵感，还可以为消费者提供独特的体验和价值。同时，文化还可以促进体育产业的品牌建设和市场拓展，提高体育产业的竞争力和影响力。

（1）文化对体育产业发展的影响的具体表现。

文化传承与创新：山东省拥有丰富的历史文化资源，这些文化传统和价值观对体育产业的发展产生深远影响。通过挖掘和传承传统文化元素，体育产业可以开发具有地方特色的体育产品和服务，满足消费者对文化体验的需求。

文化消费观念：人们的文化消费观念对体育产业的发展具有重要影响。随着生活水平的提高，人们对体育产品的需求逐渐从单一的健身功能转向多元化、个性化的文化体验。因此，体育产业需要关注消费者的文化需求，提供符合他们审美和价值观的产品和服务。

文化产业政策：文化产业政策是推动体育产业发展的重要力量。政府通过制定文化产业政策，引导和支持体育产业的发展，为体育产业提供良好的政策环境。例如，政府可以加大对体育产业的资金投入，支持体育场馆建设和运营，提高体育产业的竞争力。

文化活动和赛事：山东省在举办各种体育赛事和活动时，注重融入当地的文化元素，使赛事和活动成为展示当地文化的平台。同时，通过举办各种文化活动和比赛，可以吸引更多的观众和游客，提高体育产业的知名度和影响力。

文化产业园区建设：山东省在建设文化产业园区时，注重将体育产业与文化产业相结合，推动体育产业与文化产业的融合发展。通过建设文化产业园区，可以吸引更多的企业和人才聚集于此，促进体育产业与文化产业的互动和合作。

体育产品和服务中的文化元素：山东省体育产业在发展过程中，注重将传统文化元素融入体育产品和服务中。例如，开发具有地方特色的体育旅游项目，将传统体育项目与旅游相结合，为消费者提供独特的文化体验。

体育产业从业人员的文化素质：山东省在培养体育产业从业人员时，注重提高他们的文化素质。通过加强文化教育和培训，使从业人员具备深厚的文化底蕴和敏锐的文化洞察力，为体育产业的发展提供有力的人才保障。

（2）利用文化因素推动山东省体育产业发展。

加强文化创意和设计：山东省应充分利用丰富的历史文化资源，加强文化创意和设计，开发出具有地方特色的体育产品和服务，满足消费者对文化体验的需求。

举办文化活动和赛事：山东省应注重举办各种文化活动和比赛，吸引更多的观众和游客，提高体育产业的知名度和影响力。

推动文化产业园区建设：山东省应加强文化产业园区建设，推动体育产业与文化产业的融合发展，吸引更多的企业和人才聚集于此，促进体育产业与文化产业的互动和合作。

通过分析我们可以看出，文化在新发展阶段山东省体育产业的发展中扮演着重要角色。

为了利用文化因素推动山东省体育产业发展，需要加强文化创意和设计、举办文化活动和赛事以及推动文化产业园区建设。这些措施可以为山东省体育产业注入新的动力和活力，促进其创新发展。

综上所述，文化是新发展阶段山东省体育产业发展的重要影响因素之一。山东省应充分利用丰富的历史文化资源，加强文化创意和设计，举办文化活动和赛事，推动文化产业园区建设，为体育产业的发展注入新的动力和活力。这样一来，可以更好地推动山东省体育产业的创新发展，提高其竞争力和影响力。

4. 法律法规因素

新发展阶段要求山东省体育产业不断创新发展。而法律法规对体育产业的创新发展具有重要影响。如果法律法规对体育产业的创新发展存在限制或阻碍，那么就可能抑制体育产业的创新活力，影响产业的创新发展。因此，加强法律法规对体育产业创新发展的支持力度，是推动山东省体育产业发展的重要保障。

新发展阶段法律法规对山东省体育产业高质量发展的影响主要体现在以下几个方面。

（1）法律法规的完善程度。

山东省体育产业的发展需要完善的法律法规体系作为保障。法律法规的完善程度直接影响体育产业的规范化、标准化程度。如果法律法规不健全，体育产业的发展就可能存在不规范、不公平等问题，影响产业的健康发展。

（2）法律法规的执行力度。

法律法规的执行力度直接关系到山东省体育产业的发展效果。如果法律法规的执行力度不够，那么法律法规就可能成为一纸空文，无法对体育产业的发展起到有效的规范和引导作用。因此，加强法律法规的执行力度，确保法律法规得到有效执行，是推动山东省体育产业发展的重要保障。

（3）法律法规与体育产业发展的适应性。

随着新发展阶段的到来，山东省体育产业也在不断发展变化。因此，法律法规需要与体育产业的发展相适应，及时进行调整和完善。如果法律法规与体育产业发展不相适应，就可能成为制约体育产业发展的瓶颈。因此，加强法律法规与体育产业发展的适应性，是推动山东省体育产业发展的重要保障。

（4）规范市场秩序。

法律法规的制定和实施，可以规范山东省体育市场的秩序，确保体育产业的健康发展。通过法律法规的约束，可以防止不正当竞争、市场垄断等行为，维护公平竞争的市场环境。

（5）保护消费者权益。

法律法规对体育产业的监管，可以保护消费者的权益。通过规定体育产品的质量标准、服务标准等，可以确保消费者在购买体育产品或服务时得到应有的保障，防止因产品质量问题或服务不规范而造成的损害。

（6）促进产业创新。

法律法规可以鼓励和促进山东省体育产业的创新发展。通过提供知识产权保护、税收优惠等政策支持，可以激发企业和个人的创新活力，推动体育产业的技术进步和产品升级。

（7）推动产业融合发展。

随着新发展阶段的到来，山东省体育产业需要与其他产业进行融合发展，以实现更高效、更可持续的发展。法律法规可以通过制定相关政策和标准，推动体育产业与其他产业的融合，促进体育产业的多元化发展。

综上所述，法律法规对山东省体育产业发展的影响是多方面的，既规范市场秩序，又保护消费者权益，同时促进产业创新和融合发展。在新的发展阶段，想要更好地推动山东省体育产业的健康发展，就需要不断完善法律法规体系，加强法律法规的执行力度，提高法律法规与体育产业发展的适应性，并支持体育产业的创新发展。

5. 对外贸易因素

对外贸易使不同国家和地区的商品，技术和劳务得以交换，加强了不同国家和地区的联系与交流。通过对外贸易，在参与国际分工的基础上不仅可以节约生产中的成本，还可以使本地区的资源得到更有效的利用。改革开放以来，我国不断扩大对外开放广度，让世界先进的技术成果通过开放得以引入，增强综合国力。"一带一路"倡议的提出，极大促进了共建国家和世界经济的复苏和发展，使得开放引领效应得到了更加持久的释放。山东省作为中国东部沿海城市，拥有着得天独厚的区位优势和潜力无限的发展市场。整个地球村是不断联系和发展的，只有敞开大门，包容差异，才能抓住需求，适时供给，延伸产业，共享"红利"。

在新发展阶段对外贸易对于山东省体育产业的发展是一个不可忽视的因素，并有着重要的影响，下面将详细分析对其具有的积极影响。

（1）进出口贸易规模和结构。

山东省作为对外贸易的重要省份，其体育产业的进出口贸易规模和结构对产业发展具有重要影响。如果山东省体育产业的进出口贸易规模较大，且结构合理，那么将有助于引进国外先进的体育技术和产品，推动山东省体育产业的升级和发展。同时，出口体育产品可以增加外汇收入，还可以扩大山东省体育产业的市场范围。通过出口体育产品和服务，山东省体育产业可以接触到更广泛的国际市场和消费者群体，提高产业的国际竞争力。同时，对外贸易还可以促进山东省体育产业与国际接轨，参与国际市场竞争，提高产业的国际化水平。

（2）国际贸易政策和环境。

国际贸易政策和环境对山东省体育产业的发展也有重要影响。如果国际贸易政策有利于体育产品的出口，且国际贸易环境稳定、友好，那么将有助于山东省体育产业的发展。相反，如果国际贸易政策不利于体育产品的出口，或者国际贸易环境不稳定、存在贸易壁垒等，那么将可能制约山东省体育产业的发展。

（3）跨国公司的投资和合作。

跨国公司在山东省体育产业的发展中扮演着重要角色。跨国公司通过投资和合作，可以带来先进的体育技术和管理经验，推动山东省体育产业的创新和发展。同时，跨国公司的投资和合作还可以带动相关产业的发展。

比如随着体育产业的对外贸易规模不断扩大，需要配套的物流、金融、保险等服务支持。这些相关产业的发展将为山东省体育产业提供更加完善的产业链和更高效的运营环境，进一步推动山东省体育产业的发展。这样一来可以形成产业集群效应，进一步推动山东省体育产业的发展。

（4）国际化人才培养和引进。

新发展阶段山东省体育产业发展需要具备国际化视野和国际化能力的人才支持。通过加强国际化人才培养和引进，可以提升山东省体育产业的整体素质和竞争力。同时，国际化人才还可以为山东省体育产业的对外贸易提供有力支持，促进产业与国际市场的接轨。

通过国际市场竞争和与国际接轨，山东省体育产业可以获得更多具备国际化视野和能力的专业人才支持。同时，对外贸易还可以提升山东省体育产业在国际上的地位和影响力，为产业争取更多的国际支持和合作机会。

（5）促进产业升级和创新发展。

对外贸易可以帮助山东省体育产业引进先进的体育技术、设备和管理经验，促进产业升级和创新发展。通过与国际接轨，山东省体育产业可以了解最新的体育市场趋势和消费需求，推动产品研发、技术创新和品牌建设等方面的提升。同时，对外贸易还可以为山东省体育产业带来新的商业模式和经营理念，推动产业的创新发展。

综上所述，对外贸易对新发展阶段山东省体育产业发展具有积极的影响和推动作用。通过促进产业升级和创新发展、扩大市场范围和提升国际竞争力、带动相关产业的发展以及培养国际化人才和提高国际话语权等方面的作用，对外贸易将为山东省体育产业的高质量发展提供有力支持，为产业的持续、健康和快速发展注入了新的动力。

6. 自然环境因素

地区之间产业的分工和布局受到自然环境的影响，各地区进行合理的产业布局往往依托自身优越的自然条件，选择优势产业时依据本地区资源要素，良好的自然环境会推动产业的良性健康发展。体育作为群众的身体素质锻炼为媒介，通过自身的积极主动参与，为人们的健康保驾护航。体育产业正是在这个条件下应运而生，为人们提供体育产品和服务。低碳环保是体育产业典型特色。重视绿色发展是实现可持续经济发展理念的保证。产业链的绿色发展不仅可以促进人们日常生活习惯的"绿色"，还可以促进低碳、环保、健康、绿色的生活方式。

（1）自然环境因素决定了山东省体育产业发展的基础条件。

山东省拥有丰富的自然资源和优美的生态环境，为体育产业提供了良好的发展环境。例如，山东省拥有丰富的山水资源，为户外运动、徒步旅行等体育活动提供了得天独厚的条件，吸引了大量游客和体育爱好者前来参与，推动了体育旅游产业的发展。

（2）自然环境对山东省体育产业的发展方向和重点产生影响。

根据自然环境的特点和优势，山东省可以重点发展与自然环境相关的体育产业，如户外运动、水上运动、冰雪运动等。这些产业的发展不仅可以满足人们日益增长的体育消费需求，还可以推动山东省体育产业的特色化和差异化发展。例如，依托山东省的山水资源，可以大力发展山地户外运动、徒步旅行等产业；利用海洋资源，可以发展海上运动、海岛旅游等产业。

（3）自然环境还对山东省体育产业的发展质量和可持续性产生影响。

在保护生态环境的前提下，合理开发和利用自然资源，推动体育产业的绿色发展，是实现山东省体育产业可持续发展的关键。同时，加强自然环境的保护和修复，可以提升山东省体育产业的生态价值和吸引力，促进产业的长期发展。例如，通过加强生态保护和修复，可以提升山东省的生态环境质量，为游客和体育爱好者提供更加舒适和安全的运动环境，进而推动体育产业的可持续发展。

（4）自然环境因素还会对山东省体育产业的生产经营产生影响。

例如，气候条件、季节变化等自然因素会对体育活动的开展和经营产生影响。例如，在冬季，冰雪运动成为山东省体育产业的重要项目之一，而夏季则可以开展水上运动、徒步旅行等项目。因此，在体育产业的生产经营活动中，需要充分考虑自然环境因素的影响，合理安排体育活动的开展时间和经营策略。

综上所述，自然环境因素是新发展阶段山东省体育产业发展中的重要影响因素之一。在推动山东省体育产业发展过程中，应充分考虑自然环境的作用，实现人与自然的和谐共生，推动体育产业的绿色发展和可持续发展。

4.1.2 科学技术层面

目前技术创新在整个产业乃至社会的进步发展中起着相当关键的作用，科技创新推动着整个社会的发展。

（1）技术创新能够推动山东省体育产业的转型升级。

随着科技的不断发展，体育产业也在不断变革和创新。通过引入先进的技术和设备，山东省体育产业可以实现从传统模式向现代化、智能化模式的转变。例如，利用大数据、云计算等技术，可以对体育市场进行精准分析，为体育产业的决策提供有力支持；采用先进的健身设备和智能技术，可以提供更加个性化、便捷的体育服务，满足消费者多样化的需求。

（2）技术创新能够提高山东省体育产业的核心竞争力。

技术创新是推动体育产业发展的重要动力，也是提升产业竞争力的关键因素。通过技术创新，山东省体育产业可以开发出具有自主知识产权的产品和服务，形成独特的竞争优势。同时，技术创新还可以提高体育产业的效率和质量，降低成本，提高经济效益。通过研发新的技术、产品和服务，山东省的体育产业可以更好地满足市场需求，提高市场占有率和盈利能力。同时，技术创新还可以降低生产成本，提高产品质量和附加值，进一步增强体育产业的竞争力。

（3）技术创新还能够推动山东省体育产业的绿色发展。

随着环保意识的提高，绿色、低碳、可持续的体育产业成为未来发展的趋势。通过引入环保技术和设备，山东省体育产业可以实现资源的节约和环境的保护。例如，采用可再生能源和环保材料，可以减少对自然资源的消耗；采用低碳技术，可以减少对环境的影响。

（4）促进体育产业与其他产业的融合发展。

技术创新可以促进山东省体育产业与其他产业的融合发展。例如，体育产业与旅游、文化、健康等产业的融合，可以创造出更多的商机和就业机会。同时，这种融合也有助于推动山东省经济结构的优化和升级。

（5）推动体育产业国际化发展。

技术创新有助于推动山东省体育产业走向国际化。通过引入国际先进的技术和管理经验，山东省的体育产业可以更好地融入全球市场，提高国际竞争力。同时，技术创新也有助于提升山东省在国际体育产业领域的影响力和话语权。

综上所述，技术创新对新发展阶段山东省体育产业发展具有重要影响。通过引入先进的技术和设备，促进产业升级和发展；通过提高生产效率和产品质量，提高产业效益；通过与相关产业的融合，拓展业务范围；通过环保技术和设备，推动绿色发展。在推动山东省体育产业发展过程中，应充分考虑技术创新的作用，实现产业高质量的可持续发展。

4.1.3　市场外部层面

1. 市场需求因素

市场需求的变化直接影响到山东省体育产业的发展方向和规模，随着人们生活水平的提高和健康意识的增强，对于运动健康的需求不断增加，这为山东省体育产业提供了广阔的市场空间。同时，消费者对于体育产品的需求也日益多样化，包括健身器材、运动服饰、健身服务等，这为山东省体育产业的发展提供了更多的机遇。

下面将从不同的方面说明市场需求对于新发展阶段山东省体育产业高质量发展带来的影响。

（1）市场需求是推动体育产业快速发展的关键驱动力之一。

随着人们生活水平的提高，对于运动健康的需求也愈发强烈，在这样的市场背景下，各种各样的健身俱乐部、瑜伽馆、轮滑场等相关企业纷纷涌现，成为市场的热门。同时，大型体育赛事在国内外的影响也越来越大，如世界杯、奥运会等大型体育赛事，吸引了全球范围内的消费者关注，从而推动了体育产业的发展。

（2）市场需求的变化会对山东省体育产业的发展产生影响。

随着消费者群体需求和消费理念的变化，体育产业需要不断适应和满足市场需求的变化。例如，随着健康意识的提高，消费者对健身、瑜伽等健康类运动的需求不断增加，这为山东省体育产业提供了新的发展机遇。同时，随着科技的不断进步，消费者对智能化的运动器材和健身设备的需求也在不断增加，这为山东省体育产业提供了新的发展方向。

（3）市场需求的变化会对山东省体育产业的结构和模式产生影响。

为了满足市场需求的变化，山东省体育产业需要不断进行产品结构和市场模式的升级和创新。例如，针对消费者对健康类运动的需求增加，山东省体育产业可以加大对健身、瑜伽等领域的投入和发展；针对消费者对智能化运动器材和健身设备的需求增加，山东省体育产业可以加强研发和创新，推出更加智能化、个性化的产品和服务。

（4）市场需求的变化会对山东省体育产业企业的竞争格局产生影响。

在激烈的市场竞争中，体育产业企业需要始终保持敏锐的市场洞察力，了解消费者需求的变化，及时调整产品结构和市场策略，以赢得市场份额。同时，市场需求的变化也会促进体育产业企业的创新和升级，推动整个行业的发展。

（5）市场需求的变化会对山东省体育产业的经济效益产生影响。

随着消费者对于运动健康的需求增加，体育消费的规模也在不断扩大，这为山东省体育产业带来了更多的商机和经济效益。同时，体育产业的发展也会带动相关产业的发展，如旅游、餐饮、房地产等，进一步促进山东省经济的增长。

但是，市场需求因素也给山东省体育产业带来了一定的挑战。一方面，市场需求的快速变化可能导致企业无法及时调整产品结构和市场策略，从而失去市场份额；另一方面，单一业态的市场需求饱和也可能导致企业面临经营风险。为了应对这些挑战，山东省体育产业需要加强对市场需求的跟踪和研究，提高企业的市场应变能力，同时推动产业的结构升级和多元化发展。

综上所述，市场需求因素对山东省体育产业发展具有重要影响。通过了解市场需求的变化，可以推动山东省体育产业的快速发展；通过产品结构和市场策略的调整和创新，可以满足消费者多样化的需求；通过提高企业的市场应变能力和推动产业的结构升级和多元化发展，可以增强山东省体育产业的竞争力和可持续发展能力。

2. 消费需求因素

市场使得产品和服务的可持续性生产得以实现，产业的成长和发展壮大也离不开市场的重要作用。比如，当某种体育产品和服务的需求不断扩大时，这种体育产品和服务的价格就会上涨，从而吸引更多的资本涌入这个市场，体育产业的发展也会随之不断壮大。反之，消费需求的减少则会抑制产业的发展。在新发展理念中，共享发展是使发展成果惠及更广大的人民群众。人们对体育产品或服务的消费需求增加，体育产业部门就会对原有的产业规模，产品结构进行调整升级。随着生活水平的大幅提升，居民追求健康生活方式的观念在不断增强，山东省城市居民体育消费需求逐渐增加，人们享受着高科技运动产品带来的便利，但由于城乡体育产业发展差距和城乡体育资源分配差距的原因，农村体育消费需求并不旺盛，因此，发展高质量的体育产业，要注重更广大人民的体育消费需求。

在现实生活中，人们主要通过两种途径获得体育消费需求的满足。一种途径是消费者直接在体育市场购买体育消费品（包括体育服务产品）以满足个人的体育消费需求；另一条途径是通过社会公共消费基金的支付由社会提供公共体育锻炼场所和公共体育锻炼设施以满足人们的体育消费需求。与这两种体育消费的基本途径相对应，人们的体育消费就具有了较固定的两种方式。在过去计划经济条件下，体育市场基本上不存在。人们要满足自己的体育消费需求，一般都是通过第二种途径获得。而在市场经济条件下，人们要获得体育消费满足，就有以上两种途径。并且，第一种途径会比第二种途径更具有需求的价格弹性。因此，我们在分析体育产业消费需求的主要因素时，将重点放在第一种方式上。

体育消费需求同属于经济和体育两个领域的重要范畴。随着人们生活水平的提高，体育消费需求呈现不断上升趋势。改革开放后，我国体育消费领域的供求得到改善，市场在满足居民体育消费需求方面的能力有所提高。充分了解影响体育消费需求的主要因素，对分析和解决体育消费需求方面存在的问题具有实际意义。影响体育消费需求的因素主要有以下六个方面。

（1）体育产品或服务的价格。

体育产品或服务的价格由体育产品或服务的供求决定。我们探讨体育产品或服务的价格对体育消费需求的影响往往是从体育产品或服务的价格敏感度入手。价格敏感度是市场反应的温度计，通过它我们可以很快了解到体育产品的价格变化与市场需求量变化之间的关系。对于某类具有较大需求弹性的体育产品或服务，价格的变动会引起消费需求量的较大变动。而对于某类需求弹性较小的体育产品或服务，价格的变动则不会引起消费需求量太大的变动。

（2）相关产品的价格。

在体育领域，人们对一种体育产品的需求或观看一场比赛的热情或参与某项体育运动的欲望，不仅取决于该体育产品（或比赛门票、参与该项体育项目的必须支付）的本身价格，而且还取决于相关产品或服务的价格。这种相关产品或服务分为两类：

替代品：可以用来代替另一种物品的物品。例如，在高尔夫球、登山等体育项目的花费还相当高的情况下，一般的体育爱好者由于实际可支配收入的制约，对于这些体育项目的所需花费感到望尘莫及时，他们会根据自己的实际收入情况，选择诸如羽毛球、乒乓球等所需花费较少，但又可获得同样运动快感和效果的运动项目。所以，往往会出现这样的情况，当保龄球、高尔夫球的价格比较高的情况下，人们对其消费的需求量不大。而当其价格出现下调时，人们会加大对它们的消费需求量。

互补品：与另一物品结合起来使用的物品。在体育领域中互补品出现的频率是极其高的。例如，乒乓球、乒乓球拍和乒乓球桌是互补品，要打一场乒乓球三者缺一不可；再如，保龄球、保龄球道、保龄球鞋等是互补品，要打一场保龄球以上物品是基本硬件。互补品有这样的特征，当一种物品的互补品价格上升，人们也会减少对这种物品的购买。相反，当某种物品的互补品价格下降时，人们也会增加对这种物品的购买。因此，一种物品互补品的价格变动会影响该种物品的整个需求。

（3）收入。

在其他条件不变的情况下，如果收入增加，这时消费者就会增加对更多的体育用品及各类体育门票的购买和对更多体育运动项目的参与。相反，当消费者收入下降时，消费者会减少这方面的开支，减少对高消费的体育运动项目和体育赛事门票等的消费，反而消费相对低消费的体育运动项目或用看电视转播等方式替代现场观看体育比赛，这样一来，体育消费需求就会出现下降趋势。

（4）人口因素。

体育产业消费需求还取决于参与体育活动的人口的规模。在其他条件不变的情况下，参与体育活动的人口越多，对所有体育物品与服务的需求越大；反之参与体育活动的人口越少，对所有体育物品与服务的需求越小。由于中国社会出现老龄化的趋势，45 岁以上的人口将日趋增加。他们会更关注健康，可能会参与健身和户外活动。除此之外，他们也有时间和经济实力去参加常规体育运动。他们是体育市场中主要目标消费群体。年轻人喜欢花更多的钱去购买体育用品，尤其是时尚的运动服装，而 35～45 岁的人由于工作繁忙，用于体育消费的花费不会太多。

人口因素主要包括以下六个方面。

总人口数：指一个国家或地区的总人口。一般来说，人口越多市场需求量越大，体育消费更是如此。发展体育市场，要对本国以及本地区的体育人口进行认真的研究，提供什么样的体育产品或服务，首先要调查目标市场的体育总人口数，以便对该产品或服务的市场容量有个粗略的了解。

年龄分布：不同的年龄组对体育产品、服务的需求和兴趣不同。如年轻人喜欢漂亮的运动服，喜欢参加新潮的、激烈的体育运动；而中老年人则喜欢放松、休闲的体育活动，对方便的体育用品、保健品特别青睐；儿童则喜欢体育游戏、玩具等；青年女性则喜欢健美运动等。儿童、妇女的体育市场潜力巨大，值得关注。

性别：不同性别的消费者对商品的需求有很大差异，而且在购买方式、动机也有很大不同，表现在体育需求上也是如此。

教育程度：人们接受的教育程度不同，对生活的追求也不同，对体育的消费观念也不同。如教育程度高的人，在文化用品上的花费上较多，对体育消费的认识就高。

人口的地理分布：我国东部沿海人口密集，西部人口稀少。且人口大部分集中在城市，根据国家统计局发布的最新数据显示，2023年，中国常住人口城镇化率上升至66.16%，这些都是体育市场需求的客观现实条件。

家庭规模：从以前的四世同堂、三世同堂到现在的四口之家、三口之家，体育消费在观念上发生了很大的变化。

（5）消费偏好。

参加某项体育运动的趋势会受到消费者偏好的影响，假如消费者对某项运动项目感兴趣，其参与这项运动的可能性也越大。所以，一项体育运动的推广，和该项运动在其高水平竞技领域所达到的水平有关。其运动水平越高，欣赏价值越大，被吸引参与该项运动的人数也会越多。

（6）余暇时间。

一般来说，余暇时间越多，人们用于体育锻炼和观看体育比赛的时间也会越长；反之，则越短。目前，由于工作条件和家务劳动方式的变化，人们的余暇开始增多，而且不再像过去那样固定。相比而言，男性每周参加体育活动时间比女性每周参加体育活动时间更多，延续时间更长。老人与失业群体也有更多的时间参加体育活动。近年来，可供选择的体育活动项目增长迅猛，人们已不是在一天当中的固定时间来参加体育活动，而是随心所欲地根据自己一天的时间安排来参加体育活动。这种状况必将对体育产品的供给产生深刻的影响，也对体育服务提出更高的要求。以欧盟国家为例，冬天到温暖地区度假已成时尚，这就会大大刺激越野、宿营和潜水等装备的消费需求。另外，已经成为年轻人时尚的惊险体育活动很可能在今后成为中老年消费群体效仿的活动。

结合体育消费需求的因素的分析，根据山东省的消费环境来说，还会带来以下两个方面的影响：

推动体育产业供给侧结构性改革：随着消费需求的升级，消费者对体育产品的需求也日益多样化。这要求体育产业供给侧进行结构性改革，以满足不同消费群体的需求。通过创新产品和服务，提高产品质量和附加值，推动体育产业向更高水平发展。

促进体育消费市场繁荣：消费需求是体育市场发展的基础。随着居民收入水平的提高和消费观念的转变，人们对体育消费的需求不断增长。这为体育产业提供了广阔的市场空间，推动体育消费市场繁荣发展。

综上所述，消费需求对山东省体育产业高质量发展具有重要影响。为了推动体育产业高质量发展，需要关注消费需求的变化，加强供给侧结构性改革，促进体育消费市场繁荣，提升体育产业竞争力，推动体育产业技术创新

4.2 新发展阶段山东省体育产业高质量发展内部影响因素

4.2.1 产业内部管理层面

1. 组织管理因素

组织管理在任何企业和产业的发展中起着极其重要的作用，管理层的决定、决策影响着整个企业从内到外的发展。在体育产业中，组织管理涉及各个方面，如人力资源、财务管理、市场营销、战略规划等。通过科学合理的组织管理，可以提高体育产业企业的运营效率和市场竞争力，实现体育产业的高质量发展。

组织管理会对新发展阶段山东省体育产业高质量发展带来以下积极的影响。

（1）组织架构优化。

组织管理能够推动体育产业组织架构的优化。通过合理的组织设计和管理，可以明确各部门和岗位的职责和权限，确保资源得到有效利用。同时，合理的组织架构能够提高决策效率和执行效果，为体育产业的高质量发展提供有力支持。

（2）人力资源管理。

组织管理涉及人力资源的招聘、培训、激励等方面。通过有效的组织管理，可以吸引和留住优秀的体育人才，提高员工的专业素养和综合

能力。同时，通过合理的培训和激励机制，可以激发员工的积极性和创造力，为体育产业的高质量发展提供源源不断的人才支持。

（3）资源整合与配置。

组织管理能够促进体育产业资源的整合与配置。通过有效的组织管理，可以整合各方面的资源，包括人力、物力、财力等，实现资源的优化配置。这有助于提高资源的利用效率，降低成本，提升整个产业的竞争力。

（4）战略协同与执行。

组织管理能够促进体育产业内部的战略协同与执行。通过明确的战略规划和目标设定，以及有效的组织管理，可以确保各部门和岗位之间的协同合作，实现战略目标的顺利达成。这有助于提高整个产业的执行力和效率，推动体育产业的高质量发展。

此外，组织管理因素也给山东省体育产业带来了一定的挑战。一方面，组织结构的复杂性和不适应性可能导致企业无法及时调整战略规划和决策，从而失去市场机遇；另一方面，组织内部的利益关系和权力斗争也可能导致企业无法形成合力，从而影响企业的运营效率和市场竞争力。为了应对这些挑战，山东省体育产业需要加强对组织管理的重视和投入，推动组织结构的优化和升级，同时加强团队建设和企业文化建设，提高企业的凝聚力和向心力。

综上所述，组织管理因素对山东省体育产业发展具有重要影响。通过科学合理的组织管理，可以提高山东省体育产业的发展效率和效果；通过协调各部门之间的利益关系和资源共享，可以提高整个企业的运营效率和市场竞争力；通过为企业制定更加符合市场需求和发展趋势的战略规划和决策提供支持，可以推动整个企业的创新和发展。同时也要注意组织管理带来的挑战，加强投入和建设，以实现山东省体育产业的高质量发展。

2. 财务管理因素

首先，财务管理是企业运营的核心，它涉及到企业的资金筹措、使用、分配和监督等各个方面。在体育产业中，财务管理对于企业的发展方向和成果具有决定性的作用。通过科学的财务管理，企业可以对资金流动进行有效控制，确保资金的充足和合理运用，为企业的可持续发展提供坚实的保障。

财务管理还可以帮助企业根据市场需求和发展方向，确定合适的投资方向和资本运作策略，从而优化企业资源配置。在体育产业中，市场需求的不断变化要求企业具备敏锐的市场洞察力和灵活的资本运作能力。通过财务管理，企业可以对市场趋势进行准确分析，制定合理的投资策略和资本运作方案，以适应市场变化并实现企业的战略目标。

财务管理对新发展阶段山东省体育产业高质量发展所带来影响分析如下。

（1）资金保障与运营效率。

财务管理对于山东省体育产业的高质量发展起到资金保障和运营效率提升的作用。通过有效的财务管理，可以确保资金的合理筹措、使用和分配，为体育产业的运营和发展提供稳定的资金支持。同时，通过优化财务管理流程，可以提高资金的利用效率，降低成本，提升整个产业的运营效率。

（2）风险控制与决策支持。

财务管理有助于风险控制和决策支持。通过建立健全的财务管理体系，可以识别和评估潜在的风险，采取相应的措施进行风险控制。同时，财务管理可以为决策者提供准确的数据分析和预测，为决策提供有力的支持，确保决策的科学性和有效性。

（3）资源整合与优化配置。

财务管理能够促进资源的整合与优化配置。通过财务管理的手段，可以合理规划和配置资金、人力、物力等资源，实现资源的优化配置。

（4）绩效评估与持续改进。

财务管理有助于绩效评估和持续改进。通过财务数据的分析和比较，可以对体育产业的运营绩效进行评估，找出存在的问题和不足，提出改进措施。这有助于推动体育产业的持续改进和创新发展，实现高质量发展。

综上所述，财务管理因素是新发展阶段山东省体育产业高质量发展的内部影响因素之一。通过科学的财务管理，可以确保资金的充足和合理运用，为山东省体育产业的高质量发展提供基础保障；同时还可以为企业提供科学的决策支持，促进创新发展。因此，加强财务管理对于山东省体育产业的高质量发展具有重要意义。

3. 产业场馆经营管理因素分析

体育场馆的经营与管理受多种需求与供给要素的共同作用。在如今的经济大环境下，体育场馆的产业化运营模式不仅是其未来发展的重要方向，更是提升场馆运营效益的关键路径。对影响体育场馆产业化运营的多重需求和供给因素进行深入探讨，是体育场馆经营管理体制改革不可或缺的一环。通过对这些因素的细致分析，有助于为体育场馆的经营管理提供更为科学、合理的决策依据，进而推动其实现更高效益、更可持续发展的目标。

影响场馆产业化经营主要是需求和供给两个方面的因素。

影响体育场馆产业化经营的需求因素有很多，但对其市场需求发生的因素一般是以下五个基本因素：

（1）效用。

效用是消费者从消费的商品或服务中所得到的欲望的满足程度。

效用是指物品或服务本身所固有的、能够满足人们特定欲望的属性，而不同使用价值所体现的物品或服务则呈现出各异的效用表现。这种效用亦属于消费者的主观感知范畴，即同一物品或服务在不同个体间可能产生差异化的效用感受。

在体育领域，效用具体表现为人们通过参与体育运动实现体质的增强，或通过观看体育赛事获得某种精神层面的满足。这些体育效用的存在，催生了人们对体育活动的需求。鉴于体育活动通常需在特定场地进行，对体育的需求进而引发了对体育场馆的需求。

在推进体育场馆的产业化经营过程中，深入研究承载不同体育项目的各类体育场馆的效用问题显得尤为关键。这有助于我们根据市场需求的类型和层次，制定针对性的经营策略，从而更有效地满足广大消费者的多元化体育需求。

（2）偏好。

偏好，作为个体持续而稳定的兴趣与倾向，在消费决策中占据重要地位。当个体对某类商品或服务持有持久偏好时，即便在价格恒定或上升的情况下，随着其经济状况的改善，对该商品或服务的需求亦会稳步增长。以体育为例，那些热衷于特定体育项目的个体，对能够支持其活动的体育场馆自然产生稳定需求。即便在体育场馆费用不变或增加的情况下，他们的需求亦会随支付能力的提升而增长。偏好不仅是个体选择的体现，还具有明显的社会示范效应。例如，某些地区的居民因地域文化或传统而对特定体育项目情有独钟，这种偏好在群体内得以传承和强化。然而，偏好并非固定不变，它随着个体的成长、生活环境的变迁以及社会文化的演进而逐渐塑造和演变。

在当代社会，随着经济的繁荣和人们收入水平的提升，工作时间逐渐缩短，这为体育场馆的产业化经营提供了广阔的市场空间。体育场馆经营者需深入理解和把握消费者的体育偏好，灵活调整经营策略，以满足人们在休闲时间增加后对体育、休闲娱乐活动的多元需求。同时，那些对各类体育项目持有稳定偏好的消费群体，作为体育场馆消费的重要力量，其需求变化对体育场馆的经营具有重要影响。因此，体育场馆的产业化经营需密切关注消费者偏好的变化，以适应市场需求的动态调整。

（3）收入水平与需求的收入弹性。

体育消费需求是建立在支付能力基础之上的对体育服务或产品的实际渴求。缺乏支付能力的需求仅停留在愿望层面，未能转化为实际的市场交易。支付能力本质上取决于个体的货币收入水平，它构成了消费行为的经济基础与预算约束。体育场馆的产业化经营，其核心在于利用体育的产业特性与场馆的特殊效用，在满足市场需求者个性化偏好的同时，实现经济效益与社会效益的双赢。在一定的政策规范下，体育场馆应运用市场的价格机制，根据"谁受益，谁负担"的原则，为体育消费者提供优质的服务，并合理补偿运营成本，从而为体育场馆的自我发展与完善创造条件。

国民收入水平作为社会经济发展的晴雨表，对体育产业的成长具有深远影响。随着收入水平的提升，人们的消费结构逐渐升级，对体育健身与休闲活动的需求日益旺盛，体育消费正逐步成为生活的新风尚。体育以其独特的魅力与功能，吸引着越来越多的民众参与，进一步推动了体育产业的蓬勃发展。目前，不同收入群体表现出的对相应体育的需求，如高收入群体对高消费的高尔夫球、赛车等运动的需求，中低收入群体对诸如保龄球、射击、游泳、健身、羽毛球、足球、篮球、棋艺等体育项目的需求，这无疑都为体育产业化的发展，进而也为体育场馆的产业化经营提供了基本的市场条件。

收入水平对体育需求的影响程度，可通过需求的收入弹性进行深入的量化评估。需求的收入弹性，作为一个经济学指标，用于刻画商品或服务需求量对消费者收入变动的敏感程度。具体而言，它反映了消费者收入变动一个百分比时，相应商品或服务需求量变动的百分比。因此，通过计算体育服务需求的收入弹性，我们能够更为精确地理解收入水平变动对体育需求的影响机制。如果需求的收入弹性为正数，表明随着消费者货币收入的增加将会导致体育需求量的增加，高消费的体育如高尔夫球运动、高级别的体育竞赛欣赏如现场观看世界杯和奥运会赛事等体育需求的收入弹性明显是正数；如果需求的收入弹性为负数，表明随着消费者货币收入的增加将会导致体育需求量的减少。需求的收入弹性对不同的体育项目来说也会存在相互间的差异，一般地，较奢侈的体育项目如高尔夫球、射击、网球等的需求收入弹性较高，而那些较大众化的体育项目的需求收入弹性较低。不同项目的体育场馆在产业化经营时，可以据此分割各自的市场份额，并开展相应的体育市场营销活动。

（4）需求的价格弹性。

体育需求的价格弹性是指体育需求量的变化对其价格变动的反应敏感程度。一般而言，价格上升时，体育场馆的需求量趋于减少；反之，价格降低时，需求量则可能增加。

体育场馆需求的价格弹性受多种因素影响。大众对体育项目的需求强度是影响价格弹性的关键因素。大众化的体育项目因其广泛的受众基础和稳定的需求，其价格弹性相对较小；而高消费的体育项目，如高尔夫球，由于其受众的特定性和消费门槛，其价格弹性可能较大。

体育消费在消费者总支出中的占比也影响价格弹性。若某类体育项目的消费占比相对较低，那么其价格变动对消费者需求的影响就较小，因此其价格弹性也较小。

不同体育项目和体育场馆的可替代性也是决定价格弹性的重要因素。若消费者在面对某一体育场馆的价格变动时，能够轻易选择其他体育项目或场馆作为替代，那么该体育场馆的需求价格弹性就会较大。可替代程度越低，需求的价格弹性越小。例如，当羽毛球馆的收费很高而乒乓球馆的收费相对较低时，如果人们认为两项运动均能达到同样的锻炼目的，那么人们可能就会更多地选择去乒乓球馆打乒乓球而少去或放弃打羽毛球，这就意味着羽毛球馆需求的价格弹性很大。

需求价格弹性的大小还取决于消费者收入水平的差别，同一体育项目对于不同收入阶层的消费者来说，其需求的价格弹性并不等同，假定两个人都喜欢游泳，其中一个属于高收入阶层，另一个属于低收入阶层，如果说在游泳馆收费较低时两个人都有相同的对游泳馆的需求，那么当游泳馆的收费标准一下提得很高以后，高收入者并不会随之减少需求量，其需求价格弹性小，而对低收入者来说，太高的价格可能使游泳变成为一种奢侈，那么他将随之减少需求量，因而需求的价格弹性大。

（5）需求群体选择组合。

在体育市场中，由于年龄、性别、收入、个性特征、技能偏好以及闲暇时间安排的不同，社会大众自然形成了多元化的需求群体。体育场馆在推进产业化经营的过程中，应基于这些差异对市场进行细分，并针对性地优化服务组合。

在定价策略上，体育场馆可以考虑实施差异化的价格体系。特别是针对大中小学生和60岁以上的老年人，可以提供更为优惠的价格，以满足这部分人群的特殊需求和经济承受能力。

此外，根据一天中不同时段的客流变化和季节性需求波动，体育场馆可以灵活调整收费标准。将一天分为高峰时段和优惠时段，并据此设定不同的价格；同时，根据季节特点，制定旺季和淡季的营销策略，以应对市场需求的变化。

在服务提供上，体育场馆还需关注需求者的技能水平差异。通过区分专业群体和业余群体，为不同水平的体育爱好者提供相匹配的场馆设施和服务，确保他们在体育活动中得到最佳的体验。

影响体育场馆产业化经营的供给因素包括人力、物力、财力、管理等诸多方面，其中最主要的是以下4个基本因素。

（1）要素投入。

体育场馆的建设需要有资金、土地、人力等相应要素的投入，这些要素的市场价值折合成为建设成本。在体育场馆更多的是作为公共体育基础设施提供的情况下，体育场馆建设成本的支出主要又是由政府来负担的，因为由私人投资兴建体育场馆特别是那些大型的体育场馆，往往会因投资的回收周期过长，或因体育场馆的功能限制从而产生市场缺陷，致使私人难于形成投资预期。即使是由政府投入，由于体育场馆的建设规划往往必须纳入地方社会经济发展计划，受制于政府的预算约束，公共体育场馆也不可能是无限供给的，体育场馆在要素投入方面明显地存在着供给约束。

从体育场馆日常的运营来看，无论是对它的使用还是保养维护，同样需要不断地投入资金和管理方面的资源。例如，游泳馆的开放使用需要支出水费、电费、管理人员工资、清洁费等成本；足球场和高尔夫球场的开放使用需要支出草皮保养维护费、管理人员工资等成本。

各种要素的成本支出是体育场馆正常建设和运营的重要前提，它在相当大的程度上制约着体育场馆的供给。

（2）目标函数。

体育场馆要为《奥运争光计划纲要》的实施提供基础设施的条件保证，实现体育场馆的社会效益目标，这一目标强调的是体育的竞技性和专业化。

为"全民健身"计划的实施提供基础设施的条件保证，实现体育场馆的社会效益及经济效益目标，这一目标强调的则是体育的大众化。

从投入产出的角度看，以上两方面构成体育场馆经营管理的目标函数。由于体育场馆在使用上客观地存在着时空局限，亦即具有使用上的排他性，当要保证专业运动队对体育场馆的使用时，必然就要排斥社会大众对体育场馆的使用；当体育场馆对社会大众无条件地开放使用时，又会影响到专业运动队必要的训练或比赛。因此，如何解决这种需求与供给之间的矛盾，实现体育场馆的有效供给，使目标函数最大化，这是体育场馆在产业化的经营管理过程中切实需要解决的问题。

（3）价格。

虽然体育场馆很大程度上是一种由政府提供的公共产品，但是，体育场馆资源的有限性和使用上一定程度的排他性，使部分的体育场馆在供求方面可以通过市场价格机制去调节，实现体育场馆资源的最优配置。改革开放以来，许多体育场馆在保证必要的专业体育训练的前提下，按照使用付费的市场运作方式向社会大众开放。作为体育场馆的需求者（消费者），他们将在一定的预算约束下产生需求行为。体育场馆的经营管理者根据不同体育场馆的市场需求量的大小一定的价格水平，向付费者开放使用。通常情况下，体育场馆的稀缺程度与其替代性的大小对定价策略有着直接影响。当体育场馆资源相对稀缺且替代选择有限时，场馆管理者可以设定较高的价格水平，而不必过于担心需求量的减少。反之，若体育场馆数量众多且替代性较强，为了刺激市场需求并提升消费者数量，定价策略通常需要倾向于较低的价格。从供给的角度来看，体育场馆的供给量与供给价格之间存在正相关关系，即随着供给量的增加，供给价格也会相应上升。然而，体育场馆是否以及如何能够在市场定价机制下运作，这需要根据场馆的具体情况进行讨论。举例来说，像保龄球馆这样营利性较好且初始投入成本不高的场馆，可以灵活利用市场价格机制来调节供需关系。但对于那些投资巨大、营利性不佳的场馆来说，完全依赖市场价格机制实现供需平衡可能面临较大挑战。因此，在制定体育场馆的定价策略时，需要综合考虑多种因素，包括场馆的稀缺性、替代性、投资成本以及潜在的营利性等。通过精准评估这些因素，可以制定更为合理和有效的定价策略，从而实现供需双方的利益最大化。

（4）规模经济。

体育场馆的经营特性显著受到其资源整体性和不可分割性的制约，从而展现出特有的规模经济属性。以游泳馆的运营为例，我们可以深入探讨规模经济如何塑造体育场馆的供给模式。一个典型的游泳馆，包含标准游泳池及配套设施，其运营成本主要包括固定资本投入（如土地购置、设备购置、建筑建设等费用）以及运营过程中的变动成本（如水、电消耗、人员薪酬等）。在总体成本恒定的前提下，随着使用人数的增多，单位资本成本和单位平均变动成本将呈现下降趋势，进而促使规模效益（包括经济和社会双重效益）逐步显现。相反，若使用人数稀少，游泳馆则难以实现规模经济效应，导致资源利用的低效。

因此，体育场馆的有效供给并非简单的市场供求关系所能决定，而是需要在使用者数量达到一定规模时，通过市场机制的调节来实现。此外，由于体育场馆的容量限制，当使用者数量过多时，会产生拥挤效应，导致场馆的边际效用递减，进而影响其功能的正常发挥。因此，在经营管理过程中，必须充分考虑规模经济的影响，合理控制使用者数量，优化资源配置，以确保体育场馆的可持续运营和高效利用。

例如，如果一个只能容纳 2 万人的足球场却放进了 3 万人去观看足球比赛，其后果可能是不堪设想的，世界上出现的这类球场悲剧已不在少数。所以体育场馆的产业化经营中需要从规模经济方面来考虑供给问题。

4.2.2　产业人力层面

1. 人力资源因素

首先，人力资源是体育产业发展的核心驱动力。体育产业是一个高度依赖人才和知识的产业，无论是体育教练、运动员、赛事策划人员还是管理人员，都需要具备专业的技能和知识。通过加强人力资源开发和管理，可以吸引和培养更多高素质的人才，为山东省体育产业的发展提供强有力的人才保障。并且人力资源因素对于提高体育产业的核心竞争力具有关键作用。在体育产业中，人才是决定企业竞争力和创新力的关键因素。通过加强人力资源管理和培训，可以提高员工的技能水平和综合素质，增强企业的核心竞争力，推动山东省体育产业的创新发展。

此外，人力资源因素还可以促进体育产业的可持续发展。通过优化人力资源配置，可以为企业提供更加高效、灵活和可持续的发展模式。同时，加强人力资源管理和培训，可以为企业培养更多的高素质人才，为企业的长期发展提供源源不断的人才支持。

目前人力资源因素在新发展阶段对山东省体育产业高质量发展会带来以下的影响。

（1）人才储备与供给。

人力资源是体育产业发展的基础。山东省作为人口大省，拥有丰富的人力资源储备。通过有效的人力资源管理，可以吸引和培养更多的高素质人才，为体育产业提供充足的人才供给。这些人才在体育产业的不同领域，如赛事组织、体育培训、体育器材研发等，发挥重要作用，推动体育产业的高质量发展。

（2）提升产业效率。

人力资源的优化配置能够提升体育产业的效率。通过合理的人力资源配置，可以确保每个岗位都有合适的人才，使人才的能力得到充分发挥。同时，有效的培训和激励机制能够激发员工的积极性和创造力，提高工作效率和质量，进一步推动体育产业的发展。

（3）促进产业创新。

人力资源是推动产业创新的关键因素。具有创新精神和实践能力的人才，能够为体育产业带来新的思路和解决方案。他们通过研发新的产品、技术和服务，推动体育产业的创新发展，提升产业的竞争力和发展水平。

（4）增强产业竞争力。

高素质的人力资源能够增强体育产业的竞争力。在激烈的市场竞争中，拥有高素质、专业化的人才队伍是保持竞争力的关键。通过有效的人力资源管理，山东省可以吸引和留住优秀的体育人才，为体育产业的发展提供强有力的人才保障。

通过加强人力资源开发和管理，可以吸引和培养更多高素质的人才，为山东省体育产业的发展提供强有力的人才保障；同时还可以提高企业的核心竞争力，促进体育产业的可持续发展。因此，加强人力资源管理和培训对于山东省体育产业的高质量发展具有重要意义。

2. 人才引进与培养

人才的引进与培养可以提升山东省体育产业的整体素质和竞争力。通过引进具有丰富经验和专业技能的人才，可以为企业注入新的活力和创新力量，推动体育产业的转型升级和高质量发展。同时，人才引进还可以促进企业间的交流与合作，推动山东省体育产业整体水平的提升。

人才引进与培养对新发展阶段山东省体育产业高质量发展具有以下的影响。

（1）提升产业整体素质。

通过引进具有丰富经验和专业技能的人才，可以提升山东省体育产业的整体素质。这些人才通常具备更高的专业素养和创新能力，能够为产业发展带来新的思路和方向，推动产业向更高水平发展。

（2）增强产业竞争力。

人才的引进和培养有助于提高山东省体育产业的竞争力。具备高素质和专业能力的人才能够为企业带来更高效、更创新的运营模式，提高企业的市场竞争力。同时，这些人才还能够为企业带来更广泛的人脉和资源，进一步增强企业的竞争力。

（3）促进产业创新发展。

人才是推动产业创新发展的关键因素。通过引进和培养具有创新精神和创造力的人才，可以为企业带来新的思维方式和创新理念，推动山东省体育产业的创新发展。这些人才能够为企业提供更多的创新成果和解决方案，促进产业的转型升级和高质量发展。

（4）优化产业资源配置。

人才引进与培养有助于优化山东省体育产业的资源配置。通过引进和培养具备不同专业背景和技能的人才，可以为企业提供更加全面、多样化的资源支持，满足不同领域、不同层次的发展需求。同时，这些人才还能够为企业带来更高效、更灵活的运营模式，提高资源的利用效率。

（5）推动产业可持续发展。

人才是推动产业可持续发展的核心力量。通过加强人才引进和培养，可以为企业提供源源不断的人才支持，确保产业的长期稳定发展。同时，这些人才还能够为企业带来更先进的理念和技术，推动产业的绿色发展、低碳发展和循环发展，实现可持续发展目标。

综上所述，人才引进与培养对新发展阶段山东省体育产业高质量发展具有重要影响。通过加强人才引进和培养，可以提升产业整体素质、增强产业竞争力、促进产业创新发展、优化产业资源配置以及推动产业可持续发展。因此，山东省体育产业应该重视人才的引进和培养工作，为高质量发展提供有力的人才保障。

4.2.3　产业内部创新层面

熊彼特的创新理论认为，创新是不断破坏体系内新旧并创造新的结构的一种过程。产业创新与科技创新不能够等同，产业创新彻底改造了产业结构。任何一种产业创新都是一个系统的过程，它的动力来源于产业内部竞争，技术水平和需求结构，体育产业创新的动力也源于此。推动体育产业创新的重要动力是体育产业内各企业的竞争压力。体育产业内部的企业要想在激烈的市场竞争中得以生存，只有拥有区别于其他企业的优势才可以实现。产业创新的发动机是技术水平的提升，通过产业内部结构的改变来体现，体育产业创新来源于现代技术的不断进步，其中就包括销售的网络化以及产品和服务的定制化。体育产业给人们生产或提供符合人们的消费需求的某一种产品和服务，人们争相购买，体育产业才能不断地发展壮大。山东省体育产业近年来产业结构趋于合理，体育服务业占比加大，在新时期要想实现更高质量的发展，亟须推动体育产业业态创新发展。

1. 产品创新

根据熊彼特的创新理论中，笔者认为产品创新对新发展阶段山东省体育产业高质量发展的影响主要体现在以下几个方面。

（1）推动产业升级。

产品创新是推动体育产业升级的重要动力。通过引入新的技术、设计、材料等，产品创新可以提升体育产品的品质、功能和性能，满足消费者不断变化的需求。这有助于推动体育产业从传统模式向现代化、智能化方向转变，实现产业升级和高质量发展。

（2）增强市场竞争力。

产品创新可以增强山东省体育产业的市场竞争力。通过开发具有自主知识产权的体育产品，山东省的体育企业可以打破国外品牌的垄断，提高产品的附加值和市场占有率。同时，产品创新还可以吸引更多的消费者关注和购买，进一步扩大市场份额。

（3）促进产业融合。

产品创新可以促进体育产业与其他产业的融合。例如，体育与科技、文化、旅游等产业的融合，可以创造出更多的商机和就业机会。这有助于推动山东省体育产业的多元化发展，提高产业的综合效益和竞争力。

（4）提升品牌形象。

产品创新可以提升山东省体育产业的品牌形象。通过推出具有创新性和独特性的体育产品，山东省的体育企业可以树立良好的品牌形象，提高品牌知名度和美誉度。这有助于增强消费者对山东省体育产品的信任和认可，进一步推动体育产业的发展。

综上所述，产品创新是新发展阶段山东省体育产业高质量发展的重要驱动力。通过推动产业升级、增强市场竞争力、促进产业融合以及提升品牌形象等方面的影响，产品创新可以为山东省体育产业的高质量发展注入新的活力和动力。

2. 服务创新

服务方面的创新对新发展阶段山东省体育产业高质量发展的影响主

要体现在以下几个方面。

（1）有利于搭建服务平台与促进资源共享。

利用现代信息技术，建设集信息发布、资源对接、服务评价等功能于一体的体育产业综合服务平台，为体育企业提供一站式服务。同时，加强体育产业数据的收集、整理和分析工作，建立数据共享机制，为政府决策、企业运营和消费者选择提供有力支持。

（2）有利于品牌建设。

支持体育企业开展多元化、个性化的服务模式创新，如"体育＋旅游""体育＋健康"等跨界融合模式，满足消费者多样化的需求。同时，加强体育服务品牌的培育和推广工作，通过举办高水平体育赛事、开展特色体育文化活动等方式提升品牌知名度和影响力。

（3）有利于提升服务质量与监管水平。

加强标准化建设，推动体育服务标准化工作，制定和完善体育服务标准体系，提升服务质量和管理水平。建立健全体育市场监管体系，加强对体育市场的监管力度，打击违法违规行为，维护市场秩序和消费者权益。

（4）有利于推动消费引领与产业升级。

通过举办体育消费节、发放体育消费券等方式激发消费者参与体育活动的热情，提升体育消费水平。同时，支持体育企业加大研发投入和技术创新力度，推动体育产业向高端化、智能化、绿色化方向发展。同时，加强体育产业与文化、旅游等相关产业的融合发展，拓展体育产业的产业链条和价值空间。

综上所述，山东省体育产业在服务创新方面需要从政策引导、平台建设、服务创新、品牌建设、服务质量提升、人才培养和消费升级等多个方面入手，以实现体育产业的高质量发展。

4.2.4 产业需求层面

1. 产业人才质量因素

对于产业的人才质量高低来说如果没有能力和资源的投入，让更多的人才投身于体育产业发展的实践中，这种情况势必会影响体育产业下一阶段的发展。体育产业的从业人员需要具有洞悉市场潜在发展的能力，依靠市场发展做出必要的人力资源调整，当前山东省内的大型职业体育生产企业和工商集团或多或少地面临着需要培养从事体育和企业经济管理专业的专业技术类的人才，研究机构专业人才数量较少。这种人才的稀缺对于一个正处在产业发展升级过程的新兴产业来讲，是一场较为沉重的打击。科技创新是民族进步源源不断的动力，说到底还是要依靠尖端人才。

山东省许多从事体育产业的经营人员和管理人员都是退休运动员或没有受过专业培训的人员。尽管他们熟悉体育工作，但在市场运作和经济规律方面缺乏专业的理解，商品和服务的营销知识和技能没有掌握。因此，这样的从业人员无法有效地将体育产品或服务推向市场，在体育和市场机制相结合方面的所发挥的巨大效用也无法体现。体育产业的种类繁多且丰富，在未来需要数量庞大的人才涌入这个领域，发展的前景不可限量。而且身为山东省体育行业的专家和从业人员，要在体制和政策上寻求改革与创新，只有当好"引路人"这个角色，才能使本行业得到突破，实现长远且富足的发展。

目前产业人才质量对新发展阶段山东省体育产业高质量发展具有重要影响，以下是对可带来的影响进行分析。

（1）推动产业创新。

高质量的产业人才是推动体育产业创新的重要力量。他们具备专业的知识和技能，能够深入了解市场需求和产业发展趋势，提出创新的理念和解决方案。这些人才通过研发新产品、新技术和新服务，推动体育产业的创新发展，提升产业的竞争力和发展水平。

（2）提升产业效率。

高质量的产业人才能够提高体育产业的效率。他们具备高效的工作方法和团队协作能力，能够优化生产流程、提高生产效率和质量。同时，他们还能够通过有效的管理和领导，激发团队成员的积极性和创造力，进一步提高整个产业的效率。

（3）促进产业升级。

高质量的产业人才能够促进体育产业的升级。他们具备前瞻性的视野和敏锐的市场洞察力，能够把握行业发展趋势，引导企业进行转型升级。他们还能够通过学习和创新，不断提升自身的专业素养和综合能力，为产业的升级提供源源不断的人才支持。

（4）增强产业竞争力。

高质量的产业人才能够增强体育产业的竞争力。他们具备卓越的技能和创新能力，能够为企业的产品研发、市场营销等方面提供有力支持。同时，他们还能够通过自身的专业知识和经验，为企业提供有效的咨询服务和解决方案，帮助企业提升竞争力和市场份额。

综上所述，产业人才质量是影响新发展阶段山东省体育产业高质量发展的重要因素之一。通过培养和引进高质量的产业人才，山东省可以推动体育产业的创新发展、提升产业效率、促进产业升级并增强产业竞争力，为体育产业的高质量发展注入新的动力和活力。

2. 产业的投资需求因素

投资需求反映了投资水平与实际利率之间的关系，它可由投资需求曲线形象描述。投资需求曲线是在其他条件不变之下，表示实际利率与计划的投资水平之间关系的图形。

体育体制改革以来，体育产业中原单一化投资主体格局被打破，多元化投资主体格局出现。即体育产业投资主体已由单一的政府投资型演变成政府、企业、个体三者并存的状况。在市场经济的调控下，体育产业的运作虽然主要依赖于市场机制，但鉴于市场本身的局限性，政府在其中所发挥的弥补与引导角色显得尤为重要。作为体育产业中的关键投资主体，政府的作用主要体现在两个方面：一是根据体育事业发展的实际需要，利用产业政策合理引导社会资本的流向，以促进体育产业结构的优化与升级；二是在市场机制无法有效发挥作用的领域，通过政府投资来填补空白，弥补市场机制的不足。

投资主体作为承担投资职责、拥有投资决策及收益权益，并需承担相应风险的经济实体，其投资需求受到多种主客观因素的影响。这些需求基于对未来收益的预期，反映了投资主体对体育产业的投资意愿和期望。根据不同的投资主体，体育产业的投资需求可分为不同类型。政府作为投资主体时，其投资行为旨在促进社会的整体利益，这种投资需求可视为社会公共投资需求。而企业和居民个人作为投资主体时，其投资行为更多是基于自身经济利益的考虑，这种投资需求则属于微观经济主体的投资需求。

在不同的国家和地区，由于经济体制、政策环境以及市场发育程度的差异，政府、企业和居民个人在体育产业投资中的比重也会有所不同。因此，对体育产业投资需求的分类和分析，需要结合具体国情和市场环境进行深入探讨。

只有在清楚了解影响体育产业投资需求因素和各因素发挥作用的条件的基础上，我们才可能在确保体育产业的良性运行的基础上大幅度提高体育产业投资效益。从理论上看，影响体育投资需求的因素有：

（1）国民收入水平。

体育产业的投资来源主要来自国民总储蓄，是国民收入的转化形式，通过银行贷款等多种途径实现。国民收入水平对于体育产业投资的机制在于：一方面，国民收入水平的提高带动储蓄水平的提高对投资需求产生巨大的推动作用，这一推动效应不可避免地会波及体育产业领域；另一方面，国民收入水平的提高带动消费水平的提高又会对投资需求产生拉动作用，这一拉动效应在体育产业领域表现得很明显。近年来，我国各类商业银行和金融机构的储蓄总额呈现不断上升趋势，储蓄向投资转化的效率也有了大幅度提升，这对于体育产业的发展是非常有利的。

（2）资本的预期收益率。

在考察体育产业投资需求时，无论是从宏观的产业层面、中观的行业维度，还是微观的企业角度，资本预期收益率的分析都占据着举足轻重的地位。在投资决策过程中，投资者往往更关注收益率的相对大小，而非收益的绝对值。因此，资本预期收益率的多少对于投资决策具有显著影响，尤其对于那些非国家主导的、以营利为目的的投资活动而言，其重要性更是不言而喻。

（3）资本利息率。

利息，作为投资者向货币供应者支付的补偿，是构成投资成本的关键因素之一。投资成本的构成存在两种情形：一是当投资者使用自有资本时，投资成本表现为放弃的利息收入，即通常所说的机会成本；二是当投资者采用借贷资本时，投资成本则体现为支付的贷款利息。因此，资本的利息水平与投资成本呈正相关关系，即利息越高，资本使用成本越大，投资者的投资需求相应减少；反之，利息降低则有助于提升投资者的投资需求。如果单从实践上看，影响体育投资需求的因素有：

（1）不完全竞争的市场结构。

单从实践来看，影响山东省体育投资的影响因素中不完全竞争市场结构是一个重要的因素。

不完全竞争市场结构是指市场中的企业数量较少，但每个企业都有一定的影响力，无法被其他企业所取代。在这样的市场中，企业的经营状况往往受到市场供需关系、政策法规、技术进步等多种因素的影响。

对于山东省体育投资来说，不完全竞争市场结构的影响主要表现在以下几个方面：

市场竞争不充分：在山东省体育市场中，一些大型企业可能占据主导地位，使得其他企业难以进入。这种市场竞争的不充分可能导致一些有潜力的企业无法得到足够的资金支持，从而限制了整个行业的投资和发展。

投资回报不稳定：由于不完全竞争市场结构中的供需关系复杂，投资回报往往不稳定。投资者可能面临市场风险、政策风险等多种风险，导致投资回报的不确定性增加。

政策法规影响：政策法规是影响山东省体育投资的重要因素之一。政府对体育产业的政策扶持、税收优惠等措施可以促进投资，而一些限制性政策则可能限制投资。

技术进步影响：技术进步对体育产业的影响日益显著。随着科技的不断进步，体育产业的运营模式、产品形态等都可能发生变化。这为投资者提供了新的机会，但同时也带来了新的挑战。

综上所述，不完全竞争市场结构是影响山东省体育投资的重要因素之一。为了促进山东省体育产业的健康发展，需要加强市场竞争、完善政策法规、推动技术进步等多方面的努力。

（2）市场经济体制的完善与否。

由于市场经济体制不完善导致投资交易成本过大，阻碍了体育产业投资需求的扩大，特别是目前我国的体育产业还没有进行归口管理，一个体育企业的注册往往要经过多个部门的审批，不仅费用过高，而且时间很长，结果损失很多商机，也大大挫伤了体育企业的投资热情。我国体育产业的投资需求还严重受到市场体系不健全的影响；由于市场体系不健全，体育企业在经营过程中会受到诸多非市场因素的介入和干扰，使体育企业的正常运行机制被破坏，加大了体育产业的投资风险，也打击了投资者对体育产业进行投资的信心。市场经济体制的完善与否对山东省体育投资的影响是显著的。

首先，一个完善的市场经济体制能够为体育投资提供良好的环境。在这样的体制下，市场规则清晰、公平竞争、产权保护等制度得到有效实施，有利于吸引更多的投资进入体育领域。同时，市场经济体制的完善也有助于提高资源配置效率，使资源能够更加合理地流向有潜力的体育项目和企业，从而推动整个体育产业的发展。

其次，市场经济体制的完善有助于降低投资风险。在一个完善的市场经济体制下，市场供需关系、价格机制等能够更加合理地反映体育项目的投资价值和风险，为投资者提供更加准确的信息，降低投资决策的盲目性和风险。

如果市场经济体制不完善，将会对体育投资产生负面影响。例如，市场规则不清晰、公平竞争环境缺失、产权保护不力等问题都可能导致投资者对市场失去信心，减少对体育产业的投资。此外，不完善的市场经济体制也可能导致资源配置效率低下，资源无法流向真正有潜力的体育项目和企业，从而阻碍整个体育产业的发展。

因此，从实践来看，市场经济体制的完善与否对山东省体育投资的影响至关重要。为了促进山东省体育产业的健康发展，需要进一步完善市场经济体制，为体育投资提供更加良好的环境和条件。

第5章 新发展阶段山东省体育产业高质量发展的创新维度

　　体育产业的高质量发展具有重要意义，它不仅有助于推动山东省经济的持续、健康和快速发展，还能够提高人民群众的健康水平和生活质量，促进社会和谐稳定。本章从创新维度出发，指出山东省体育产业发展过程中的不足之处，并在相关动力机制、人才培养、技术科研方面探讨了山东省体育产业高质量发展的发展路径，以期更好地推动山东省体育产业的高质量发展。

　　首先，体育产业高质量发展是推动经济发展的重要力量。体育产业作为一个新兴产业，具有高附加值、高成长性和高融合性等优势，可以为山东省的经济发展注入新的动力。通过培育体育市场、促进体育消费、推动体育产业与相关产业的融合发展等措施，可以带动山东省经济的快速增长和结构优化。

　　其次，体育产业高质量发展有助于提高人民群众的健康水平和生活质量。体育活动是促进身体健康和心理健康的重要手段，通过开展多样化的体育活动，可以满足不同人群的需求，提高人民群众的健康水平和生活质量。同时，体育产业的发展还可以带动相关产业的发展，如旅游、教育、医疗等，为人民群众提供更丰富的产品和服务。

　　最后，体育产业高质量发展有助于促进社会和谐稳定。体育活动具有社交功能和娱乐功能，可以促进人与人之间的交流和沟通，增强社会凝聚力和稳定性。同时，通过开展体育活动，可以培养人们的团队精神和竞争意识，提高社会文明程度和道德水平。

5.1 山东省体育产业高质量发展的创新维度现状和问题

5.1.1 动力机制方面

1. 动力要素

动力比喻推动工作、事业等前进和发展的力量，泛指事物运动和发展的推动力量。要素指的是构成事物的必要因素。故动力要素是指构成事物运动和发展推动力量的必要因素。体育产业高质量发展的动力机制的基础是内外动力组成要素的协同组合和共同发力。笔者根据文献以及山东省体育产业高质量发展的现实情况，将山东省体育产业高质量发展的动力要素分为内部和外部两个动力要素。

内部动力要素，指的是体育产业内部的需求与供给之间的变动，以及人力、资本、科技信息、知识产权等支撑要素的组成。内部动力要素是体育产业高质量发展的动力机制研究的核心内容，新时代山东省体育产业高质量发展的内部动力要素是由生产要素（供给推动力），消费要素（需求牵引力），人力、资本、科技、知识产权要素（要素支撑力）三方面构成。生产指的是企业向消费者提供体育产品或服务。消费要素端指的是能够满足消费者物质及精神各方面体育需求的要素。内部动力要素互相促进，形成一个正向的反馈回路。

外部动力要素，主要指的是社会环境的变化对体育产业的推动作用。外部动力要素是山东省体育产业高质量发展的基本条件。新时代山东省体育产业高质量发展的外部动力要素，包括政府行政、产业政策、经济水平和市场环境。经济水平的高低将对体育产业发展产生影响。经济发展水平决定消费能力，经济水平的提高能够促进体育市场环境的发展，政府发布体育产业各项有利政策，对体育产业的发展有着巨大的推动作用。

2. 动力结构

山东省体育产业高质量发展内外部动力要素之间的关系，构成了新时代山东省体育产业高质量发展的动力结构。新时代山东省体育产业高质量发展的动力结构包括内部和外部两个动力结构。

（1）内部动力结构。

第一，生产供给和消费需求双向驱动力。山东省体育产业高质量发展的基石在于消费与生产的相互促进与协同发展。消费与生产形成双向驱动力，共同作用于需求侧与供给侧，推动山东省体育产业在新时代背景下实现质量变革。从供给层面来看，该机制致力于通过深化改革，优化资源配置，提升生产效率，降低生产成本，进而改善产品和服务质量，以满足市场需求。从需求层面来看，该机制通过激发体育消费潜力，满足人民群众日益增长的体育需求，为山东省体育产业发展提供持续动力。只有深入剖析供需关系，强化有效供给，才能明确山东省体育产业的发展方向，实现高质量发展。

第二，产业要素驱动力。在新时代背景下，山东省体育产业的高质量发展离不开各类产业要素的支撑与引领。其中，人力、资本、科技、知识产权等要素发挥着举足轻重的作用。特别是科技、信息、知识产权等创新要素，已成为推动山东省体育产业高质量发展的核心动力。在产业发展初期，传统要素如人力和资本可能占据主导地位，但随着科技的进步和知识产权意识的提升，科技、信息、知识产权等创新要素的驱动力逐渐凸显。因此，山东省体育产业需要加大创新要素的投入和整合力度，以科技创新为引领，推动产业向更高层次发展。

（2）外部动力结构。

第一，市场驱动力。山东省人民的收入和生活水平取决于山东省社会的经济发展水平，当山东省居民的收入和生活水平不断提升时，将大大提升新时代山东省人民对体育健身的精神追求，促进山东省体育市场环境改善，随着山东省人民生活水平的不断提高和居民幸福感的不断提升，新时代山东省人民将会更加注重身体健康以及身材管理，高质量的体育产品与体育服务更能满足山东省人民对体育的需求。市场环境的优化可以驱动新时代山东省体育产业的发展。在这一过程中，市场环境的优化在资源配置中发挥着决定性作用，是经济体制改革深化的关键环节，同时也是实现产业高质量发展的坚实基础。因此，通过进一步改善市场环境，激发体育消费潜力，对于推动体育产业的整体进步具有重要意义。

第二，政府行政驱动力。目前，由于国内外经济环境的变化，中国经济发展的重点已从传统产业转向新兴产业。《体育强国建设纲要》指出，体育产业作为重要的"新兴产业"，发展潜力巨大，到 2035 年将成为"支柱性产业"，承担着成为国民经济新的增长点的重要任务。从山东省政府角度来看，山东省政府应促进体育和体育产业的整体发展。体育的发展就是体育产业的发展，体育产业政策的发布是促进山东省体育产业高质量发展的重要保障，山东省政府对体育产业的行政支持能够推动山东省体育产业高质量发展。全民健身和竞技体育的全面发展，可以增强全社会的体育意识，提高体育参与水平以及体育消费水平，从而带动体育产业的发展。应正确处理山东省体育资源开放、加强对山东省体育产业的监管措施，着力优化山东省体育产业的营商环境，努力推进山东省体育服务和监管理念、方法与手段的创新，营造公平、法治的新时代山东省体育产业市场准入机制。

3. 动力系统

新时代山东省体育产业的高质量发展是产业发展过程中内外部动力协同作用的结果，是一个具有完整驱动力牵引力和支撑结构的动力系统。接下来从内部和外部两方面来分析其动力系统。

（1）内部系统。

第一，生产供给推动力。从供给侧来看，生产包括体育产品和体育服务两个方面。体育产品包括体育制造业领域的体育用品制造，体育服务业包括体育竞赛表演、体育经纪与代理、广告与会展、表演与设计服务等。根据山东省统计局于 2024 年发布的"山东省体育局关于发布 2022 年体育产业有关数据的公告"可以看出，22 年全省体育消费总规模 2207 亿元，居民人均体育消费支出 2163.81 元，占人均可支配收入比重为 5.76%。山东省体育服务业受疫情冲击较大，虽然情况在逐渐好转，但依旧存在市场需求旺盛而赛事服务有效供给不足、服务质量有待提升的矛盾，究其根本是生产供给推动力不足，导致体育产业质量效益不高。

从体育产品方面来看，山东省体育制造业发展迅猛，但还是需要不断提升产品质量。提升产品质量必须投入人力、资本,进行科技与知识产权开发。通过提升体育用品的价值、科技含量,可以缩短产品的更新周期,提高产品研发效率。应促使体育制造业低投入、高回报,推动山东省体育产业高质量发展。

从体育服务方面来看,随着山东省人民生活水平的不断提升,山东省人民对体育服务的要求不仅是满足生理方面的低层次要求,更是追求自我实现的高层次心理需求。

第二,消费需求牵引力。从需求方面来看,体育消费可以分为自发消费和引导消费。自发消费取决于消费者嗜好、价格水平、社会风尚等因素;引导消费是指商家通过各种营销手段,来吸引顾客购买。两者相互影响,缺一不可。自发消费是引导消费的前提,引导消费是自发消费的延伸。两者相辅相成,共同促进体育产业结构升级。

体育消费需求可以促进产业发展,由山东省国民经济和社会发展统计公报数据可知,2022 年山东省人均可支配收入为 37600 元,和 2021年相比增加了 1900 元,山东省城镇人均可支配收入为 49000 元,山东省农村人均可支配收入为 19200 元,按国际通行标准,山东省居民生活水平已经达到中等偏上的水平了,但山东省城乡居民体育消费结构不合理,城乡体育消费差距较大,主要原因是城乡居民的全民健身意识较低,体育消费意识差。促成山东省人民的体育消费习惯是一个漫长的过程,需要提高山东省人民的运动意识,使其主动消费,也需要各个山东省体育产业商家的引导消费,双管齐下,才能促进山东省体育产业消费需求,从而促使山东省体育产业高质量发展。

(2)外部系统。

第一,政府行政推动力。山东省政府积极开展体育行政工作对山东省体育产业发展有促进作用,可以确立山东省体育产业的地位,明确山东省体育产业的价值;可以促进山东省体育产业的资源有效配置,并完善山东省体育产业的体系;可以推动山东省体育产业高质量发展。目前,山东省体育产业处于发展初期,需要政府的大力支持,如何借助政府行政的推动力是其体育产业高质量发展的重中之重。山东省政府需合理分配山东省体育产业资源,扶持、培养具有竞争力的体育企业,完善体育产业体系,鼓励山东省体育产业发展,推动山东省体育领域人才创业,实现山东省体育产业高质量发展。

第二，市场环境支撑。市场环境支撑力主要包含营商环境、市场环境、关联环境、技术环境等。市场环境支撑着体育产业高质量发展。从营商环境来看，山东省将注重打造与国际消费中心城市相匹配的营商环境，以开放包容态度，积极推出简化证照办理、促进跨境贸易便利化、支持开展宣传营销等政策，进一步增强山东省消费的魅力。从资源环境来看，国家体育产业示范基地规划的实施和重点项目建设，为后续山东省体育产业基地建设提供经验和支持，济南、泰安、青岛都形成了一些体育产业聚集园区。从关联产业来看，将旅游业与体育产业相结合，共同推动体育旅游业融合发展。从技术环境来看，支持智能健身云赛事虚拟运动等体育新业态发展。总之，完善山东省体育公共服务平台、山东省体育大数据中心等全民健身信息服务平台，促进体育资源互联互通，支持智慧体育社区智慧体育公园智慧体育场馆的建设，进一步完善全民健身智慧化服务机制，逐步构建信息发布及时、服务获取便捷、信息反馈高效的"山东省体育云生态"。这些市场环境的支撑力共同促进新时代山东省体育产业发展。

第三，政府政策支撑。体育相关政策文件的发布对于体育产业发展起着重要支撑作用。随着《体育强国建设纲要》《国务院办公厅关于促进全民健身和体育消费推动体育产业高质量发展的意见》《"十四五"体育发展规划》等文件的发布，山东省政府积极响应国家体育政策方针，相继发布《山东省省级体育事业专项资金管理办法》《山东省全民健身实施计划（2021－2025年）》，明确山东省体育产业未来的发展规划与发展目标，提出山东省体育相关政策将助力山东省体育产业高质量发展，到2050年实现山东省体育产业高质量发展。这些产业政策的发布为山东省体育产业高质量发展创造了有利条件，山东省体育产业将进一步发展壮大。

5.1.2 相关专业人才方面

1. 人才供需不匹配

山东省体育产业高质量发展人才供需不匹配主要表现在：

专业技能人才短缺：在体育产业的一些领域，如体育科技、体育营销、体育管理等，需要具备专业技能的人才支撑。然而，当前山东省体育产业在这些领域的人才储备相对较少，导致一些用人单位难以招聘到具备专业技能的人才。

高端人才匮乏：随着体育产业的转型升级和高质量发展，山东省体育产业的蓬勃发展需要更多的高端人才支撑。然而，当前山东省体育产业的高端人才相对较少，如具有国际视野的体育产业管理人才、具有创新能力的体育科技创新人才等。

2. 人才结构不合理

山东省体育产业人才结构不够合理，主要体现在专业结构、学历结构、年龄结构、地域结构等方面。当前山东省体育产业人才的专业结构不够合理，一些领域的人才过剩，而一些领域的人才不足。例如，传统的体育教育、运动训练等专业人才过剩，而体育管理、体育营销、体育科技等新兴领域的人才不足。山东省体育产业人才的学历结构也存在不合理之处。一些低学历的人才过多，而高学历的人才相对较少。这使得山东省体育产业在创新、管理、营销等方面缺乏必要的高端人才支撑。山东省体育产业人才的年龄结构也存在不合理之处。一些年龄较大的人才过多，而年轻的人才相对较少。这使得山东省体育产业在创新、活力等方面缺乏必要的支撑。山东省体育产业人才的地域结构也存在不合理之处。像济南、青岛等经济发达的省市的体育类人才配备相对充足，而经济发展相对欠缺的市区体育人才相对较少。这使得山东省体育产业在区域协调发展方面存在一定的短板。

3. 人才流失严重

由于体育行业的待遇和发展前景相对较低，一些优秀的体育类人才可能会选择转行到其他行业，如 IT、金融等。这使得山东省体育产业在人才储备和招聘方面面临更大的困难。由于山东省的体育产业相对其他地区发展较慢，一些优秀的体育类人才可能会选择到其他地区发展，如北上广等体育产业发达的地区。

99

5.1.3 科技创新方面

1. 缺乏自主创新能力

山东省体育产业在科技创新方面缺乏自主创新能力，缺乏具有自主知识产权的重大科技成果和核心技术且技术方面过于依赖引进，缺乏对自主技术的研发和创新能力。这使得山东省体育产业在产品研发、生产制造等方面难以与国内外先进水平保持同步。且体育产业存在科技成果转化率低的问题，许多科研成果无法转化为实际的产品或服务，无法满足市场需求。

2. 缺乏核心技术，难以形成竞争优势

山东省体育产业在科技创新方面存在明显不足，缺乏核心技术，难以形成竞争优势。在体育产业领域，技术创新是推动产业发展的重要驱动力。然而，山东省在体育产业方面的技术研发和创新能力相对较弱，缺乏具有自主知识产权的核心技术。这使得山东省的体育产品和服务在市场上缺乏竞争力，难以与国内外其他地区的体育产业相抗衡。

3. 研发投入不足，制约了科技创新的发展

研发投入是推动科技创新的重要保障。然而，山东省在体育产业的研发投入相对较少，制约了科技创新的发展。这主要是由于一些企业对于技术研发的重视程度不够，缺乏对科技创新的投入和支持。同时，政府对于体育产业的研发投入也相对较少，缺乏对科技创新的支持和引导。这使得山东省的体育产业在科技创新方面进展缓慢，难以形成具有自主知识产权的核心技术和产品。

4. 人才匮乏，制约了科技创新能力的提升

人才是推动科技创新的重要力量。然而，山东省在体育产业领域的人才匮乏，制约了科技创新能力的提升。这主要是由于一些企业对于人才培养和引进的重视程度不够，缺乏对人才的投入和支持。同时，政府对于体育产业的人才培养和引进也相对较少，缺乏对人才的关注和支持。这使得山东省的体育产业在人才方面存在明显的短板，难以形成具有自主知识产权的核心技术和产品。

5.2　山东省体育产业高质量发展的创新发展路径

5.2.1　发展驱动，促进体育产业结构升级

1. 以"创新"发展提高核心竞争力

创新发展可以提高体育产业的科技含量和附加值，推动产业升级。通过引入高科技手段，开发新产品、新服务，可以提高体育产业的竞争力，促使其向更高层次、更宽领域发展。还可以促进体育产业的可持续发展。通过引入环保理念、推广绿色场馆等方式，可以降低体育产业的能耗和排放，实现绿色发展。同时，通过创新赛事运营模式、拓展产业链等手段，可以增加体育产业的就业机会和经济效益，为社会的可持续发展作出贡献创新发展可以提高山东省体育产业的核心竞争力，促进产业转型升级。通过技术创新、管理创新、模式创新等方式，可以推动体育产业从传统模式向现代化、智能化方向转变，提高产业的附加值和竞争力。通过创新，可以开发出新的产品、服务或市场，满足消费者不断变化的需求，从而推动产业的持续发展。创新发展可以促进体育产业的可持续发展。

沿海经济发达地区体育产业市场形成早，规范化程度较高，山东省只有不断求变、取长补短、推陈出新才有"弯道超车"的机会。首先，山东省应以体育科技创新为基础，在国家大力推动山东建立"东部科技创新中心"的背景下，着力提升体育制造业的科技含金量，在体育用品和体育场馆、体育设施建设上做到精益求精，更好地将经济环保和美观实用的理念有机结合起来。其次，山东省应以体育品牌创新作为名片，打造属于山东省自己的体育用品和体育赛事品牌，依托现有的"青岛马拉松"等成熟赛事品牌，进一步打造周边体育赛事，扩大山东省赛事的

101

影响力，打好城市名片这张牌。最后，山东省应以体育政策创新作为支撑，为新时代山东省体育产业高质量发展提供助力；可以借鉴其他地方相关政策，再根据山东省体育产业的具体情况进行政策创新，确保体育产业高质量发展。

2. 以"协调"发展促进产业平衡

协调发展一方面可以促进体育产业内部各要素之间的协调配合，实现资源优化配置。通过协调发展，可以避免资源浪费和重复建设，提高资源利用效率，为体育产业的可持续发展提供有力保障。协调发展还可以提升体育产业的整体竞争力。通过协调发展，可以促进各地区、各领域之间的合作与交流，形成优势互补、协同发展的良好格局。同时，协调发展也可以推动体育产业与其他产业的融合发展，形成新的经济增长点，提高体育产业的综合竞争力。还可以推动体育产业转型升级。通过协调发展，可以引导体育产业向高端化、智能化、绿色化方向发展，提高产业的技术含量和附加值。同时，协调发展也可以促进体育产业与其他产业的融合发展，形成新的产业形态和商业模式，推动体育产业的转型升级。

综上所述，协调发展对于体育产业发展的意义在于促进资源优化配置、提升产业整体竞争力、推动产业转型升级和增强社会效益我国的体育产业正处于起步发展的阶段，所以在产业结构上存在不均衡。具体表现为体育产品占比过高，第四次全国经济普查成果显示，我国已然成为体育用品制造大国，体育制造业产品种类多、规模优势强，体育制造业在我国体育产业中已占较大比重，而体育服务占比则较低。由于地区之间经济发展存在不均衡，也使各地区之间的体育产业发展存在不均衡。而身处东部地区的山东省体育产业发展不均衡的情况比较明显，体育产业中体育服务占比极低。因此对于山东省政府可以制定体育产业协调发展规划，明确各地区、各领域的发展目标、重点任务和保障措施。通过规划的引导，可以促进各地区、各领域之间的协调配合，避免资源浪费和重复建设，加强各地区之间的合作，推动体育产业的区域协同发展，深化供给侧改革，加大对体育服务业的投资支持，将错配的资源进行"协调"，让山东省体育产业高质量发展少走弯路。

3. 以"绿色"发展兼顾产业与生态

生态文明建设要始终贯穿在我国的经济建设之中，体育产业的发展也不例外。体育产业绿色发展符合可持续发展的理念，通过减少资源消耗、降低环境污染、提高资源利用效率等方式，推动体育产业的可持续发展。随着消费者对环保、健康等方面的关注度不断提高，绿色、环保的体育产品和服务将更受欢迎，从而提升体育产业的竞争力。

体育产业绿色发展还可以促进产业的升级和转型。通过采用绿色技术和生产方式，可以提高产品的质量和附加值，推动体育产业向高端化、智能化方向发展。通过推广绿色、环保的体育产品和服务，可以提高人们的健康水平和生活质量，同时也可以促进社会的可持续发展。

综上所述，体育产业绿色发展的意义在于推动可持续发展、提升产业竞争力、促进产业升级和增强社会效益等方面。随着人们生活水平的日益提高，山东省的体育产业将迎来大幅增长，在此关键节点上，我们一定要吸取之前经济发展过程中的经验教训，将绿色发展这一理念贯穿始终，兼顾发展和生态。政府可以制定体育产业绿色发展的政策，明确绿色发展的目标、任务和措施。通过政策的引导和约束，可以推动体育产业的绿色发展。

推广绿色技术和设备：政府可以鼓励企业研发和推广绿色技术和设备，提高体育产业的资源利用效率，减少环境污染。

优化产业结构：可以引导体育产业向绿色、低碳、循环方向发展，优化产业结构。例如，可以鼓励企业开发绿色、环保的体育产品和服务，推动体育产业的转型升级。

加强环保监管：可以加强对体育产业的环保监管，确保企业遵守环保法规，减少环境污染。同时，也可以建立奖惩机制，对环保表现好的企业给予奖励，对环保违规的企业进行惩罚。

开展绿色宣传教育：政府可以开展绿色宣传教育，提高公众对绿色发展的认识和意识。同时，也可以鼓励企业开展绿色宣传活动，提高企业的环保形象和信誉度。

4. 以"开放"实现高质量发展

中国经济的快速发展得益于"改革开放"政策的实施，只有以开放的姿态拥抱市场才能获得丰厚的回报。开放发展对于山东省体育产业高质量发展的意义主要体现在以下几个方面：开放发展可以促进山东省体育产业与国内外其他地区的交流与合作，实现资源共享。通过引进国内外先进的体育产业技术和经验，可以推动山东省体育产业的技术创新和转型升级，提高产业的竞争力。

扩大市场需求：开放发展可以扩大山东省体育产业的市场需求。通过加强与国内外其他地区的交流与合作，可以拓展山东省体育产品的销售渠道和市场空间，提高产品的知名度和美誉度，进一步推动体育产业的发展。

提升国际化水平：开放发展可以提升山东省体育产业的国际化水平。通过参与国际体育赛事、加强与国际体育组织的合作等方式，可以推动山东省体育产业与国际接轨，提高产业的国际化水平，进一步增强山东省体育产业的国际竞争力。

促进产业升级：开放发展可以促进山东省体育产业的升级和转型。通过引进国内外先进的体育产业技术和经验，可以推动山东省体育产业向高端化、智能化方向发展，提高产业的附加值和竞争力。

综上所述，开放发展对于山东省体育产业高质量发展的意义在于促进资源共享、扩大市场需求、提升国际化水平和促进产业升级等方面。

山东省扩大体育产业开放力度应采取以下措施：

建立开放合作机制：山东省可以与国内外其他地区建立体育产业合作机制，加强交流与合作，共同推动体育产业的发展。可以定期举办体育产业交流活动，促进各方之间的合作与交流。

引进先进技术和经验：山东省可以积极引进国内外先进的体育产业技术和经验，推动技术创新和转型升级。可以通过引进国内外优秀的体育人才和团队，提高山东省体育产业的技术水平和竞争力。

拓展国际市场：山东省可以积极拓展国际市场，加强与国际体育组织的合作，参与国际体育赛事和活动。可以通过参加国际体育展会、举办国际体育赛事等方式，提高山东省体育产品的知名度和美誉度，进一步拓展国际市场。

推动产业升级和转型：山东省可以积极推动体育产业的升级和转型，向高端化、智能化方向发展。可以通过引导企业加大科技研发投入、推广智能化技术等方式，提高产业的附加值和竞争力。

5. 以"共享"推动体育产业的高质量发展

山东省体育产业发展较晚，地域辽阔、地势复杂，贫困人口也较多，这给山东省体育产业的高质量发展带来了很大的难度，山东省体育产业存在两极分化的现象。通过"共享"的发展理念可以促进山东省体育产业资源的优化配置，促进社会公平，通过共享体育资源和服务，可以让更多的人享受到体育带来的健康和快乐，缩小城乡、地区之间的体育差距，促进社会公平与和谐发展。共享发展还可以推动山东省体育产业的协同发展。通过共享资源、技术和经验，可以促进不同企业之间的合作与交流，形成产业协同发展的良好格局，提高整个产业的竞争力和发展水平。

山东省体育产业共享发展缩小城乡差距应加大对农村体育设施的投入、开展城乡体育交流活动以及完善城乡体育公共服务体系等方面。这些措施的实施将有助于推动山东省体育产业的共享发展，缩小城乡之间的差距，实现全面协调可持续发展。

5.2.2 打造智慧体育，完善体育产业服务供给

1. 打造智慧体育服务供给

"互联网＋"作为新时代工业革命的核心产物，与传统行业的结合产生了巨大的能量，不断颠覆人们的认知。随着大数据，云计算等互联网技术的不断发展，打造智慧体育服务供给是大趋所向。智慧体育产业利用先进科技手段，对传统体育产业进行数字化、网络化、智能化升级，创造更安全、更科学、更高效、更便利的运动环境和运动服务。这有助于推动体育产业的升级和转型，提高体育产业的竞争力和发展水平。通过大数据和人工智能等技术，分析消费者的需求和喜好，提供个性化的运动体验和产品服务。这有助于满足消费者日益增长的个性化需求，提高消费者的满意度和忠诚度。智慧体育产业也可以为城市发展提供新的经济增长点，推动城市经济的可持续发展。智慧体育产业服务通过提供科学、便捷的健身服务和运动产品，帮助人们建立健康的生活方式。这有助于提高人们的健康水平和生活质量，促进社会的和谐发展。新时代山东省打造智慧体育服务应采取以下措施。

（1）加强科技研发与创新。

加大科技研发投入：山东省应加大对智慧体育相关科技研发的投

入，鼓励企业、高校、科研机构等加强合作，共同推动智慧体育技术的创新与发展。积极引进国内外先进的智慧体育技术，如人工智能、大数据、物联网等，为山东省智慧体育的发展提供有力支持。在关键领域和核心技术上，建立智慧体育研发中心，推动产学研用深度融合，提高自主创新能力。

（2）建设智能化体育设施。

升级改造现有场馆：对现有体育场馆进行智能化升级改造，引入先进的智能化设备和技术，提高场馆的运营效率和服务质量。在公共场所和社区建设智能健身设施，为居民提供便捷、科学的健身服务。

推广智能穿戴设备：鼓励企业研发和推广智能穿戴设备，如智能手环、智能跑鞋等，为运动者提供实时数据分析和运动指导。

（3）推进信息化与数据化管理。

建立信息化平台：建立全省统一的智慧体育信息化平台，实现各类信息资源的共享与互通。

建立数据管理中心：对各类数据进行采集、整理、分析和管理，为决策提供科学依据。在赛事组织、场馆管理、健身指导等方面推广信息化应用，提高工作效率和服务质量。

（4）加强人才培养与引进。

在高校和职业院校开设智慧体育相关专业和课程，培养具备专业知识和技能的人才。通过优惠政策吸引国内外高端人才来山东省工作和创新，为智慧体育的发展提供智力支持。

（5）推动跨界合作与融合发展。

加强与科技企业的合作：与科技企业合作，共同研发智慧体育相关技术和产品，实现技术与产业的融合发展。

加强与文化产业的合作：将智慧体育与文化产业相结合，推动体育与文化的融合发展，提升体育的文化内涵。与其他产业如旅游、教育等合作，开发具有地方特色的智慧体育旅游产品和服务，促进产业间的协同发展。

2. 开发物联网体育产业

物联网是基于互联网技术更深层次的运用，是连接人与物的桥梁，随着5G网的商业运用，"万物万联"这一未来智能生活的设想将成为现实。物联网技术已经应用于体育领域的物联网且在体育领域的应用非常广泛，以下是一些主要的应用。

运动监测和数据分析：物联网设备监测运动员在训练和比赛中的各种数据，如心率、速度、步数等，并通过云计算和大数据分析，为运动员提供个性化的训练建议和比赛策略。

智能场馆管理：物联网技术可以帮助体育场馆实现智能化管理，包括设备控制、环境监测、安全监控等，提高场馆的运营效率和管理水平。

智能健身设备：物联网技术与健身设备相结合，实现设备的智能化管理。例如，通过物联网技术，健身设备可以连接到云端平台，用户可以通过手机或电脑随时查看自己的健身数据，并根据数据调整自己的健身计划。

智能装备和配件：物联网技术可以应用于智能运动装备和配件中，如智能运动鞋、智能手环等，这些装备可以通过传感器和无线通信技术，实时监测运动员的身体状况和运动数据，为运动员提供更好的运动体验和健康管理。

面对这一时代机遇山东省应采取以下措施实现弯道超车：

（1）加强科技创新和研发。

山东省可以鼓励和支持企业加强科技创新和研发，推动物联网技术在体育产业中的创新应用。企业可以通过与高校、科研机构等合作，共同开展技术研发和创新，提高体育产品的科技含量和附加值。同时，企业还可以加强技术人才的培养和引进，提高企业的技术水平和创新能力。

（2）推动跨界合作和协同发展。

山东省可以积极推动物联网体育产业与其他产业的跨界合作和协同发展。例如，可以与旅游、教育、医疗等产业合作，开发具有地方特色的物联网体育旅游产品和服务，促进产业间的协同发展。同时，还可以加强与其他省份的合作和交流，共同推动物联网体育产业的发展。

（3）加强人才培养和引进。

山东省可以加强物联网体育产业的人才培养和引进。通过高校、职业院校、培训机构等渠道，培养具备专业知识和技能的人才，为物联网体育产业的发展提供人才保障。同时，还可以加强人才的引进和留用，提高人才的待遇和福利，吸引更多的人才来到山东省发展。

5.2.3　因地制宜，优化体育产业项目供给

1. 山地户外运动

随着人们体育消费的升级，户外运动的需求越来越大，其中蕴藏的经济价值体量巨大。山东省拥有得天独厚的山地自然资源，为开展山地户外运动提供了优越的条件。例如，泰山、崂山等著名山峰，以及鲁中山区、鲁西山区等连绵起伏的山脉，为户外运动爱好者提供了丰富的登山、徒步、攀岩等运动场所。山东作为中华民族的重要发源地之一，拥有丰富的历史文化底蕴。将户外运动与文化旅游相结合，可以吸引更多的游客前来体验，推动山地户外运动产业的发展。山东省交通发达，公路、铁路、航空等交通网络完善，为游客前来参加山地户外运动提供了便利的交通条件。

山东省结合山东省丰富的山地资源优势制定山地户外运动产业的发展规划，明确发展目标、重点任务和保障措施。规划应考虑全省的资源分布和市场需求，因地制宜地制定发展策略，同时要与山东省的经济、社会和环境发展相结合，确保产业的可持续发展。加强山地户外运动场所的基础设施建设，提高运动场所的品质和安全性。这包括建设高质量的登山步道、露营地、攀岩设施等，同时也要加强配套设施的建设，如旅游接待设施、餐饮设施等。此外，还要注重生态保护，确保不破坏自然环境。举办各种山地户外运动赛事、活动等，提高山东省山地户外运动的知名度和影响力，打造具有山东特色的山地户外运动品牌。这不仅可以吸引更多的游客前来参加活动，还能提高产业的附加值和综合效益。

2. 水上户外运动产业

在户外运动产业中，水上运动产业带来的经济效益非常可观。我国的水资源较为丰富，但是分布不均，而水上运动普及度较低，该产业的发展相对滞后。针对这一现状，国家体育总局于2016年底印发《水上运动产业发展规划》，旨在推动水上运动项目和产业的发展。山东省位

于中国东部沿海地区，拥有得天独厚的地理位置优势。这里地处黄河流域下游，拥有广阔的水域和丰富的水资源。这为水上运动提供了良好的自然条件和广阔的发展空间。山东省的地形地貌多样，既有平原、丘陵，也有山地、湖泊等。这种地形地貌的多样性为水上运动提供了多样化的比赛和训练场地。无论是河流、湖泊还是海域，都可以为各种水上运动项目提供适宜的比赛和训练环境。此外，山东省的海洋资源也非常丰富。沿海城市如青岛、烟台等都是海洋运动的热门地区。这些城市拥有优美的海岸线和丰富的海洋资源，为帆船、皮划艇等水上运动提供了得天独厚的条件。

山东省应利用自己的自然地理优势规划考虑全省的资源分布和市场需求，因地制宜地制定发展策略，同时要与山东省的经济、社会和环境发展相结合，确保产业的可持续发展。加强水上运动场所的基础设施建设，提高运动场所的品质和安全性。这包括建设高质量的游泳馆、水上运动中心、水上运动公园等，同时也要加强配套设施的建设，如旅游接待设施、餐饮设施等。此外，还要注重生态保护，确保不破坏自然环境。山东省应通过举办各种水上运动赛事、活动等，提高山东省水上运动的知名度和影响力，打造具有山东特色的水上运动品牌。这不仅可以吸引更多的游客前来参加，还可以提高产业的附加值和综合效益。

3. 冰雪体育产业

我国冰雪产业属于新兴体育产业，正处于快速发展时期。2022 年北京冬奥会，无疑在国内掀起一股冰雪运动的热潮，给冰雪产业的发展带来新的机遇。山东省拥有完善的制造业基础，这为冰雪产业的发展提供了有力的支撑。从冰雪场馆的建设、冰雪器材的制造，到冰雪旅游的配套设施建设，制造业的强大基础都为山东冰雪产业的发展提供了便利条件。山东具有很强的科技创新能力，特别是在冰雪产业方面，已经取得了很多重要的技术突破。例如，在雪蜡车的研发方面，山东省能够在短时间内实现从无到有，并达到世界先进水平。在这一背景下，山东省需采取以下措施，实现冰雪运动产业的高质量发展。

（1）加强冰雪运动基础设施建设：山东省应加大对冰雪运动基础设施的投入，建设更多的冰雪运动场馆、设施和场地，提高冰雪运动的硬件条件。同时，还可以加强冰雪运动场馆的运营管理，提高场馆的利用率和效益。

（2）推广冰雪运动文化：山东省政府可以通过各种渠道和形式，推广冰雪运动文化，提高公众对冰雪运动的认知度和参与度。例如，可以通过举办冰雪运动赛事、活动等，吸引更多的人参与冰雪运动，同时也可以通过媒体宣传、教育推广等方式，普及冰雪运动知识，提高公众的冰雪运动素养。

（3）加强冰雪运动人才培养：山东省可以通过与高校、职业院校等合作，培养专业的冰雪运动人才，为冰雪运动的可持续发展提供人才保障。同时，还可以通过引进优秀的冰雪运动教练员、裁判员等人才，提高山东省冰雪运动的水平和质量。

（4）推动冰雪产业融合发展：山东省可以将冰雪运动与旅游、文化、教育等产业融合发展，形成产业集群效应，提高产业的综合效益。例如，可以将冰雪运动与旅游产业相结合，开发冰雪旅游线路和产品，吸引更多的游客前来体验冰雪运动。

（5）加强冰雪运动安全管理：山东省可以加强冰雪运动场所的安全管理，完善安全管理制度和应急救援机制，确保游客的人身安全。同时，还可以加强对从业人员的安全培训和教育，提高其安全意识和应急处理能力。

5.2.4 "体育+教育"，加快体育产业人才供给

现阶段山东省体育产业发展亟须大量专业人才，在引进外地体育专业人才的同时，本地高校也要加强相关专业的建设和人才培养，体育产业人才培养体系的建设需要政府、学校、企业和社会各界的协同合作。政府和相关机构应明确制定体育产业人才培养计划，确保其目标和方向的明晰，制定符合山东省体育产业发展需求的教学大纲和培训方案，以确保培养的系统性和针对性。要重视基础教育在体育产业人才培养中的重要作用，需注重培养学生的基础知识、技能和素质，包括体育专业相关的理论、技能，以及关联学科例如管理学、经济学、市场营销学等相关的专业知识等。要加大实践教学环节在体育产业人才培养方案中所占的比重，强调通过实际操作提高学生的技能和知识水平，从而增强实践能力，依托山东省优质的体育资源及体育企业，建设一批体育专业人才

实践基地，推动产学研深度融合，提高理论成果与实践成果的转换效率。政府、学校及企业要开展深度合作，共同开展人才培养工作，为学生提供更多实践机会和就业渠道。师资队伍建设是优秀人才培养的关键，体育企业应加强师资队伍建设，引进优质师资力量，提高教师专业素养和教学能力，为学生提供更加专业且优质的指导和帮助。

1. 依托高校，加强后备人才培养

山东省具有丰富的高校资源，根据山东省发展和改革委员会2024年最新发布，山东省拥有156所大学，学科门类覆盖了《国民经济行业分类》中90%以上的行业；同时山东省作为体育大省，近几年来山东省开始在"体育＋教育"方面持续发力，根据国家体育总局下发的《体育总局关于命名"体育后备人才基地（2021－2024）"的决定》的通知，山东省83个单位在列，数量居全国首位，其中国家重点高水平体育后备人才基地17所，数量也是全国第一。接下来山东省应进一步深化"体育＋教育融合"推行以下措施，为山东省体育产业的高质量发展提供高质量后备人才。

山东省各高校应明确后备体育产业人才培养目标，根据市场需求和产业发展趋势，制订科学合理的人才培养计划。培养目标应包括掌握体育产业基础知识、具备创新思维和实践能力、具备团队协作和领导力的高素质人才。同时，高校还应根据各地区体育产业的特点和发展需求，有针对性地调整人才培养方案，满足不同地区对体育产业人才的需求。

课程体系是培养后备体育产业人才的基础。山东省各高校应加强课程体系建设，完善课程设置和教学内容。首先，应开设与体育产业相关的专业课程，如体育市场营销、体育赛事策划、体育场馆管理等，为学生提供系统的专业知识和技能培训。其次，应注重实践教学环节，通过实验、实训、实习等方式，提高学生的实践能力和解决问题的能力。此外，还应加强跨学科课程的建设，如体育与经济、体育与文化等，培养学生的综合素质和跨学科能力。

优秀的师资队伍是培养后备体育产业人才的关键。山东省各高校应加强师资队伍建设，提高教师的专业素养和教学能力。首先，应引进具有丰富实践经验和学术背景的优秀教师，加强对青年教师的培养和培训，提高教师的整体素质和教学水平。其次，应鼓励教师开展科研活

动，提高教师的学术水平和创新能力。此外，还应加强与国内外先进体育院校的交流与合作，引进国际先进的体育理念、教学方法和教学资源，提高我国体育教育的水平和质量。

实践教学是培养后备体育产业人才的重要途径。山东省各高校应加强实践教学环节，提高学生的实践能力和综合素质。首先，应建立完善的实践教学体系，包括实验、实训、实习等多种形式，为学生提供更多的实践机会和实践平台。其次，应加强实践教学管理，确保实践教学的质量和效果。此外，还应积极与企业合作，开展校企合作项目，为学生提供更多的实践机会和就业渠道。

综上所述，山东省应进一步深化"体育＋教育"融合，充分发挥高校优势，深化学校体育人才培养改革，为体育产业的高质量发展源源不断地输送人才。

2. 补齐体育学科建设短板，加快体育科技类人才培养

随着体育产业的不断发展，传统的体育学科已经满足不了当下市场的需求，体育传媒、体育产业、体育科技等新兴学科的不断兴起。高校体育新兴学科的建设是相对滞后的，现有人才供给处于真空状态。山东省进一步补齐学科短板，促进人才质量提升：一是充分挖掘"体育＋教育"的价值，加强体育产业专业人才的建设，增加人才实践基地以培养高质量的应用型人才。二是在提升我国体育人才培养质量的过程中，应积极借鉴国内外先进的培养模式，构建专业化的体育培训机构，致力于培养高水平的体育竞技人才、体育健身服务教练及工作人员。同时，为适应体育产业商业化运作的需要，应重点培养具备综合素质的管理人才。为吸引和留住优秀人才，应制定与体育高质量发展相契合的人才激励政策，并构建多层次的体育人才奖励体系，以激发人才的创新活力和工作热情。此外，还应注重培养具备敏锐的市场洞察力和创新能力的复合型人才，以应对体育发展规律和市场需求的变化，推动体育产业的持续健康发展。三是加大对高校体育科研经费的投入，鼓励各高校积极申报有关体育产业、体育科技类的专业，激发培养体育产业人才队伍的主动性。四是改革专业运动员培养系统，实现人才培养机制的转型，使退役运动员的数量、质量和结构与体育产业系统相吻合，实现退役运动员安置最优化，充实体育产业人才结构。

3. 创造良好市场环境，扶持体育企业与人才发展

体育产业的发展不仅离不开政府的资金支持，还离不开法律法规、政策制度层面的支持。首先，完善的体育产业法规可以规范市场秩序，保障体育产业的健康发展。通过制定明确的法律法规，可以明确各方的权利和义务，减少市场中的不正当竞争和违法行为，维护市场秩序的稳定。还可以促进体育产业的创新和发展。通过制定鼓励创新的法律法规，可以激发企业和个人的创新活力，推动体育产业的创新和发展。同时，完善的体育产业法规也可以为体育产业的投资和融资提供法律保障，吸引更多的资本进入体育产业领域，还可以提高体育产业的国际竞争力。山东省政府也需要进一步加快相关法律法规的修订与完善，为体育产业提供良好的发展土壤。其次，在扶持体育企业与人才发展方面山东省应综合考虑本省的情况制定以下措施：

制订政策扶持计划：山东省政府可以制定专门的体育产业政策，明确扶持体育企业和人才发展的目标和措施。这些政策可以包括财政补贴、税收优惠、金融支持等方面的措施，以鼓励和引导更多的资本和人才进入体育产业领域。

建设体育产业园区：山东省政府可以规划建设体育产业园区，为体育企业和人才提供集中的发展平台。园区可以提供完善的配套设施和服务，降低企业的运营成本，吸引更多的企业和人才聚集于此，促进体育产业的集群化发展。

加强人才培养和引进：山东省政府可以加强体育人才的培养和引进工作。通过与高校、科研机构等合作，设立体育产业研究机构，培养高素质的体育人才。同时，可以通过引进国内外优秀的体育人才，提高山东省体育产业的水平和竞争力。

推动产学研合作：山东省政府可以积极推动体育产业与高校、科研机构的产学研合作。通过产学研合作，可以促进技术创新和成果转化，提高体育企业的自主创新能力和市场竞争力。

5.2.5　加大优化对体育产业及体育科技创新的经费投入

加大优化对体育产业及体育科技创新的经费投入，对于促进体育产业的发展和提升体育科技创新水平具有重要意义。山东省加大优化对体育产业及体育科技创新的经费投入的具体措施，分为以下三条。

1. 增加经费投入，保障体育产业和体育科技创新的基础条件

首先，政府应该增加对体育产业和体育科技创新的经费投入，为体育产业和体育科技创新提供必要的基础条件。具体措施包括：

政府可以通过设立专项资金，为体育产业和体育科技创新提供稳定的资金来源，确保其持续发展。

政府可以加大对体育场馆、健身设施等基础设施的建设力度，提高体育服务的质量和水平。同时，政府还可以加强科研机构建设，提高科研人员的素质和能力。

2. 优化经费分配，提高使用效益

建立科学的经费分配机制，根据体育产业和体育科技创新的发展需求和市场需求，合理分配经费。对于具有重大科技突破、市场前景广阔的体育项目和企业，应优先给予经费支持。

加强经费使用的监督和评估，确保经费的有效利用。政府可以建立经费使用的监督机制，对经费的使用情况进行监督和评估，及时发现问题并进行整改。同时，政府还可以建立奖惩机制，对使用效益高的项目和企业给予奖励，对使用效益低的项目和企业进行问责。

3. 引导社会资本参与，拓宽经费来源

政府应该引导社会资本参与体育产业和体育科技创新，拓宽经费来源。具体措施包括：鼓励社会资本进入体育产业领域，为体育产业的发展提供资金支持。政府可以通过提供税收优惠、政策扶持等措施，吸引更多的社会资本进入体育产业领域。

加强与金融机构的合作，为体育企业提供贷款和融资服务。政府可以与金融机构合作，为体育企业提供贷款和融资服务，帮助企业解决资金问题。同时，政府还可以引导金融机构加大对体育产业的投资力度，为体育产业的发展提供更多的资金支持。

5.2.6　改善动力机制，加快体育产业高质量发展

山东省应以外部动力要素为主、内部动力要素为辅的局面，推动内部动力、外部动力协调发展，坚持内部系统和外部系统共同保障，不断提升内外部系统保障水平。具体而言，从生产供给推动力、消费需求牵引力、要素支撑力三方面入手提升内部系统保障，在生产供给推动力方面，通过调整产业结构，推动体育产业向高端化、智能化、绿色化方向发展。加大对体育装备制造、体育旅游、体育健身等产业的扶持力度，培育壮大龙头企业，提升产业链水平。加强体育产品质量监管，建立完善的体育产品质量标准和检测体系。鼓励企业加强自主创新和技术研发，提高产品质量和附加值，增强市场竞争力。加大对体育产业技术创新的支持力度，鼓励企业引进先进技术，推动技术升级和产业转型。加强与科研机构和高校的合作，开展技术研发和创新活动，提高体育产业的科技含量和竞争力。

1. 生产供给推动力保障

山东省体育产业现阶段存在内部动力不足现象。不断提升新时代山东省体育产业内部动力系统保障，以生产供给驱动力保障体育产业转型升级，有利于促进山东省体育产业结构优化，有利于推动体育产业重点领域加快发展、激发市场主体活力、塑造体育产业知名品牌；以消费需求牵引力保障体育消费提质扩容、优化体育消费环境、创新消费引导机制、培养终身运动习惯；以要素支撑力保障产业协同创新能力提升，优化人才队伍结构，引导社会资本投入，强化科技信息技术应用，加强知识产权保护。

（1）引导激发体育市场主体活力。

一是推动山东省体育相关行业融合发展，打造山东省具有品牌竞争力的体育产品，支持社会力量参与投资体育产业项目。二是增加对山东省体育基础设施的投资，鼓励社会兴办体育健身俱乐部体育休闲中心等多种形态的体育服务经营实体，通过培育骨干体育企业扶持中小微体育企业，激发山东省市场主体活力，增加体育产品有效供给，壮大体育消费市场，实现山东省体育市场迅速发展，促进新时代山东省体育产业高质量发展。

（2）塑造体育产业品牌。

山东省体育产业在追求规模效应的同时，也应该致力于推动建立在国内有较高知名度及较大影响力的体育品牌，以及较强市场竞争力的产业品牌，实现"区区有品牌，县县有特色"，进一步推动"一地一品"向"一地多品"转化提升。一是巩固提升泉城马拉松、青岛帆船比赛、日照铁人三项等体育赛事品牌地位，打造山东省全国户外运动首选地。二是积极培育、大力发展三大球、三小球、水上运动、公路跑、自行车、武术等运动项目品牌；积极打造赛事品牌，区域品牌也是体育产业高质量发展的关键。

2. 消费需求牵引力保障

在消费需求牵引力方面，通过优化体育场馆、健身设施等硬件设施，提高消费者的使用体验。同时，提供个性化的体育产品和服务，满足消费者的多元化需求，提升消费者的满意度。鼓励消费者进行体育消费，扩大体育消费市场。通过举办各类体育赛事、推广健身活动等方式，吸引更多消费者参与体育活动，促进体育消费市场的升级。运用互联网、大数据等现代技术手段，精准定位目标消费者，制定个性化的营销策略。通过社交媒体、网络直播等渠道，加强与消费者的互动，提高品牌知名度和美誉度。加强体育文化宣传，提高公众对体育的认知度和兴趣。通过举办体育知识讲座、体育文化节等活动，培养消费者的体育消费意识，形成健康的体育消费文化。

（1）优化体育消费环境。

山东省体育产业优化体育消费环境可以依靠体育场馆，建设健身休闲、竞赛表演等多功能的体育服务综合体。一是通过拓展体育消费品类来满足民众多元化的体育消费需求；二是主动实施"数字科技＋体育"项目，鼓励开展线上体育消费服务，创新体育消费模式，促进体育消费便利化。

（2）创新体育消费机制。

创新新时代山东省体育消费机制，一方面，可发展山东省夜间体育消费，促进休闲业与体育赛事融合发展，在人流量大的商业区和地标性场所开展与体育赛事展览等相关活动，不断提高山东省居民夜间体育消费水平，促进夜间体育消费的发展。例如，在卡塔尔"世界杯"期间，在球迷的加持下，山东省许多餐饮业都吃到了赛事经济的红利。另一方面，可以从运动员与赛事观众身上寻找商机，如运动员的衣食住行方面，以及赛事纪念品与衍生品等方面，进而提高体育赛事的综合效益，把体育赛事经济发展起来。

（3）培养终身运动习惯。

一是推进山东省学校体育课程改革，确保学生每天有一个小时的时间进行体育运动，支持体育俱乐部与体育社会组织的发展，引导学生参与体育活动，从小培养运动习惯，终身参与运动。二是营造全民健身氛围，加大全民健身宣传的力度，利用网络传播等平台，引导群众树立健身强身观念，普及运动益处，弘扬山东省体育文化，引导居民养成终身体育运动的习惯。

3. 要素支撑力保障

在要素支撑力方面，完善基础设施建设，加大对体育场馆、健身设施等基础设施的投入，提高设施的覆盖率和便利性。加强体育产业人才的培养和引进，建立完善的人才激励机制。鼓励高校、科研机构和企业加强合作，培养高素质的体育产业人才。同时，通过人才引进政策，吸引国内外优秀的体育产业人才到山东省发展。加大对体育产业科技创新的支持力度，鼓励企业加强技术研发和创新活动。推动体育产业与科技领域的融合，提高体育产业的科技含量和竞争力。制定更加优惠的税收、资金等方面的政策措施，加大对体育产业的扶持力度。鼓励社会资本进入体育产业领域，形成多元化的投资格局。同时，加强对体育产业的监管和服务，为产业发展提供良好的政策环境。

（1）改革优化体育人才结构。

通过改革优化体育人才培养机制，可以提升体育人才的素质和能力，培养出更多具备创新精神和实践能力的优秀体育人才。体育人才是推动体育事业发展的重要力量。改革优化体育人才培养机制，可以为体育事业提供更多高素质、专业化的人才，促进体育事业的持续发展。体育人才是国家竞争力的重要组成部分。通过改革优化体育人才培养机制，可以为国家培养更多优秀的体育人才，提高国家在国际体育领域的竞争力和影响力。

优化新时代山东省体育人才队伍结构可以从以下几个方面进行：第

一，加强体育管理人才建设。为山东省现有体育产业人群提供培训学习机会。第二，加强山东省体育产业专业人才的培养。一方面，制定完善的体育专业人才培养、聘用等制度，为山东省体育产业的高质量发展输送高质量人才，解决影响山东省体育产业高质量发展的人才困局；另一方面，批准山东省内普通高校、职业院校开设体育产业相关专业。第三，扩充备战竞技体育竞赛的人才储备。加大高水平教练员、先进科学的训练理念、体育科研人员的引进；通过与国内外高水平专业机构开展战略合作，在专业技术人才培训运动项目校园普及专业教练现场指导等方面加强合作。山东省体育产业想要生产要素投入低，资源配置效率高，离不开体育高素质人才支撑。山东省体育产业一方面需要有针对性地扩充人才队伍；另一方面要持续提高人才综合素质。

（2）引导社会资本投入。

社会资本的投入可以增加体育产业的资金来源，为体育产业的发展提供更多的资金支持。同时，社会资本的参与也可以促进体育产业的竞争和创新，推动体育产业的快速发展。还可以促进体育产业的升级和转型，提升体育产业的质量和水平。社会资本的参与可以带来新的技术和理念，推动体育产业的创新和发展，提高体育产业的核心竞争力。增加就业机会：社会资本的投入可以促进体育产业的发展，增加就业机会。体育产业的发展需要大量的工作人员，包括运动员、教练员、裁判员、管理人员等，社会资本的投入可以为这些人员提供更多的就业机会。体育产业的发展可以推动经济发展。体育产业是一个庞大的产业链，涉及体育赛事、体育旅游、体育用品等多个领域，社会资本的投入可以促进这些领域的发展，从而推动整个经济的发展。一是由政府出资引导，吸引社会投资，设立山东省体育产业投资基金。利用投资基金，加强全民健身中心、体育场馆、体育公园、体育特色小镇等基础体育产业设施，打造独具特色的山东省全民健身步道。二是不断开发山东省全国户外运动首选地，吸引外资投入，有效完善山东省体育基础设施建设。

（3）强化体育科技信息技术应用。

通过运用科技信息技术，可以精确地记录和分析运动员的训练数据，帮助教练员更准确地评估运动员的训练效果，及时调整训练计划，从而提高运动训练的效果。科技信息技术还可以为体育科学研究提供大量的数据支持，帮助科研人员更好地了解运动员的身体状况、运动表现等方面的情况，从而推动体育科学研究的深入发展。通过运用科技信息技术，可以实时传输比赛数据和视频信号，让观众更加直观地了解比赛情况，提高体育赛事的观赏性。

科技信息技术可以为体育产业提供新的商业模式和产品形态，推动体育产业的创新发展。例如，通过运用虚拟现实技术，可以开发出更加逼真的虚拟体育游戏，满足人们对于体育游戏的需求。近几年，数字技术在我国经济社会的诸多领域渗透，科技信息的强化将推动体育产业高质量发展，促进体育服务业提质增效、体育制造业转型升级。《山东省体育产业工作要点》指出，要推进数字体育转型升级。山东省体育产业应牢牢把握这一机遇，合理利用大数据、云计算、人工智能、5G、区块链等新技术，推进体育产品与服务线上线下融合、体育产业的数字化和智能化发展。

（4）强化体育知识产权保护。

知识产权保护是保护创新和创造力的重要手段。在体育产业中，各类创新技术和设计不仅提升了比赛的观赏性和娱乐性，也为体育产业注入了新的动力。保护知识产权可以激励人们进行更多的创新，鼓励他们投入更多的时间和资源来研发新技术、新产品和新服务，从而推动整个体育产业的发展。体育产业往往伴随着巨大的商业机会，包括赛事转播、赞助合作、商品销售等。保护知识产权可以确保这些商业利益的合法性和独占性，防止他人未经授权使用他人的品牌、商标、专利等，从而维护参与者的商业权益。只有在知识产权得到有效保护的前提下，各方才会愿意投入更多的资源和资金，推动体育产业的繁荣发展。通过加强知识产权保护，可以促进体育产业的升级和转型。在知识产权的保护下，体育企业可以更加专注于研发和创新，提高产品质量和服务水平，从而推动整个体育产业的升级和转型。近几年，数字技术在我国经济社会的诸多领域渗透，科技信息的强化将推动体育产业高质量发展，促进体育服务业提质增效、体育制造业转型升级山东省政府可以建立体育无形资产评估准则，完善评估体系，鼓励山东省体育产业积极运用体育领域知识产权以及其他无形资产进行融资。应支持体育无形知识产权的流通与合理配置，加强山东省政府对无形体育知识产权的保护机制，严厉惩罚盗取他人知识产权的行为。

在外部系统保障方面，从经济水平牵引力、政府行政推动力、产业政策支撑力、市场环境支撑力等四个方面入手，在经济水平牵引力方面，政府和社会应该加大对体育产业的投入，包括资金、资源等，以支持体育产业的发展。同时，鼓励企业和社会资本进入体育产业领域，形成多元化的投资格局，为体育产业的发展提供更多的资金支持。随着人们生活水平的提高，对体育消费的需求也在不断增加。因此，应该通过各种方式促进消费升级，如举办体育赛事、推广健身活动等，吸引更多消费者参与体育活动，促进体育消费市场的升级。

4. 政府行政推动力保障

（1）加强体育市场监管。

第一，完善法规体系与强化执法力度：首先，应不断完善体育市场的法律法规体系，明确市场主体的权利与义务，规范市场行为。同时，加强执法队伍建设，提高执法人员的专业素养和执法能力，确保对违法违规行为能够迅速、准确地予以查处，形成有效震慑。通过严格执法，维护市场秩序，保障消费者权益。

第二，推进信息化监管与公开透明：利用现代信息技术手段，建立体育市场监管信息平台，实现对市场活动的实时监测和数据分析。通过公开市场信息、监管结果和典型案例，增加透明度，让市场参与者和社会公众能够及时了解市场动态和监管情况。这有助于形成社会共治的良好局面，提升监管效能。

第三，促进行业自律与公众参与：鼓励和支持体育行业协会加强自身建设，制定行业标准和规范，推动行业自律。同时，加强与社会各界的沟通与合作，建立多元化的监管机制。通过宣传教育、公众参与和舆论监督等方式，提高市场参与者的法律意识和诚信意识，共同营造公平、公正、透明的市场环境。此外，还应建立健全投诉举报机制，畅通民意反馈渠道，及时响应消费者和市场的关切。

（2）搭建公共服务平台。

搭建体育公共服务平台，需整合体育资源，运用互联网技术，构建集信息发布、场馆预订、赛事参与、健身指导等功能于一体的综合平台。通过该平台，用户可便捷获取体育资讯，享受个性化体育服务，促进体育资源的优化配置和共享利用。同时，平台还需注重用户体验，持续优化功能和服务，以满足群众日益增长的体育需求。

（3）强化协同创新发展。

强化体育产业协同创新发展，需构建跨区域、跨行业的合作机制，促进资源高效整合与共享。通过政策引导和市场机制，激发企业创新活力，推动产业链上下游协同，形成优势互补、互利共赢的创新生态。同时，加强产学研用深度融合，加速科技成果转化，提升体育产业整体竞争力。

5. 产业政策支撑力保障

（1）加强财政扶持力度。

财政扶持可以提供资金支持，帮助体育产业解决资金短缺的问题，促进体育产业的快速发展，通过财政扶持，可以推动体育产业的创新和升级，提高产品质量和服务水平，从而增强体育产业的竞争力。山东省政府应不断加强财政扶持力度，合理划分各区体育领域的财政权和支出；加强山东省政府资金和公共预算统筹，加强政府向社会购买公共体育服务，优化体育税收相关政策、大力支持社会投资，鼓励社会资本进入体育产业领域。《山东省体育产业发展专项资金管理办法》提出重点支持体育竞赛表演类、体育健身休闲类、体育场地和设施管理类、体育培训类、体育装备类和其他服务类项目。申请项目补贴金额不超过项目投资，总额的30%，最多不超过100万元。申请贴息金额不超过项目贷款利息（含财务费用）的30%，最多不超过100万元。可以看出，山东省政府对体育产业的财政支持力度较大，这一通知的发布对新时代山东省体育产业的发展有着促进作用。

（2）落实税收优惠政策。

税收优惠政策可以减轻体育企业的税收负担，提高企业的经济效益，从而促进企业的发展。税收优惠政策可以鼓励体育企业进行技术创新和产业升级，提高产品质量和服务水平，从而增强企业的竞争力。税收优惠政策可以吸引更多的投资进入体育产业，促进体育产业的发展，从而推动整个经济的发展。运用体育税收优惠来推动山东省体育产业发展是非常重要的举措，但是《体育法》限制了体育产业税收优惠，体育产业税收优惠几乎只能依赖财税部门的政策。为实现体育产业高质量发展，必须在《体育法》中设置体育产业税收优惠准则，实现体育产业税收援助，把主动权掌握在自己手中。山东省政府需要也应该积极落实体育产业税费政策，加强对政策执行情况的评估督查，大力吸引社会投资，鼓励社会资本进入体育事业和产业领域。

（3）完善体育产业统计。

通过完善体育产业统计，可以获取全面、准确的数据，了解体育产业的发展状况，包括体育产业的规模、结构、产值、增长率等。这些数据可以帮助我们更好地了解体育产业的发展现状和趋势。

指导体育产业发展：体育产业统计不仅需要获得宏观数据，还需要结合产业发展不同阶段的实际需要，提供更细化、更具针对性的数据，从而对现实工作发挥实际的指导作用。完善体育产业统计可以为政府制定体育产业发展政策提供科学依据，为体育企业和投资者制定经营和投资策略提供参考。

评估体育产业发展成果：通过体育产业统计数据，可以对体育产业的发展成果进行评估。这可以帮助查找产业发展中存在的问题，明确未来发展方向，为进一步推动体育产业的发展提供参考。

促进与其他产业融合发展：体育产业不是一个孤立的产业，它与其他产业有着密切的联系。完善体育产业统计可以帮助我们了解体育产业与其他产业的融合情况，促进体育产业与其他产业的融合发展，推动经济社会的全面发展完善山东省体育产业统计指标和统计制度，定期监测山东省体育消费情况，建设体育产业数据库，全面掌握山东省体育产业状况，加强对山东省体育市场需求和消费趋势的预测、研究与判断，定期发布年度山东省体育产业的各项统计数据，可以大大降低信息的交易、收集、分析成本，以便政府决策的实施与社会资本的进场。山东省体育局发布的《2022 年山东省体育产业工作要点》指出，2022 年将对2021 年体育产业多方面数据开展调查统计，这一要点的发布更加方便新时代山东省体育产业后续工作的开展。

6. 市场环境支撑力保障

（1）完善基础设施建设。

政府应加大投入，推动公共体育设施的建设与升级，包括多功能运动场、体育公园、健身步道等，确保城乡社区都能享受到便捷的体育设施服务。同时，鼓励社会力量参与体育场地设施建设运营，提升场地设施的综合利用率，为大众体育活动提供坚实的物质基础。

（2）政策与资金支持。

制定并实施一系列优惠政策，如税收减免、低息贷款等，吸引社会资本进入体育产业。政府应直接投资重点体育项目，为体育赛事、培训机构、体育设施建设等提供资金支持。此外，通过政策引导，促进体育消费，激发市场活力，推动体育产业健康发展。

（3）人才培养与引进。

加强体育人才的培养和引进工作，加大对体育高校和职业学院的支持力度，提高体育人才的质量和数量。同时，鼓励体育行业与高校合作，开展培训项目，提升从业人员的专业素养。此外，还应加强与国外知名体育院校的交流合作，引进国际先进的体育理念和技术，提升我国体育产业的国际竞争力。

7. 经济水平牵引力保障

（1）推动产业融合跨界发展。

体育融合跨界发展可以拓展体育产业的领域，将体育与其他产业进行融合，形成新的产业形态和商业模式，为体育产业的发展提供更多的机会和空间。可以促进产业创新，通过与其他产业的合作，可以引进新的技术、新的理念，推动体育产品的升级换代，提高体育产业的竞争力。体育融合跨界发展还可以提升体育产业的附加值，通过与其他产业的合作，可以形成新的品牌、新的产品、新的服务，提高体育产业的附加值和盈利能力。

推动经济社会发展：体育融合跨界发展可以推动经济社会发展，通过与其他产业的合作，可以形成新的经济增长点，促进就业、推动经济发展。在过去的几年里，山东省体育产业积极推进跨界融合发展，第一个方面体旅融合，完善体育旅游标准体系建设，开发特色体育旅游产品和项目。打造一批全国知名的体育旅游示范基地、精品线路和赛事，促进体育与旅游业的深度融合。

其次，深化体卫融合，鼓励社会力量提供运动康复、健康管理等市场化服务。探索建设体育康复产业园区，组织开展体卫融合试点，培育体卫融合服务示范项目，并研究推广体卫融合标准规范。

第三个方面，体教融合，建立分学段、跨区域的青少年体育赛事体系，推动运动项目进校园活动。支持专业教练员、退役运动员、体育培训机构等为学校提供体育教学和教练服务，完善面向青少年的体育赛事体系。试点开展儿童青少年体能训练和体质提升工程，促进青少年体育健康发展。

第四个方面，创新体育产业发展模式，将体育与数字经济融合，鼓励体育企业"上云用数赋智"，加快体育产品和服务生产、传播、消费的数字化、网络化进程。拓展在线健身、网络赛事、线上培训、沉浸式观赛等数字体育生活新图景，推动体育产业数字化转型。

第6章　新发展阶段山东省体育产业高质量发展的协调维度

体育产业的高质量发展是当前社会经济发展的重要方向之一。本章从协调的角度出发，探讨山东省体育产业高质量发展的路径，包括政策协调、资源协调、市场协调和社会协调。通过加强协调，可以促进体育产业的健康发展，提升国家形象和人民生活质量。体育产业作为一种新兴的产业形态，对于促进经济增长、改善人民生活水平具有重要意义。然而，体育产业的高质量发展也面临着一系列的挑战和问题。为了实现体育产业的高质量发展，需要在各个方面进行协调，以促进体育产业的健康发展。

2021年10月，体育总局印发《"十四五"体育发展规划》的通知，指出我国全民健身水平达到新高度。经过深入构建与优化，全民健身公共服务体系达到了新的高度，民众身体素质与健康状况得到显著提升，获得感与幸福感得到进一步增强。在量化指标上，人均体育场地面积扩展至2.6平方米，经常参与体育锻炼的人口比例攀升至38.5%，每千名公民配备的社会体育指导员数达到2.16名，这些数字均见证了全民健身事业的显著进步。此外，体育产业也取得了令人瞩目的新进展。在高质量发展的道路上，体育产业不断突破，其产品和服务供给日益满足个性化、差异化、品质化的消费需求，形成了消费驱动、创新驱动、主体多元、结构优化的全新发展态势。体育产业总体规模不断扩大，已接近5万亿元大关，其增加值在国内生产总值中的比重稳步提升至2%，居民体育消费规模已超过2.8万亿元，从业人员数量更是突破800万人大关，充分展示了体育产业的强劲发展势头与广阔的市场前景。

这标志着我国体育产业进入高质量发展的快车道，随着国家一系列相关政策的颁布实施，山东省体育产业发展的政策保障体系进一步完善，山东承办国际赛事增多、体育制造转型升级、民间赛事范围扩大、新传媒与体育竞赛互动交融、运动休闲消费需求攀升等新特征不断凸显，体育产业可谓迎来新的机遇，不断激活的市场潜力必将化作经济增长的新兴动力。

6.1 山东省体育产业高质量发展的协调维度现状和问题

6.1.1 产业结构方面

体育产业结构的合理与否将会直接关系到体育产业的发展水平，因此了解体育产业结构的发展现状，同时解决优化体育产业结构、促进体育产业结构合理化与高度化发展等问题，是十分有必要的。

1. 体育用品制造业发展现状

山东省是中国的体育用品制造大省，其产业规模不断扩大。根据最新的统计数据，2019 年山东省体育用品制造业的总产出为 1223.67 亿元，增加值为 280.26 亿元。体育用品制造业总产出和增加值占体育产业总产出和增加值的比重为 44.2% 和 26.0%。德州、青岛、威海、日照、淄博、济宁、滨州等地市的体育用品制造业发展迅速，体育器材、健身器材、钓具渔具、体育绳网等特色体育用品产业集群初步形成。此外，山东省还拥有一批知名体育用品制造企业，如泰山、英派斯、中大等[①]。

在体育用品制造领域，山东省注重科技创新和品牌建设，不断提升产品质量和品牌影响力。一方面，通过引进先进的生产技术和设备，提高产品的科技含量和附加值；另一方面，加强品牌营销和推广，提升自主品牌的知名度和美誉度。同时，山东省还积极推动体育用品制造业的转型升级，鼓励企业加大研发投入，提高产品的个性化、智能化水平，

---

① 王晨曦、满江虹：《中国体育产业高质量发展评价指标体系的构建：基于动力变革、效率变革、质量变革》，载于《首都体育学院学报》2020 年第 3 期。

满足消费者多样化的需求。

此外，山东省还加强了与国内外体育组织的合作与交流，引进更多高水平的国际赛事和明星选手，提升山东省在国际体育舞台上的知名度和影响力。这些合作与交流也为山东省的体育用品制造企业提供了更多的商机和合作机会，有助于推动产业的进一步发展。

山东省体育用品制造业发展现状总体呈现出以下特点：

产业规模不断扩大：随着人们健康意识的提高和体育消费的增加，山东省体育用品制造业规模不断扩大。目前，山东省已经成为国内体育用品制造业的重要基地之一，拥有众多知名品牌和企业。

技术水平不断提高：山东省体育用品制造业在技术水平方面不断提高，尤其是在智能制造、新材料应用等方面取得了重要突破。一些企业引进了先进的生产设备和管理模式，提高了生产效率和产品质量。

品牌影响力不断增强：山东省体育用品制造业的品牌影响力不断增强，涌现出了一批具有较高知名度和美誉度的品牌。这些品牌在国内外市场上都具有一定的影响力，为山东省体育用品制造业的发展提供了有力支撑。

产业链不断完善：随着山东省体育用品制造业的不断发展，产业链不断完善，上下游企业之间的合作更加紧密。这有助于降低生产成本、提高生产效率、增强产业竞争力。

2. 体育健身休闲业发展现状

随着人们生活水平的提高和健康意识的增强，体育健身休闲已经成为人们日常生活的重要组成部分。山东省的体育健身休闲产业近年来发展迅速，山东省体育局发布的数据显示，2021 年山东省体育健身休闲业规模正在不断扩大。全省体育消费总规模达到 2131.8 亿元，居民人均体育消费支出 2090 元，占人均可支配收入 5.85%。其中，健身休闲、体育培训、观赛参赛、体育旅游等服务型消费占比达到 55.43%。此外，全省共有体育场地 24.57 万个，场地面积 2.95 亿平方米，人均面积 2.9 平方米（含水域），体育健身休闲领域多样性、主体多元化趋势进一步凸显[①]。

---

① 王晨曦、满江虹：《中国体育产业高质量发展评价指标体系的构建：基于动力变革、效率变革、质量变革》，载于《首都体育学院学报》2020 年第 3 期。

在体育健身休闲领域，山东省注重提升服务品质和用户体验，加强行业自律和规范管理。一方面，通过制定和完善相关法规和标准，加强了对体育健身休闲产业的监管力度，保障消费者的合法权益；另一方面，鼓励企业提高服务水平和质量，加强员工培训和教育，提升整体服务水平。

同时，山东省还积极推动体育健身休闲与旅游、文化等产业的融合发展，打造了一批集健身、休闲、娱乐于一体的综合性运动休闲基地。这些基地不仅提供了多样化的健身休闲项目，还融合了当地的文化特色和旅游资源，吸引了越来越多的游客和健身爱好者前来体验和消费。

山东省体育健身休闲业发展现状总体呈现出以下特点：

政策支持力度加大：近年来，山东省政府出台了一系列支持体育产业发展的政策，加大对体育健身休闲产业的支持力度。例如，实施"健康山东"战略，推动体育与健康产业融合发展，加大对体育健身休闲企业的税收优惠和资金扶持等。

消费需求升级：随着人们健康意识的提高和体育消费的增加，山东省体育健身休闲业迎来了新的发展机遇。越来越多的消费者开始注重健身休闲，积极参与各种体育活动和健身课程，推动体育健身休闲市场的不断扩大。

产业规模不断扩大：2023 年山东省体育局发布的山东省体育场地统计报告显示，截至 2023 年底，山东省体育场地 27.84 万个，全民健身路径 9.55 万个，健身房 1.19 万个，健身步道 7968 个。

产业链不断完善：体育健身休闲业的发展与上下游产业密切相关，包括体育器材、体育装备、体育场地设施等。近年来，山东省不断完善体育健身休闲产业链，提高相关产业的发展水平，为体育健身休闲业的发展提供了有力支撑。

品牌影响力不断提升：山东省体育健身休闲企业数量众多，其中不乏知名品牌。这些企业通过技术创新、品牌推广等手段不断提升品牌影响力，在国内外市场上树立了良好的形象。

3. 体育竞赛表演业发展现状

山东省的体育竞赛表演产业具有深厚的历史底蕴和广泛的群众基础。根据山东省体育局发布的《2022 年山东省体育产业发展状况报告》,全省体育竞赛表演业总规模达到3712.69亿元,增加值为1395.78亿元,占当年地区生产总值比重的1.68%。其中,体育竞赛表演业增加值955.52亿元,占体育产业增加值的比重为68.5%,比上年下降0.9个百分点。

同时,山东省的体育竞赛表演业也在不断发展壮大。全省范围内举办了各种类型的体育赛事,涵盖了多个项目和不同级别。这些赛事不仅吸引了众多国内外优秀运动员和观众,也带动了相关产业的发展,为山东省的经济社会发展做出了积极贡献。

此外,山东省还出台了一系列政策措施,加大对体育产业的支持力度,推动体育竞赛表演业的发展。例如,出台了《关于加快发展体育竞赛表演产业的实施意见》,明确了发展目标、重点任务和保障措施。这些政策措施为山东省体育竞赛表演业的发展提供了有力保障。

在体育竞赛表演领域,山东省注重引进国内外先进的赛事组织和运营理念。通过加大投入和改善场地设施等硬件条件,提高赛事的竞技水平和比赛质量;同时加强赛事宣传和推广工作,扩大赛事知名度和影响力。此外,山东省还积极培育本土赛事品牌。

为了进一步推动体育竞赛表演产业的发展,山东省还加强了与国内外体育组织的合作与交流,也有助于提升本土赛事的品牌价值和商业吸引力,吸引更多的赞助商和投资者的关注与参与。

山东省体育竞赛表演业的发展现状呈现出以下特点:

赛事体系日益完善:山东省积极打造各类体育赛事,涵盖了多个项目和不同级别。目前,山东省已经形成了以全运会、省运会为龙头,以国际性、全国性赛事为引领,以地方性、群众性赛事为基础的赛事体系。这些赛事吸引了众多国内外优秀运动员和观众,对促进山东省体育竞赛表演业的发展起到了重要作用。

场馆设施不断优化:为了满足赛事需求,山东省不断加强场馆设施建设,提高场馆设施的质量和水平。一些现代化的体育场馆和训练基地相继建成,为举办各类赛事提供了良好的硬件条件。

市场主体日益壮大:随着体育竞赛表演业的不断发展,越来越多的企业和社会资本进入该领域。山东省涌现出了一批具有较强实力和影响力的体育竞赛表演企业,这些企业在赛事组织、场馆运营、市场营销等方面具备专业能力,推动了山东省体育竞赛表演业的快速发展。

品牌影响力不断提升：通过举办各类赛事，山东省的体育竞赛表演业品牌影响力不断提升。一些知名赛事如中国杯帆船赛、泰山国际登山节等已经成为国内外知名的品牌赛事，吸引了大量关注和参与。

6.1.2 规模布局方面

由于我国竞技体育行业发展起步相对较晚，市场化水平低，一直在努力寻求发展。2008年北京奥运会以来，体育事业在我国真正得到了发展。2010年，我国成为当时世界第二大的经济体，增加了新兴产品和服务业的供给使得我国体育产业可以更加快速向前发展。

林显鹏、虞重干、杨越（2006）利用我国社会主义体育经济学基础理论和体育实践问题研究的理论方法对我国各类特殊体育产业的发展总量和产业整体增长规模发展情况问题进行了深入研究，研究分析结果表明，我国体育产业的发展总量和产业整体发展规模已经逐步达到接近中等发达国家20世纪90年代早期的平均水平，体育产业在推动我们国民经济的快速增长、带动其他体育相关产业领域体育产业的快速发展和带动促进人民就业增长方面一直扮演着重要角色，体育产业将使社会发展更加具备潜力，成为同时推动我们国民经济一个新的重要社会经济拉动增长点。

荆林波（2016）认为，我国的国内体育产业市场发展起步晚、规模小，近年来由于我国经济社会和国民经济刺激，体育产业也因此从而得到了很好的快速发展，我国体育产业的发展规模也在持续快速扩大，2011~2014年我国体育产业的经济增加值年均经济增长率最高分别为12.74%，其增长速度超过当年国内生产总值的增长速度，未来我国体育产业将如何持续向前快速发展则已经逐渐成为直接推动当前中国国内体育产业市场健康发展的一个重要战略热点，而且其未来发展潜力巨大。

综上所述，我国体育产业总产值一直处于快速提升的状态，提升速度越来越快增长空间相对较大，规模随之越来越大，体育产业将会成为国民经济新的增长点。

1. 城市之间发展不协调

山东省作为中国东部沿海的重要省份，体育产业在近年来得到了快速发展。然而，随着城市化的不断推进和经济发展的不平衡性，山东省体育产业高质量发展城市发展不协调的问题逐渐凸显。

（1）导致山东省体育产业城市之间不协调的原因。

第一，政策执行与资源配置的不协调。

政策差异：不同城市在体育产业政策制定和执行上存在显著差异。一些城市积极出台激励政策，推动体育产业创新和高质量发展，而另一些城市则政策保守，缺乏前瞻性和创新性。

资源配置不均：体育资源，如体育场馆、训练设施、专业人才等在各城市之间的分布不均衡。一些大城市和经济发达地区资源丰富，而一些中小城市和资源匮乏地区则面临体育资源短缺的问题。

第二，经济发展水平与体育产业需求的不协调。

经济发展差异：山东省内各城市的经济发展水平存在显著差异，导致对体育产业的需求和投入能力各不相同。一些经济发达城市对体育产业的需求旺盛，投入能力强，而一些经济欠发达城市则对体育产业的需求较弱，投入能力有限。

消费水平差异：不同城市的居民消费水平和消费观念存在差异，对体育产品和服务的消费能力和消费意愿各不相同。一些城市居民对高品质、多样化的体育产品和服务有较高需求，而另一些城市居民则更注重价格因素。

第三，文化传统与体育产业发展理念的不协调。

文化差异：不同城市有着各自独特的文化传统和体育文化，对体育产业的认知和发展理念存在差异。一些城市注重传统体育文化的传承和弘扬，而另一些城市则更倾向于发展现代竞技体育和休闲体育产业。

发展理念不同：各城市在体育产业发展理念上存在分歧。一些城市坚持创新驱动，注重体育产业的高质量发展，而另一些城市则更注重短期经济效益，忽视体育产业的长期发展和可持续性。

第四，协同合作与竞争关系的不协调。

协同合作不足：各城市在体育产业发展上缺乏有效的协同合作机制，导致资源无法共享，优势无法互补。一些城市之间存在激烈的竞争关系，导致资源浪费和重复建设。

竞争关系失衡：一些城市在体育产业竞争中处于优势地位，吸引了大量的资源和投资，而另一些城市则处于劣势地位，面临资源流失和发展困境。这种竞争关系的失衡加剧了各城市体育产业发展的不协调性。

（2）山东省体育产业城市之间发展不协调的具体表现。

山东省各城市之间的体育产业发展水平差异显著。一些大中城市，如济南、青岛等，拥有较为完善的体育设施和产业链，体育产业发展较为成熟。而一些中小城市和农村地区，由于经济发展相对滞后，体育设施建设不足，体育产业发展相对滞后。这种城市间体育产业发展水平的差异，导致了山东省体育产业高质量发展的不平衡性。要想得到高质量的发展就一定要注重整体的协调发展。山东省 17 地市在 2017 年的体育产业总产值和增加值数据如表 6 - 1 所示，可以看到，这些数值之间差异明显，说明存在明显的区域发展不均衡和不协调。一些经济发展较好的城市，如青岛市，济南市体育产业总产出达到 455. 89 亿元和 233. 48 亿元。青岛市，德州市，济南市，威海市和淄博市的体育产业增加值比重均高于全省 1. 06% 的比重。但这几个城市仅仅占了全省城市的 1/3，不均衡发展更加能够显现出来，当然这与各地市经济发展水平息息相关[①]。

表 6 - 1　　　2017 年山东省 17 地市体育产业总产出和增加值　　　单位：亿元，%

地区	总产出	增加值	增加值占 GDP 比重
青岛市	455. 89	190. 25	1. 73
德州市	261. 26	62. 23	1. 98
济南市	233. 48	80. 13	1. 12
威海市	216. 5	50. 87	1. 45
烟台市	183. 7	66. 27	0. 9
济宁市	163. 14	46. 78	1. 01
淄博市	138. 55	57. 09	1. 2
临沂市	131. 86	35. 45	0. 82
潍坊市	115. 64	37. 92	0. 65
泰安市	89. 72	24. 46	0. 68

---

① 王晨曦、满江虹：《中国体育产业高质量发展评价指标体系的构建：基于动力变革、效率变革、质量变革》，载于《首都体育学院学报》2020 年第 3 期。

续表

地区	总产出	增加值	增加值占 GDP 比重
菏泽市	78.23	25.15	0.89
枣庄市	69.23	17.46	0.76
聊城市	55.89	16.27	0.54
日照市	53.32	17.09	0.85
滨州市	49.36	21.38	0.82
东营市	37.84	15.7	0.41
莱芜市	14.42	5.9	0.66

资料来源：山东省体育局。

　　《山东省体育产业发展报告（2018 – 2020）》指出在 2018 年省内，体育产业总规模超过 300 亿元的市有：青岛、济南和烟台三市，超过百亿元的还有威海、潍坊、德州、济宁、临沂和菏泽六个城市。青岛地区长期作为沿海发达地区，经济发达的国际重点港口城市，蕴含众多的能够有利于促进青岛地区体育运动行业健康稳定发展的区域特色和综合优势产业资源，因此，青岛地区的体育运动行业市场规模每年增长迅速，总产出为 561.48 亿元，稳居全省第一，占全省的 22.8%。山东的体育产业实现了长足发展的愿景，也仍然有一些缺陷。一个问题是经济发展总体上存在差距。虽然山东省体育服务业整个总体经济发展形势良好，总产出、增加值分别占全部综合性体育行业的 60.1%、73.7%，但是体育竞赛服务业、运动健身娱乐休闲、运动场地及基础设施管理服务业等主要核心产业发展相对缓慢，总产出、增加值较小。目前山东省体育产业结构尚存在一些问题，主要表现为体育产业主要以体育用品制造和销售为主，体育服务和体育赛事等高端产业发展相对滞后。这种产业结构的不合理，导致了山东省体育产业高质量发展的动力不足。政策支持不足也是导致山东省体育产业高质量发展城市发展不协调的重要原因之一。尽管近年来山东省政府出台了一系列支持体育产业发展的政策和措施，但在实际执行中仍存在一些问题。例如，政策支持力度不够，政策落实不到位等。这些问题导致了山东省各城市之间体育产业发展的不平衡性。人才缺乏也是导致山东省体育产业高质量发展城市发展不协调的重要原因之一。目前，山东省体育产业人才队伍建设相对滞后，缺乏高素质、专业化的人才。这种人才缺乏的情况在一些中小城市和农村地区尤为突出，严重影响了这些地区体育产业的发展。这些都是影响山东省体育产业高质量发展的原因，要实现体育产业高质量发展，要解决当前所展现出的问题及困境。

2. 城乡之间发展不协调

根据山东省人民政府 2024 年发布的最新数据显示，2023 年底，山东省常住人口城镇化率达到 65.53%，比 2022 年末提高 0.99 个百分点。加快农业安置人口的城镇化进程，推进以县为重要载体的城镇化建设使得大量的农村人口涌入城市，农村人口老龄化形势严峻，农村青年作为农村体育活动的支撑也在大量的流失，导致现在农村人口留守化严重，主要群体是儿童，妇女和老人。农村体育产业基础本就薄弱，再加上留守人口的观念较为陈旧，视野有限，认为体育产业就是体育运动和体育用品，而且对于体育运动的参与程度低，无法真正认识到体育休闲运动的益处，对于农村体育资源的开发利用程度也不高，这就导致农村体育产业和城市相比发展差距明显。

查阅山东省部分地区进行城乡体育公共服务一体化发展调研资料中，相关资料选择鲁东、鲁中、鲁南、鲁西、鲁北五大区域范围 12 个县（市、区）进行调研。目前，山东省按经济发展情况，确实存在着鲁东、鲁中、鲁西南、鲁北四个区域的笼统划分，并且在期刊、报纸上均有这样的称呼，所以这种称呼是合理的。笔者调查显示，这些地区中县级市体育局、文体局、文广局等均有体育公共服务的职能部门，主要以群众体育科为组织结构，负责各县的群众体育等体育公共服务工作。在各地区中 100% 的县级市都拥有体育协会，协会的数量多少不均，鲁东富裕地区分布较多，如青岛市拥有各类协会 50 余个，但在郓城、梁山等地，体育协会数量不多。县级体育协会大都以企业法人形式存在，并在当地民政局中注册过。协会类型多样，但多为篮球、武术、舞蹈、太极拳等热门项目。每个地方也根据自己的特点，有一些代表地方特色的体育协会，如郓城的武术协会、文登的扭秧歌协会等。

现代体育是为了满足人们的娱乐享受，促进身心的健康发展而产生的。有意识的身体运动是改造和完善身心的主要手段。体育的表现形式是体育活动。体育活动既是体育运动的目的和手段，也是体育作为一项运动的本质特征。没有体育活动，人们体育活动的任何其他要素都失去了发挥作用的载体。因此，如果不涉及体育锻炼，就谈不上体育锻炼对人们身体健康的促进作用。大部分地方由区县体育局牵头，体育赛事由各体育协会组织，各区镇每年还组织公共体育活动，并有专门的活动负责人，公共体育活动以2~3天的综合性运动会、全民健身日、农民运动会和各协会组织的专项比赛为主。例如，在文登，2011年，该市篮球运动协会组织了首届甲级篮球联赛，按照中国职业篮球联赛的模式进行了数月，参赛人数达数千人。组织公共体育活动的主要原因是政府的号召、群众的要求和社会发展的结果。在农村，除基层组织外，公共体育活动还包括群众自己组织的一系列活动，如早晚广场舞、龙舟、舞狮等。城市内健身场所和健身轨迹的运动发展很好，大多数县级城市都有两个以上，参与者数量较多。公园、广场和其他健身场所已经存在很长时间了。活动主要是自制有氧运动、太极、健美操和各种广场舞蹈。公共体育活动参与人员总体呈现多老少小的特点，特别是在鲁中地区，参与体育活动的多以老年人为主；在鲁东地区，也是以老年人参与为主，与鲁中相比，鲁东青年人参与比例较高，如文登专门有青年秧歌队，这与其他县级市多以老年人为主的秧歌队不同。体育场地设施作为各类体育活动的必要支撑，其重要性不言而喻。在身体运动普及中，场地设施的缺乏成为一大障碍。山东省在推进体育现代化进程中，已显著加大场地设施建设投入，并通过制定相关政策与制度，持续完善体育设施网络。各市在遵循山东省体育局公共体育设施指导原则的基础上，结合本地实际，制定独具特色的体育设施建设方案。

有关社区体育设施需求市场调研显示，社区与行政村的体育器材主要来源于地方体育局，占比达68.2%，其余部分则通过自发筹资方式购置。居民对体育器材的评价存在分歧，部分认为器材质量上乘、功能多样，有助于健身效果的提升；然而，也有居民反映器材维护不善、管理缺失，存在质量问题与功能不足，这不仅带来安全隐患，也降低了器材的吸引力，难以满足居民健身需求。此外，学校体育设施的开放对居民健康具有积极影响，目前已有部分县级城市实现学校体育场馆的对外开放，但多数县级城市仍需加强措施，推动学校与社会共享体育资源。例如，青岛以奖励的形式奖励学校操场，部分学校使用特殊的墙体、安装门，鼓励学校开放操场，但只在假期向社会开放，不打扰学生们的学

135

习生活。在农村地区，大多数居民认为操场离他们居住的地方较远。一些农民反映，去操场很不方便，特别是在农忙时，走去操场就已经很累了。由此可见，一些地区健身场地与居住地的距离问题尚未很好地解决。居民的锻炼场地也比较多样，而公共场地仍是居民锻炼的主要场所。比较而言，广场、公园、社区健身点、健身路径等免费场所的选项高于体育场馆和学校体育场地。城市多以公园、社区健身点为主，农村以文体广场、健身路径为主。另外，居民家中也成为锻炼的主要场所，选择比重仅次于健身路径。可以看出，群众参与体育活动的地点已经多元化。根据第五次全国体育场馆普查，中国目前有各类体育场馆 85 万个，总面积 22.5 亿平方米，总面积 13.3 亿平方米。根据国家体育总局 2024 年发布的最新数据，截至 2023 年底，我国共有体育场地 459.27 万个，体育场地面积 40.71 亿平方米，人均体育场地面积 2.89 平方米，提前实现了《"十四五"体育发展规划》中提出的 2.6 平方米的人均体育场地面积目标。但是与欧美发达国家相比尚存在差距，如美国人均体育面积 14 平方米。平均每 1 万人中就有一个体育场，芬兰 45.7 个，日本 26 个，德国 24.8 个，瑞士 22 个，意大利 21.2 个。与全国其他地区相比，山东省体育场馆的面积和数量仍将是未来体育公共服务发展的瓶颈。体育经费是城乡体育公共服务的重要基础。县级市体育局或体育局有体育公共服务经费，主要有体育器材购置经费、体育指导员培训经费、开展体育活动经费、奖励经费等。经费主要来自体育彩票收入、上级体育部门的经费和地方财政补贴、其他收入。其中，体育彩票收入是体育公共服务的主要资金来源，政府财政补贴居于次要地位。关于乡镇和街道体育的公共资金来源及用途调查显示，乡镇和街道体育的公共资金主要来自上级政府的资助，而这一级别的政府用于体育公共服务的资金较少，尤其是鲁北和鲁西地区。一些乡镇甚至没有体育公共服务经费。在农村，鲁东和鲁西北也有相同的情况。鲁东大部分农村比较富裕，除了用于农村地区体育公共服务的资金外，许多行政村也有专门的体育基金，主要来自乡镇企业。然而鲁西北农村除上述经费外，几乎没有专门的体育经费用于体育公共服务，因此很少开展农村体育和其他体育活动。

政府体育公共服务供给城市与农村之间存在失衡问题。体育公共服务的直接部门是政府，政府发挥着领导、监督及协调的作用。各县市体育局都有专门的体育公共服务职能部门。但是其所属的乡镇、街道并不全部具备相应的服务部门，街道办的相应职能部门明显高于乡镇，即便是在县市体育局，在相应服务岗位工作的在职人员也非常少。教体局工作处平均在职人员只有个位数，乡镇、街道文体站在职人员更是少之又少，甚至有些地方不具备相应的工作人员，岗位空缺或者就是不相关人员挂职，又或是由兼职来代替特定岗位。在鲁西南农村地区，基本没有专门来处理体育相关工作的部门，鲁东农村地区相关部门也不完善。从各地现状可以看出，山东省体育在城市与农村之间发展不均衡，体育产业及体育管理部分在城市及农村之间存在着失衡的发展态势。促进山东省体育产业高质量发展一定要打破城市与农村发展失衡的问题。在体育资金支持方面城市与农村之间也存在不均衡、不合理的地方。目前，提供体育公共服务的资金来源主要包括以下几个方面：第一，体育基本建设的资金是根据我国体育法第六章第 41 条的规定提供的。县级以上人民政府应当将本级体育基本建设经费和投资计划列入。第二是体育彩票公益金，根据《体育彩票公益金管理暂行办法》第十八条，公益金主要用于在下列支出项目下实施"全民健身计划"和"奥运争光计划"，是资助大型体育活动；第三是专项资金。根据 2008 年实施的"中央财政补助地方文化，体育和媒体发展专项资金管理暂行办法"。此外，除了特别基金，很多中央部门都有本系统内部规模不等的专项资金，如为了推动"亿万农民健身工程"，国家发展改革委也拿出了 1000 万元的专项资金。已经颁布实施的《彩票管理条例》规定，彩票公益金属于政府性基金（预算外），在提供体育公共服务过程中，体育彩票公益金往往与各级政府预算内资金一并使用。调查表明，城乡公共体育服务财政支持还存在不平衡的趋势，据 2015 年《体育事业统计年鉴》显示，国家文化体育与传媒支出仅占地方一般公共预算支出的 1.8%；地方公共体育服务财政支出显示，2015 年北京市公共体育服务财政支出占地方总支出的比重最高，投入占比约 0.77%，黑龙江占比仅为 0.06%。城市基本上是政府所在地，因而具有公共财政支持体育的独特优势。地方政府的财政支出在很大程度上用于建设体育中心和建设体育场馆。2009年，山东省人民政府主办了第十一届中华人民共和国运动会。各地方、各市花了巨资建设现代化、国际化的标准田径场馆、体育馆、游泳池。然而，在农村，即使是最富裕的鲁东地区，农村的体育设施和体育器材也大多来自上级政府的财政支持，而这一级别的政府很少投资于体育设施的建设。因此，要形成城乡融合发展的公共体育服务经费支持体系，应继续走以政府为依托、自主配套为辅的道路。一方面，适应中国产业促农、城市支持新农村阶段要求，调整国民收入分配格局和财政支出结构更多向农村倾斜，扩大公共财政覆盖农村，构建健全财政资金稳定增长机制，保持农村公共体育服务资金可持续性。另一方面，合理调整和完善财政支农支出结构，加大对农村公共体育服务的投入力度，构建单一的农村公共体育服务财政保障体系，完善农村公共体育服务体系，逐步缩小城乡间公共体育服务的差距。

体育场设施相对不足，便利设施不方便。体育设施不足：（1）场馆设施短缺：山东省在体育场馆设施方面存在明显的短缺现象。许多城市和地区缺乏大型体育场馆，无法满足市民和运动员的日常锻炼和竞技需求。这导致一些运动项目无法在当地开展，限制了体育产业的发展。（2）场地维护不足：部分地区的体育场地缺乏必要的维护和管理，导致场地质量下降，影响运动效果。同时，由于维护不足，场地安全问题也时有发生，给市民和运动员带来安全隐患。（3）设施老化严重：一些体育设施由于使用年限过长，存在设备老化、功能不全等问题。这使得一些场馆无法满足现代运动项目的要求，影响了运动员的训练和比赛效果。

便利设施不方便：（1）交通不便：部分地区的体育场馆和设施位于偏远地区，交通不便，给市民和运动员带来出行难题。这限制了人们参与体育活动的意愿，影响了体育产业的发展。（2）配套设施不完善：一些地区的体育场馆和设施缺乏必要的配套设施，如更衣室、洗手间、餐饮等。这使得人们在参与体育活动时面临诸多不便，降低了体育活动的体验和吸引力。（3）信息服务不健全：在信息时代，完善的信息服务对于体育产业的发展至关重要。然而，部分地区的体育场馆和设施在信息服务方面存在不足，如缺乏在线预订、实时更新赛事信息等。这使得人们难以获取及时、准确的信息，影响了参与体育活动的便利性。

山东省体育产业在体育设施不足和便利设施不方便方面存在明显的问题。这些问题限制了市民和运动员参与体育活动的意愿和效果，影响了山东省体育产业的发展。为了推动山东省体育产业的高质量发展，需要加大对体育设施建设和便利设施完善的投入力度，提高体育场馆和设施的质量和水平，为市民和运动员提供更加便捷、舒适的体育活动环境。同时，加强信息服务的建设和管理，提高信息服务的及时性和准确性，为人们参与体育活动提供更加便利的支持和服务。

在区域经济发展背景下，地方体育产业的运行与管理机制尚不完善，地域间体育市场及城乡消费差异显著。城乡体育发展亦不平衡，农村滞后于城镇。体育市场主要集中在一、二线城市，三、四、五线城市市场规模小，需求不足，消费规模、结构差距大。地域差异影响市场活力，消费水平低，服务消费不高。小型企业不成熟，缺乏竞争力。需综合考虑地域发展，加强政策协调，激发地方体育产业发展动力。推行差别化区域政策，优化资源配置，形成互利互补新格局。利用地域优势，开发特色体育项目，融入当地文化，促进体育产业平衡与可持续发展。

6.2　山东省体育产业高质量发展的协调发展路径

中国体育产业正处于发展的初期阶段，产业结构存在不平衡。其中，体育产品的比例较高，而体育服务业的比例相对较低。由于区域间经济发展的不平衡，区域间体育产业的发展也很不平衡。山东省体育产业的发展明显不平衡，体育服务在体育产业中所占的比例很低。因此，山东省应深化供给侧改革，加大对体育服务业的投资支持，"协调"匹配利用资源，使山东省体育产业的优质发展避免弯路，以协调发展理念推动山东省体育产业高质量发展。

优化体育产业结构，构建以竞赛表演和健身休闲为核心的现代化体系，凸显山东特色，完善竞赛产业链，激活体育经济。通过产业集团和基金等多元化资金支持，推进体育产业市场化、专业化。在经济社会发展中，山东体育产业应提升产品与服务价值，培育服务贸易示范区，推动集约化、国际化、一体化发展。"十四五"期间，深化全民健身，普及健身知识，提升消费水平，转变发展方式，整合优质资源，提升产业品质与效益，推动群众体育、竞技体育与体育产业协调发展，开创体育产业新局面。

6.2.1 经济水平牵引力保障

1. 促进"体育＋"的融合创新

促进"体育＋"的融合创新，进一步推动体育产业跨行业平衡发展，形成体育经济新业态、新模式。在过去几年中，山东省体育产业在"体育＋"产业融合中已经取得突出成绩，主要体现在体育与旅游、健康、金融、科技、互联网、传媒等多个产业有效融合。在互联网、大数据等技术快速发展的大背景下，"智慧体育"成为产业发展的新趋势，山东省体育产业应在已有成绩的基础上，继续完善电子政务平台、电子商务平台和大数据中心的服务功能，利用"互联网＋"技术支持冰雪、足球、篮球、电竞等运动项目为主体内容的智能体育赛事融合发展。

2. 推动区域协调发展

借鉴国内其他省市的典型做法，创新以运动休闲特色小镇为载体的服务综合体，以点带面，促进体育产业区域协调发展。山东省应当因地制宜发展运动休闲特色小镇，探索与区域发展水平、资源特点和产业基础相契合的发展模式，推动体育产业区域协调发展。例如，忠县作为国内最早提出电竞小镇概念的城市之一，电竞基础设施建设相对完善，并在开办相关赛事活动方面具有丰富经验，已与腾讯签署了电竞产业合作发展协议。通过以电竞产业为核心建立运动休闲特色小镇，同时发展旅游、文化等多个产业，不仅可以促进新时代山东省当地体育产业的发展，也可以根据核心运动项目和资源特色，多维孵化产业项目，打造形成以运动休闲特色小镇为核心的产业聚集地，形成"体育＋"产业生态圈，推动体育产业区域协调发展。

3. 创新体育场馆运营模式

从优化资源配置、充分发挥我国人口大国的人力资源优势出发，提高体育场馆服务质量为核心，增强体育场馆的市场活力和经济效益。依托政府引导，同时引入市场化经营手段，调整体育场馆运营内部结构，加强市场开发，构建体育场馆运营产业链。

6.2.2 政府行政推动力保障

1. 加强体育市场监管

各部门应该明确各层级监管主体责任，完善体育市场相匹配的制度，形成分工明确、层次清晰的监管体系，加强事中事后监管，以便营造一个安全、公平竞争的市场环境。加强山东省体育市场监督还可以从以下几个方面实施：首先，对体育产业业态进行分类监管，降低监管盲区，把体育产业分为核心产业（竞赛表演业、健身休闲业）、中介产业（体育经济与代理、广告与会展、体育传媒业等）与外围产业（体育用品制造业、体育用品销售业等）。其次，健全与产业发展相匹配的监管法律体系，完善现有法律法规，进一步加强体育产业监管力度。体育法的健全是加强体育产业监督的当务之急，可以对体育市场的监管提供依据。最后，建立信息化、多元化的监管工具，培训"互联网＋体育监管市场"的工具应用，消除监管过程中信息收集的困难，为大数据监管提供保障。

2. 搭建公共服务平台

体育公共服务平台可以兼具服务功能、管理功能与政务功能；搭建山东省体育公共服务平台可以优化山东省体育产业发展环境，也是把山东省建设为体育强省的路径之一。一方面，搭建公共服务平台可以由山东省政府体育主管部门主导，各体育产业提供资金，市场主体共同参与建设，形成优势互补、资源共享、互联互通、共同参与体育公共服务的格局；另一方面，建设健全体育信息化管理、体育在线惠民服务、体育大数据服务等平台，通过创新发展平台提升体育产业供给效率，形成体育产业发展的新模式。

3. 强化协同创新发展

近几年，山东省体育产业把握创新机遇，积极推动山东省体育产业高质量发展。山东省体育产业应该联合政府、社会、高校、科研团队、企业多方参与体育用品研发，共同培育科技创新产品，创新服务方式，丰富创新技术。体育产业与高科技的结合，会产生奇妙的化学反应，它将继续丰富体育产业的内容和类型。

6.2.3　市场环境支撑力保障

1. 促进体育资源全面开放

互联网的特质是共享，利用互联网搭建山东省体育资源平台，依托互联网资源充分利用各个软件将体育资源重新整合，可以方便快捷合理地让大众共享体育资源。掌握各资源的政府相关部门需要放开手中的资源（政策资源、土地资源、审批资源、人力资源、产业资源等），资源的充沛才会使山东省体育产业高质量发展。

2. 整合优势产业资源

将山东省体育产业资源集中整合，形成生态链，提高体育产业的资源配置效率；结合区县实情，打造具有山东省特色的体育产业集群，形成产业集群效应，以点带面，提高山东省体育产业经济效益；尽力打造多个国家级体育产业基地，不断增加山东省国家级产业基地数量。

3. 营造良好营商环境

营造良好营商环境对于山东省体育产业具有多重功能价值。想要打造良好的营商环境离不开政府部门的支持，山东省相关部门应该积极出台与体育产业营商环境相关政策，并落实保障。相关法律制度也应当完善，并不断加强新时代山东省体育市场执法与监督，共同营造一个公开透明的良好营商环境。

6.2.4　产业政策支撑力保障

1. 完善基础设施建设

政府应加大投入，推动公共体育设施的建设与升级，包括多功能运动场、体育公园、健身步道等，确保城乡社区都能享受到便捷的体育设施服务。同时，鼓励社会力量参与体育场地设施建设运营，提升场地设施的综合利用率，为大众体育活动提供坚实的物质基础。

2. 政策与资金支持

制定并实施一系列优惠政策，如税收减免、低息贷款等，吸引社会资本进入体育产业。政府应直接投资重点体育项目，为体育赛事、培训机构、体育设施建设等提供资金支持。此外，通过政策引导，促进体育消费，激发市场活力，推动体育产业健康发展。

3. 人才培养与引进

加强体育人才的培养和引进工作，加大对体育高校和职业学院的支持力度，提高体育人才的质量和数量。同时，鼓励体育行业与高校合作，开展培训项目，提升从业人员的专业素养。此外，还应加强与国外知名体育院校的交流合作，引进国际先进的体育理念和技术，提升我国体育产业的国际竞争力。

6.2.5　区域体育产业结构优化

1. 加强政策引导和支持

政策是推动体育产业发展的重要力量。山东省应制定一系列有利于体育产业发展的政策措施，加强对体育产业的引导和支持。

（1）财政支持：加大对体育产业的财政支持力度，为体育基础设施建设、体育企业技术创新、体育人才培养等方面提供资金支持。加大对体育产业的财政支持方面，例如：加大对体育基础设施建设的投入力度，建设更多高质量的体育场馆、设施和器材。通过基础设施的完善，提高体育活动的便利性和舒适性，吸引更多人参与体育活动；设立体育产业专项资金，对有发展潜力的体育企业给予资金支持。通过财政支持，鼓励体育企业加强技术创新、品牌建设和市场拓展，提高市场竞争力；加大对体育人才培养和引进的投入力度。设立人才培育基金，支持优秀运动员、教练员和体育管理人才的培养和引进。通过人才的培养和引进，提高山东省体育产业的整体素质和水平；对具有区域带动作用的重大体育项目给予特别支持。对大型体育赛事、体育旅游项目、特色体育园区等重大项目提供资金支持，推动其快速发展。优化财政支出结构方面例如：突出重点领域：将财政支持重点放在基础设施、人才培育、重大项目等关键领域。通过集中力量支持重点领域的发展，推动山东省体育产业的结构优化和升级；创新支持方式：灵活运用多种财政支持方式，如政府采购、补贴、奖励等，根据不同领域和阶段的需求进行差异化支持。通过创新支持方式，提高财政资金的使用效益；强化绩效管理：建立完善的绩效管理体系，对财政支持的项目进行严格的评估和监督。通过绩效管理，确保财政资金的有效使用和预期目标的实现。山东省应加强财政政策与其他政策的协调配合，形成政策合力，共同推动体育产业的发展。与税收政策配合：通过税收优惠、税收减免等措施，降低体育企业的经营成本，鼓励其积极参与市场竞争。同时，对公益性较强的体育项目适当减免税收，推动其快速发展。与金融政策配合：鼓励金融机构对体育企业提供贷款、担保等金融服务，解决其融资难题。通过财政贴息、担保补贴等措施降低金融机构的风险，提高其参与体育产业发展的积极性。与土地政策配合：为体育设施建设提供必要的土地资源保障。通过优惠的土地政策，降低体育设施建设的成本，提高土地利用效率。与产业政策配合：将体育产业纳入山东省的产业规划中，与其他产业进行协调发展。通过财政政策的引导和支持，推动体育产业与旅游、文化、教育等产业的融合发展。

（2）税收优惠：对体育企业给予税收优惠，降低其运营成本，提高市场竞争力。第一，给予体育企业税收优惠政策：为鼓励体育企业的发展，山东省可以给予体育企业一定的税收优惠政策。例如，降低体育企业的所得税税率，或者对体育企业的营业税、增值税等税种给予一定的减免。这些税收优惠政策可以降低体育企业的运营成本，提高其市场竞争力，进而推动山东省体育产业的发展。第二，针对不同类型体育企业制定差异化税收政策：针对不同类型的体育企业，山东省可以制定差异化的税收政策。例如，对于创新型体育企业，可以给予更多的研发费用加计扣除等税收优惠政策；对于文化体育类企业，可以对其文化创意产品和服务给予一定的增值税减免。通过差异化税收政策，可以更好地满足不同类型体育企业的需求，促进其健康发展。第三，加强税收政策与产业政策的协调配合：山东省在制定税收优惠政策时，应与产业政策进行协调配合。通过税收政策与产业政策的相互配合，可以更好地推动山东省体育产业的发展。例如，对于符合山东省体育产业发展规划的重点项目，可以给予更多的税收优惠政策支持；对于不符合发展规划的项目，可以适当调整税收政策，引导其向更符合发展规划的方向发展。

（3）金融支持：鼓励金融机构为体育企业提供贷款、担保等金融服务，解决其融资难题。一方面，山东省应加大对体育产业的金融支持力度，为体育产业的发展提供必要的资金保障。具体可做：第一，设立体育产业专项贷款：鼓励金融机构设立体育产业专项贷款，为体育企业提供低利率、长期限的贷款支持。专项贷款可以用于体育基础设施建设、技术创新、品牌建设等方面，推动体育产业的快速发展。第二，创新金融产品和服务：鼓励金融机构创新金融产品和服务，为体育企业提供个性化的融资解决方案。例如，可以推出体育企业股权融资、债券融资等金融产品，满足不同类型体育企业的融资需求。第三，加强与资本市场对接：推动体育企业与资本市场对接，通过上市、发行债券等方式筹集资金。通过资本市场融资，可以降低融资成本，提高企业的融资效率和市场竞争力。另一方面，山东省应优化金融资源配置，确保资金的高效利用和合理配置。第一，引导资金流向重点领域：通过政策引导和市场机制，引导金融资金流向体育产业发展的重点领域和薄弱环节。例如，加大对体育基础设施建设、技术创新、品牌建设等领域的金融支持力度，推动这些领域的快速发展。第二，创新投融资模式：推动投融资模式的创新，探索政府和社会资本合作（PPP）等模式在体育产业领域的应用。通过 PPP 模式，吸引社会资本参与体育产业的发展，提高公共服务的效率和质量。第三，加强金融监管和风险防控：加强对金融机构和金融市场的监管和风险防控，确保金融市场的稳定和健康发展。通过加强监管和风险防控，可以降低金融风险对体育产业发展的影响。

（4）土地资源保障：第一，合理规划体育用地。山东省应合理规划体育用地，为体育产业的发展提供必要的土地资源保障。根据体育产业发展的需要，结合城市规划、土地利用总体规划等相关规划，科学布局体育设施建设用地。同时，优先保障公益性体育设施和全民健身设施建设用地需求，推动体育产业的均衡发展。第二，提高土地利用效率。在保障体育产业用地需求的同时，山东省应提高土地利用效率，实现土地资源的节约集约利用。鼓励体育设施综合利用，推动体育设施与其他公共服务设施的综合利用，提高土地使用效率。例如，可以将体育设施与学校、社区中心等公共服务设施相结合，实现土地资源的共享和优化配置。加强土地市场动态监测：加强对体育产业用地市场的动态监测和分析，及时发现和解决土地利用中存在的问题。通过土地市场动态监测，可以确保土地资源的合理配置和高效利用。第三，加强政策引导和支持。山东省应加强政策引导和支持，推动体育产业用地的合理利用和开发。完善土地政策：制定和完善体育产业用地政策，明确用地性质、规划条件、供地方式等相关规定。通过完善土地政策，为体育产业的发展提供稳定的政策环境。加大土地供应力度：根据体育产业发展的需求，加大体育产业用地的供应力度。通过增加土地供应、优化土地供应结构等措施，满足体育产业不同领域和项目的用地需求。加强与相关部门的协调配合：加强与规划、国土等部门的协调配合，推动体育产业用地政策的落地实施。同时，加强与相关部门的沟通协作，形成工作合力，共同推动山东省区域体育产业结构的优化升级。

2. 优化资源配置

优化资源配置是推动体育产业发展的重要手段。山东省应加强对体育资源的统筹规划，优化资源配置，确保各地区在体育产业发展中获得必要的资源和支持。

（1）资源整合：鼓励各地区加强合作，实现资源共享和优势互补，推动全省体育产业的协调发展。第一，加强资源整合，提高资源利用效率。山东省应加强体育产业相关资源的整合，包括人力资源、物质资源、技术资源等，提高资源利用效率。通过建立统一的资源调配机制，实现资源共享和优化配置，避免资源的浪费和重复建设。同时，加强与相关产业的合作，实现资源互补和互利共赢，推动体育产业的可持续发展。第二，优化资源配置，促进产业协同发展。山东省应优化体育产业资源配置，根据不同地区、不同项目的需求和发展潜力，合理配置资源，促进产业协同发展。通过加强跨区域合作和协调，打破行政区域壁垒，推动体育产业在全省范围内的均衡发展。同时，鼓励企业间的合作和协同创新，形成产业链上下游的良性互动，提高整个产业的竞争力。第三，创新资源利用方式，推动产业升级。山东省应创新体育产业资源的利用方式，通过引入新技术、新模式、新业态等手段，推动产业升级和转型。例如，利用大数据、云计算等信息技术手段，提高体育产业的信息化水平；引入先进的管理理念和模式，提升体育企业的管理水平；推动体育产业与文化、旅游等产业的融合发展，拓展新的市场空间。通过创新资源利用方式，可以提高体育产业的附加值和效益，推动山东省区域体育产业结构的优化升级。

从资源整合角度出发，优化山东省区域体育产业结构需要加强资源整合，提高资源利用效率，优化资源配置，促进产业协同发展，并创新资源利用方式，推动产业升级。通过这些措施的实施，可以提高山东省体育产业的综合竞争力，实现区域体育产业结构的优化升级。

（2）资源调配：根据各地区的实际情况和需求，合理调配体育资源，确保资源的高效利用。第一，优化资源调配机制，提高资源利用效率。山东省应优化资源调配机制，建立健全的资源调配体系，确保体育产业资源的合理配置和有效利用。通过制订科学合理的资源调配计划，确保各类资源在体育产业中的合理分布和有效利用，避免资源的浪费和重复建设。同时，加强资源调配的监管和评估，及时调整和优化资源调配策略，提高资源利用效率。第二，加强跨区域合作，实现资源共享和互利共赢。山东省应加强跨区域合作，推动不同地区之间的体育产业资源共享和互利共赢。通过建立跨区域合作机制，打破行政区域壁垒，促进不同地区之间的体育产业资源流动和共享。通过跨区域合作，可以实现资源的优化配置和互利共赢，推动山东省区域体育产业结构的优化升级。

（3）资源开发：加大对体育资源的开发力度，挖掘潜在的资源价值，为体育产业发展提供更多的动力和支持。通过优化资源配置，可以促进各地区之间的合作与交流，实现资源共享和优势互补，推动全省体育产业的协调发展。第一，深入挖掘体育资源，推动产业发展。山东省应深入挖掘本地的体育资源，包括自然资源、人文资源等，为体育产业的发展提供有力支撑。通过开发利用当地的自然资源，如山水资源、海洋资源等，打造独具特色的体育旅游项目；同时，挖掘历史文化资源，推动体育与文化的融合发展，打造具有地方特色的体育品牌。通过深入挖掘体育资源，可以推动体育产业的多元化发展，提高产业的竞争力和可持续发展能力。第二，加强人才培养和引进，提升产业素质。山东省应加强体育产业人才的培养和引进工作，提升产业素质。通过建立完善的体育人才培养体系，培养具备专业技能和综合素质的体育人才；同时，积极引进国内外优秀的体育人才，为山东省体育产业的发展注入新的活力和动力。通过加强人才培养和引进工作，可以提升体育产业的竞争力和创新力，推动产业的高质量发展。第三，推动产业创新，引领市场潮流。山东省应推动体育产业创新，引领市场潮流。通过加强科技创新、模式创新、业态创新等手段，推动体育产业的转型升级。例如，利用科技手段提升体育产品的品质和功能；创新体育赛事的运营模式，提高赛事的观赏性和影响力；探索新的体育业态和商业模式，满足消费者多样化的需求。通过推动产业创新，可以引领市场潮流，提高山东省体育产业的知名度和影响力。从资源开发角度出发优化山东省区域体育产业结构需要深入挖掘体育资源推动产业发展加强人才培养和引进提升产业素质并推动产业创新引领市场潮流通过这些措施的实施可以提高山东省体育产业的竞争力和可持续发展能力实现区域体育产业结构的优化升级。

3. 建立和健全统一开放竞争有序的区域市场体系

中国现存的区域差距和城乡差距，很大程度上是由各种分割统一市场、抑制要素自由流动的体制障碍造成的。提高区域发展的协调性只能从以下几个方面解决：

（1）建立统一开放的市场体系：打破行政壁垒，消除各地区之间的行政壁垒，推动市场准入制度的统一和规范化。通过取消不必要的行政审批和限制，降低市场准入门槛，为各类体育企业提供公平竞争的市场环境；完善市场规则，制定和完善市场规则，确保市场公平、公正、公开。建立健全市场竞争机制，防止不正当竞争行为，维护市场秩序；促进要素流动，推动体育产业要素在各地区之间的自由流动，促进资源的优化配置。通过降低人才、资金、技术等要素的流动成本，提高市场活力和效率。

（2）开放市场，吸引多元投资：开放投资领域，鼓励社会资本进入体育产业领域，推动体育产业的多元化发展。通过开放投资领域，吸引更多的投资者参与体育产业的发展，增加市场活力；优化投资环境，改善投资环境，提供优质的服务和政策支持，吸引国内外投资者在山东省投资体育产业。通过优化投资环境，提高山东省体育产业的吸引力和竞争力。

（3）加强区域合作与交流：推动区域联动发展，加强山东省内各地区之间的合作与交流，实现资源共享和优势互补。通过区域联动发展，推动山东省体育产业的整体发展和升级；拓展外部合作，积极拓展与其他省份、地区的合作与交流，引进先进的体育产业理念、技术和经验。通过外部合作，提高山东省体育产业的创新能力和竞争力；加强信息共享，建立完善的信息共享机制，促进各地区之间的信息交流和共享。通过信息共享，提高市场透明度和决策效率，推动山东省体育产业的协同发展。

（4）加强监管与评估：完善监管体系，建立健全的监管体系，加强对体育市场的监管和管理。通过加强监管，确保市场的公平、公正和透明，维护市场秩序和消费者权益；实施评估机制，建立有效的评估机制，对山东省体育产业的发展进行定期评估和监测。通过评估机制，及时发现和解决存在的问题和挑战，推动山东省体育产业的持续健康发展。

4. 充分利用山东省不同区域各自的特点和优势

山东省地域辽阔，不同地区拥有各自独特的资源和优势。为了实现体育产业的全面发展，应当充分利用这些地区优势，实现特色化、差异化发展。

（1）利用东部沿海地区的海洋资源，发展海洋体育产业。

山东省东部沿海地区拥有丰富的海洋资源，包括海滩、海岛等。这些地区可以充分利用其海洋资源优势，发展海洋体育产业，如海滨游泳、帆船、海钓等水上运动项目。通过建设高标准的海洋体育设施和举办海洋体育赛事，吸引国内外游客和运动员前来参与和体验，促进海洋体育产业的发展。此外，沿海地区还可以与旅游、文化等产业进行融合，开发具有海洋特色的体育旅游项目，提高产业的综合效益。

（2）发挥中部地区的文化资源优势，发展体育文化旅游产业。

山东省中部地区拥有丰富的历史文化遗产和人文景观，如泰山、曲阜等。这些地区可以充分利用其文化资源优势，发展体育文化旅游产业。通过将体育赛事、健身休闲与文化旅游相结合，打造具有地方特色的体育文化旅游品牌。例如，在泰山地区可以开展登山、徒步等户外运动项目，同时融入当地的传统文化元素，提升游客的参与度和体验感。

中部地区还可以利用其文化资源举办各类文化体育活动和节庆赛事，吸引游客和观众前来参与和观赏，促进体育文化旅游产业的发展。

（3）利用西部地区的自然景观资源，发展户外运动和体育旅游产业。

山东省西部地区拥有广阔的山地和自然景观，如泰山、沂蒙山等。这些地区可以充分利用其自然景观资源优势，发展户外运动和体育旅游产业。通过建设徒步线路、攀岩场地等户外运动设施，吸引国内外户外运动爱好者前来参与和体验。同时，结合当地的自然景观和文化特色，开发具有地方特色的体育旅游项目，如漂流、攀岩、山地自行车等。此外，西部地区还可以利用其自然资源举办各类户外赛事和活动，如登山比赛、徒步大会等，提高当地体育旅游的知名度和吸引力。通过户外运动和体育旅游产业的发展，推动当地经济的增长和就业的增加。

充分利用不同区域地区优势发展体育产业是推动山东省体育产业全面发展的重要途径。通过发挥东部沿海地区的海洋资源优势、中部地区的文化资源优势以及西部地区的自然景观资源优势，可以实现体育产业的特色化、差异化发展。同时，加强不同地区间的合作与交流，实现资源共享和优势互补，推动整个山东省体育产业的协同发展。

6.2.6 优化体育产业结构

1. 完善体育产业法律法规

根据国务院《关于加快发展体育产业促进体育消费的若干意见》，应尽快制定并出台专项法律法规，促进体育产业的发展，提高体育产业政策的法律效力，为体育产业的发展提供了良好的法律环境。针对体育产业发展中的结构性束缚和市场经济体制下的市场失灵，应完善体育产业的政策体系，培育体育市场，引导居民的体育消费，促进体育产业结构的优化。充分发挥政府和市场主体的主导作用，由政府托管转向政府领导、部门协调、全社会参与。

2. 健全体育产业政策实施机制

明确政策目标与定位：在制定体育产业政策时，首先要明确政策的目标和定位。政策目标应与山东省的总体发展战略和体育产业发展规划相一致，确保政策的前瞻性和可持续性。同时，要明确政策的定位，将体育产业作为重点发展领域，通过政策引导和支持，促进体育产业的快速发展。

完善政策体系与内容：（1）制定全面、系统的体育产业政策体系，包括财政、税收、金融、土地、人才等方面的政策，形成政策合力，为体育产业发展提供全方位的支持。（2）优化税收政策，降低体育企业的税收负担，提高企业的市场竞争力。（3）加强金融支持，设立体育产业发展专项资金，鼓励金融机构为体育企业提供贷款、担保等金融服务。（4）完善土地政策，优先保障体育产业用地需求，推动体育设施建设和产业发展。（5）强化人才政策，培养和引进高素质的体育产业人才，为产业发展提供智力支持。

加强政策执行与监督：（1）建立健全政策执行机制，明确各部门的职责和任务，确保政策的有效执行。（2）加强政策监督和评估，对政策的执行情况进行定期评估和反馈，及时发现问题并进行调整。（3）建立政策执行奖惩机制，对执行效果好的部门和个人给予表彰和奖励，对执行不力的部门和个人进行问责和处理。

推动政策创新与试点：（1）鼓励各地结合实际情况，探索符合当地实际的体育产业政策创新模式。（2）选择有条件的城市或地区开展体育产业政策试点工作，积累经验并逐步推广。（3）加强与其他省份的交流与合作，借鉴先进经验和做法，不断完善和优化山东省的体育产业政策。

加强政策宣传与培训：（1）加强政策宣传工作，提高社会各界对体育产业政策的认知度和认同度。（2）组织各类培训活动，提高各级政府和相关部门对体育产业政策的执行能力和水平。

3. 加强科技创新与研发，提高体育用品制造业竞争力

山东省的体育用品制造业具有较大优势，但面对国内外市场的激烈竞争，必须加强科技创新与研发，提高产品的科技含量和附加值。政府可以加大对体育用品制造企业的研发投入支持，鼓励企业引进先进的生产技术和设备，提高生产效率和产品质量。同时，加强与高校、科研机构的合作，建立产学研合作机制，推动科技成果的转化和应用。通过科技创新与研发，提高体育用品制造业的竞争力，推动产业向高端化、智能化方向发展。

（1）加大政策支持力度，优化营商环境。

政府应加大对体育用品制造业的政策支持力度，优化营商环境，促进产业的健康发展。制定相关政策，鼓励企业加大研发投入，提高自主创新能力。同时，为体育用品制造业提供税收优惠、资金扶持等政策措施，降低企业成本，增强其市场竞争力。此外，政府还应建立健全体育用品质量标准体系，加强质量监管，保障消费者权益，提升山东体育用品制造业的信誉度和品牌影响力。

（2）加强产业链整合，提升产业集群效应。

山东省体育用品制造业应加强产业链整合，提升产业集群效应。鼓励企业间加强合作，形成优势互补的产业链条。通过整合资源、优化配置，提高整个产业链的效率和竞争力。同时，加强产业集聚区的建设，形成具有特色的体育用品制造产业集群。产业集聚区应提供完善的配套服务，吸引更多相关企业入驻，形成规模效应和集群优势。通过加强产业链整合和提升产业集群效应，山东省体育用品制造业将更具竞争优势。

（3）拓展国内外市场，扩大品牌影响力。

拓展国内外市场是山东省体育用品制造业发展的重要途径。山东省省内企业应积极开拓国内市场，关注消费者需求，推出适合不同消费群体的体育用品。借助电商平台和线下实体店等多种渠道，扩大产品销售范围。同时，山东省体育用品制造业还应抓住国家战略机遇，积极开拓国际市场。通过参加国际展会、贸易洽谈等方式，提升山东体育用品的国际知名度和竞争力。在拓展市场的同时，企业还应注重品牌建设，提高品牌影响力和美誉度。通过加大品牌宣传力度、提升产品品质、加强售后服务等措施，树立良好的品牌形象，赢得消费者的信任和支持。

山东省体育用品制造业的发展需要政府、企业和市场等多方面的共同努力。加大政策支持力度、加强产业链整合以及拓展国内外市场都是促进产业发展的重要措施。通过这些措施的实施，山东省体育用品制造业将迎来更加广阔的发展空间和机遇。同时，也需要注意到市场竞争的激烈和消费者需求的多样化，不断推陈出新、提升品质和服务，以满足市场的不断变化和需求。此外，还要关注环保和可持续发展，推动产业绿色转型和升级，实现经济与环境的和谐发展。只有全面提升自身实力和适应市场变化，山东省体育用品制造业才能在未来取得更加辉煌的成就。

4. 促进体育健身休闲产业与相关产业的融合发展

体育健身休闲产业与旅游、文化等产业具有很大的融合空间。山东省可以加强与相关产业的合作，共同开发体育旅游、体育文化等项目，打造具有地方特色的体育健身休闲品牌。例如，利用山东省丰富的自然资源和文化遗产，开发户外运动、水上运动等体育旅游项目，吸引游客参与体验。同时，加强城市和乡镇的体育设施建设，提高公共体育服务水平，满足市民的健身休闲需求。通过与相关产业的融合发展，推动体育健身休闲产业的规模化和专业化发展。

（1）加强基础设施建设，提高服务水平。

山东省应加大对体育健身休闲基础设施的投入，建设更多适合不同年龄和需求的健身场所。政府应制定相关政策，鼓励社会资本参与体育健身设施建设，推动形成多元化的投资格局。同时，加强公共健身设施的维护和管理，确保设施的正常使用和安全。

除了硬件设施的建设，提高服务水平也是关键。山东省应加强对体育健身休闲从业人员的培训和管理，提升他们的专业素质和服务意识。通过提供优质的服务，满足消费者的需求，增强体育健身休闲场所的吸引力。

（2）推广全民健身理念，激发市场潜力。

山东省应大力推广全民健身理念，提高民众对体育健身休闲的认识和参与度。通过开展形式多样的全民健身活动，如社区运动会、健康步行等，鼓励更多人参与体育健身休闲活动。同时，加强体育健身知识的宣传和教育，提高民众的体育素养和健康意识。

全民健身理念的推广将进一步激发市场潜力。随着参与体育健身休闲活动的人群增多，市场需求将不断扩大。山东省应抓住机遇，推出多样化的体育健身休闲产品和服务，满足不同消费者的需求。通过市场的拓展，推动体育健身休闲业的持续发展。

（3）创新发展模式，加强产业合作。

创新发展模式是山东省体育健身休闲业发展的必由之路。应鼓励企业创新经营模式和服务方式，提供个性化的健身休闲解决方案。例如，可以开发智能健身器材、在线健身课程等新型产品和服务，满足消费者对智能化、便捷化健身的需求。

同时，加强产业合作也是推动体育健身休闲业发展的重要途径。山东省应积极与相关产业进行合作，如旅游、教育、医疗等，共同开发体育健身休闲市场。通过资源共享、优势互补，形成产业发展的合力。此外，加强与国内外体育健身休闲产业的交流与合作，引进先进的管理经验和市场运作模式，提升山东省体育健身休闲业的整体竞争力。

要发展山东省体育健身休闲业，必须从加强基础设施建设、推广全民健身理念、创新发展模式和加强产业合作等方面着手。通过这些措施的实施，可以提升山东省体育健身休闲业的服务水平和市场竞争力，满足消费者的需求，推动产业的持续健康发展。

5. 优化体育竞赛表演产业的结构与布局

山东省的体育竞赛表演产业具有较大的发展潜力，需要进一步优化其结构与布局。首先，加强赛事组织和运营的规范化管理，建立完善的赛事管理体系和规章制度，提高赛事的组织效率和运营水平。其次，加大对本土赛事品牌的培育力度，鼓励企业和社会组织参与赛事组织和运营，提高本土赛事的影响力和知名度。同时，加强与国内外体育组织的合作与交流，提升山东省在国际体育舞台上的知名度和影响力。此外，优化体育场馆和设施的布局，加强场馆建设和设施更新改造，提高场馆的使用率和观赛体验。通过优化体育竞赛表演产业的结构与布局，推动产业的健康和可持续发展。

（1）培育高端品牌赛事，提升国际影响力。

山东省应着力培育高端品牌赛事，提升国际影响力。鼓励各级申办、承办国际国内高水平体育赛事，争取培育 5 项以上国际品牌赛事，10 项以上全国品牌赛事。通过引进国际知名赛事和培育本土特色赛事，提升山东省在国际体育竞赛界的知名度和影响力。同时，加大对重大高端赛事的奖励扶持力度，支持有条件的市打造体育赛事名城。通过高端品牌赛事的培育，吸引国内外游客和媒体关注，促进体育旅游和相关产业的发展。

（2）发展职业赛事，壮大市场主体。

山东省应积极发展职业赛事，壮大市场主体。鼓励社会力量组建各类职业体育俱乐部，支持有条件的俱乐部参加国内外高水平职业体育联赛。挖掘职业体育俱乐部的城市属性，培育主场氛围、赛事文化和观赛群体。对在山东省注册参加全国顶级职业体育联赛的俱乐部按联赛成绩、人才培养等给予适当奖励扶持。通过发展职业赛事，提升山东省职业体育俱乐部的整体实力和竞争力，促进职业体育市场的健康发展。

（3）引导扶持业余精品赛事，促进全民健身。

山东省还应引导扶持业余精品赛事，促进全民健身的普及和发展。积极开展足球、篮球、乒乓球、羽毛球等有广泛群众基础的省市县三级业余联赛，创新开展社区运动会。支持各级结合本地历史文化底蕴和自然生态举办特色品牌赛事活动，打造沿黄、沿海、沿运河系列品牌赛事活动。通过引导扶持业余精品赛事，满足广大群众的健身需求，促进全民健身活动的广泛开展。同时，加强赛事组织和管理，提高业余赛事的专业化水平和观赛体验，推动业余赛事的市场化进程。

要发展山东省体育竞赛表演业，必须从培育高端品牌赛事、发展职业赛事和引导扶持业余精品赛事等方面着手。通过这些措施的实施，可以提升山东省体育竞赛表演业的服务水平和市场竞争力，满足消费者的需求，推动产业的持续健康发展。

6.2.7　促进区域协调发展

山东省作为中国的经济大省，其区域协调发展对于全省乃至全国的经济增长都具有重要意义。然而，山东省内不同地区之间的发展水平存在一定的差异，为了实现区域协调发展，需要采取一系列措施来缩小地区间的差距。

1. 加强基础设施建设

基础设施建设是促进区域协调发展的基础，有助于加强地区间的经济联系和合作。山东省应当加大对基础设施建设的投入，特别是交通、能源、水利等领域，提升区域互联互通水平。

交通基础设施：加强高速公路、铁路、航空和水路等交通网络建设，提高交通通达性和便捷性。重点建设连接鲁东、鲁西等地区的高速公路和铁路，缩短地区间的时间距离，促进人员和物资的流动。

能源基础设施：加快建设天然气、石油等能源输送管道和电网，提高能源供应的可靠性和安全性。同时，推进可再生能源项目，如风电、光伏等，优化能源结构，促进清洁能源的发展。

水利基础设施：加强水利工程建设，提高防洪抗旱能力。加大对水资源匮乏地区的支持力度，通过修建水库、灌溉渠道等水利工程，保障农业生产和居民用水需求。

通过加强基础设施建设，可以降低地区间的物流成本，提高生产要素的流通效率，从而促进区域经济的协调发展。

2. 优化产业布局，推动区域产业升级和转型

产业布局的优化是促进区域协调发展的关键。山东省应当根据不同地区的资源禀赋和比较优势，合理规划产业布局，推动区域产业升级和转型。

发挥地区比较优势：不同地区应当根据自身的资源、技术和市场优势，发展具有竞争力的特色产业。例如，鲁东地区可以重点发展海洋产业、高端制造业等；鲁中地区可以发挥其资源优势，发展能源、原材料等产业；鲁西地区则可以着力发展农业、纺织等产业。

推动产业升级和转型：加大对传统产业的技改投入，提高产品技术含量和附加值。同时，积极培育新兴产业，如信息技术、生物技术等高新技术产业，打造新的经济增长点。鼓励企业加大研发投入，提升自主创新能力，推动产业向高端化、智能化方向发展。

加强区域产业合作：鼓励地区间企业开展合作，实现优势互补。通过建立产业园区、企业合作联盟等形式，促进产业集聚和产业链的延伸。加强与周边省份的合作，共同打造跨区域的产业协作区，提高整体竞争力。

通过优化产业布局，推动区域产业升级和转型，可以增强山东省内不同地区的经济实力和竞争优势，促进区域经济的协调发展。

3. 加强区域合作与交流，促进资源要素合理流动

区域合作与交流是促进区域协调发展的重要手段。山东省应当加强地区间的合作与交流，促进资源要素的合理流动和优化配置。

建立健全合作机制：建立不同地区间的定期交流机制，如经济协作区会议、城市合作论坛等，加强地方政府间的沟通与合作。同时，鼓励企业间开展跨地区合作，共同开发资源和市场。

加强政策协同：在政策制定上要充分考虑区域的协调发展，消除地区间的政策壁垒。加强财政、税收、金融等政策在地区间的协同配合，促进资源要素的合理流动。

推动人才交流与合作：加强教育、科研等领域的人才交流与合作，促进知识、技术的传播与共享。鼓励高校、科研机构与企业开展跨地区合作项目，共同培养和引进高素质人才。通过人才交流与合作提高区域创新能力，推动经济社会发展。

加强区域市场体系建设：打破地区间的市场分割，建立统一开放的市场体系。加强商品市场和要素市场的互联互通，提高市场配置资源的效率。同时，加强市场监管，保障公平竞争，营造良好的市场环境。通过市场体系建设促进资源要素的合理流动和优化配置，推动区域经济的协调发展。

推进生态环保合作：加强地区间在生态环保领域的合作与交流，共同应对环境问题。建立跨地区的生态保护与环境治理合作机制，推进生态补偿机制的实施。鼓励企业采用环保技术和管理模式，推动绿色发展与循环经济建设。通过生态环保合作实现区域经济的可持续发展。

通过加强区域合作与交流促进资源要素合理流动，可以进一步优化资源配置，提高整体经济效益，为区域协调发展提供有力支撑。

第7章 新发展阶段山东省体育产业高质量发展的绿色维度

在我国"双碳"国家战略稳步推进的背景下,绿色发展已成为全球共识,体育产业也越来越注重环保理念的落实。目前,"双碳"目标已遍布生态文明建设整体布局和经济社会发展全局,包括体育在内的多个产业正在向绿色低碳全面转型。

在党的十七大提出的建设生态文明的基础上,党的十八大进一步确立了社会主义生态文明的创新理论,构建了建设社会主义生态文明的宏伟蓝图,制定了社会主义生态文明建设的基本任务、战略目标、总体要求、着力点和行动方案,并向全党全国人民发出了努力走向社会主义生态文明新时代的伟大号召。党的十九大报告提出了加快生态文明体制改革、推进绿色发展、建设美丽中国的战略部署,强调了人与自然和谐共生的现代化建设目标。这一战略部署不仅为生态文明建设提供了重要的思想指引,也为体育产业的高质量发展提出了新的要求和方向。据此,建设绿色文明、发展绿色经济、实现绿色发展是全人类的共同道路、共同战略、共同目标,也是生态文明绿色经济及新时代赋予我们的神圣使命与历史任务。当前,"双碳"目标已成为生态文明建设整体布局和经济社会发展全局中的重要组成部分,展现了中国在推进绿色发展和低碳转型方面的决心和行动。体育产业作为国民经济的重要组成部分,其高质量发展对于推动经济结构优化、促进生态文明建设具有重要意义。在绿色发展的大趋势下,山东省体育产业的高质量发展应更加注重环保和可持续发展,以实现经济、社会和环境的和谐共生。这不仅是实现"双碳"目标的必然要求,也是推动体育产业转型升级、提升国际竞争力的必然选择。

2022年12月,山东省委、省政府高起点谋划推进,出台实施《山东省建设绿色低碳高质量发展先行区三年行动计划（2023—2025 年）》，细化确定 160 项重点任务，配套制定责任清单、政策清单、项目清单，把建设绿色低碳高质量发展先行区作为当前和今后一个时期各项工作的总抓手，吹响了山东建设绿色低碳高质量发展先行区的冲锋号。

7.1　山东省体育产业高质量发展的绿色维度现状和问题

7.1.1　环境保护的背景和意义

1. 促进体育产业高质量发展

"绿色"是高质量发展的底色，也是高质量发展的内在要求。在发展模式上，体育产业原先会造成资源浪费与环境污染的粗放型发展方式已不再适用，应转向资源利用效率更高、环境污染减少的集约型绿色发展模式，实现体育产业的低耗能、低污染、低排放、高效率，向着资源节约型、环境友好型、社会进步型的方向迈进，从而推动体育产业形成绿色的、可持续的发展模式。同时，"绿色"目标的确立会对体育产业的科技化水平提出更高要求，从而反向推动体育产业的科技化程度的提升。体育产业应该全方位的实现技术创新、材料创新、设备创新，以坚实的科技后盾为支撑，有效助力体育制造业的实现减碳增绿的目的。可以借助 5G、云计算、大数据、物联网和人工智能等新一代信息技术，运用数字化技术建立虚拟场景的体育信息传播的平台，在体育传媒和参与体育表演之间打通一条绿色渠道；利用大数据处理和信息跟踪技术，为体育产业追踪和分析消费者偏好等重要信息，搭建起与消费者间交流与互动的桥梁，这样有利于体育服务业更加及时准确的了解消费者的需求，提升体育企业的洞察力与生产沟通效率，建立起更加智能、便捷和绿色的体育服务体系[①]。体育产业当前可以通过技术改进、工艺提升、

159

---

① 任波、黄海燕：《"双碳"目标下中国体育产业结构优化的内在机理与升级策略》，载于《体育学研究》2022 年第 4 期。

材料创新和模式创新，有效提升体育产业资源的利用效率，减少各类体育产业活动开展时产生的碳排放，促进产业向着更加高端、更加智能、更加低碳和更加绿色的方向发展；围绕生态效益优先目标，推进体育产业的结构向着更合理和高级的方向发展，实现产业布局的合理化、产业基础的高级化和产业链条的生态化的目标。

2. 为世界环境改善贡献中国力量

我国一直高度重视生态文明建设，自党的十八大以来，习近平总书记更是提出了"生态兴则文明兴，生态衰则文明衰""既要金山银山，也要绿水青山""保护生态环境就是保护生产力，改善生态环境就是发展生产力"和"良好生态环境是最公平的公共产品，是最普惠的民生福祉"等关于生态文明建设的理念。随着全球化的加速和人类活动的不断扩张，环境问题已成为当今世界面临的最重要挑战之一。环境保护不仅是中国，也是全球共同关注的焦点。在这一背景下，中国在环境保护方面的努力和成果，为世界环境治理贡献了中国力量。中国的环境保护政策和实践为全球环境治理提供了宝贵的经验和启示。多年来，中国政府在环境保护方面采取了一系列积极措施，包括实施严格的环境法规、推动绿色产业发展和加强环境教育等。这些努力不仅使中国的环境质量得到显著改善，也为其他国家提供了可借鉴的模式。

中国在应对气候变化方面发挥着越来越重要的作用。作为世界上最大的碳排放国家，中国在减少碳排放、提高能源效率方面的努力对于全球气候治理具有重要意义。中国积极参与国际气候合作，推动国际社会共同应对气候变化挑战。例如，中国提出的"一带一路"倡议将绿色发展理念融入其中，推动实现低碳、可持续发展。

中国在环境保护方面的国际合作也日益加强。中国积极参与国际环保组织和活动，与各国共同开展环境保护项目和科研合作。通过这些合作，中国不仅为解决全球环境问题贡献了自己的力量，也提升了自身在全球环境治理中的地位和影响力。通过政策和实践的创新、气候变化的应对、技术创新和绿色产业的发展以及国际合作的加强，中国在全球环境治理中发挥着越来越重要的作用。作为一个大国，中国将继续承担更多的国际责任，与世界各国共同推动环境保护事业的发展，为建设一个美好的地球家园作出更大的贡献。

3. 为世界节能减排作出贡献

全球气候变化导致极端地质灾害与气象灾害事件频发、全球气候变暖已成为公认的事实，导致极端天气事件频繁发生，如洪水、干旱、台风等。气候变化还引发了冰川融化、海平面上升和生物多样性减少等问题。温室气体排放是当前全球变暖的主要原因之一。温室气体主要包括二氧化碳、甲烷和氮氧化物等，它们在大气中累积，导致地球表面温度升高。这种温度升高导致了全球气候变暖，进而引发了一系列环境问题，如海平面上升、极端天气事件频发、冰川融化等。工业化和城市化进程的加速导致能源消耗增加，进而加大了温室气体的排放量。特别是化石燃料的过度使用，如煤炭、石油和天然气等，是温室气体排放的主要来源。因此，减少温室气体排放、发展清洁能源和推动可持续发展已成为全球共同目标。

中国作为新兴市场国家，在治理全球贫困、保障和改善民生的同时，面临国际碳减排和国内生态环境改善的双重压力。中国在减少碳排放方面取得了显著成就，根据生态环境部于 2021 年 3 月发布的《2020年全国生态环境品质简况》显示，2020 年中国碳排放强度比 2015 年下降 48.4%，超额完成"十三五"约束性目标，超额完成向国际社会承诺的到 2020 年下降 40% ~ 45% 的目标，累计少排放二氧化碳约 58 亿吨，碳排放快速增长的局面基本扭转。此外，中国还积极推进碳市场建设，通过碳排放权交易等市场机制推动企业减少碳排放。

中国在可再生能源领域的发展也取得了重大突破。根据国际可再生能源署的数据，2019 年中国可再生能源装机容量突破 8 亿千瓦，占全球总装机容量的 30% 以上。其中，太阳能发电和风电发展迅速，装机容量分别达到 2.22 亿千瓦和 2.1 亿千瓦，稳居世界首位。此外，中国还积极推进新能源汽车的研发和应用，减少传统燃油汽车的排放。国内各大体育赛事举办方在赛事保障方面也比以往更加注重环保这一概念。北京冬奥会国家速滑馆的二氧化碳制冰技术、成都大运会利用氢燃料车保障交通服务、杭州亚运会"云上亚运村"数字化平台低碳账户功能的上线等均体现了目前综合性体育赛事可持续发展的办赛新思路。

此外，中国也通过各种方式积极帮助其他国家实现能源转型。对于经济发展而言，基础性的条件是能源的有效开发和使用。通过"一带一路"倡议的合作框架，中国帮助一些国家发展本国经济的最佳方式，就是通过更清洁、更高效的能源开发，来促进经济的可持续发展。当前，全球能源主要依赖于碳资源，例如煤炭和石油。然而，这些传统能源的开采和使用过程中，会产生大量的废气和污染物，对环境造成严重的破坏。因此，中国在"一带一路"倡议中积极提倡使用更加清洁的能源，这不仅有助于减少对传统能源的依赖，降低对环境的破坏，同时也有利于为人类创造更加环保、健康的生活环境。

中国在应对全球气候变化方面做出的重要贡献之一，就是积极推动绿色能源的发展。通过加大对可再生能源的投资和研发力度，大力推广太阳能、风能、水能等清洁能源的使用，中国正在为全球绿色能源的发展做出突出贡献。这不仅有利于中国自身的可持续发展，也为全球应对气候变化、推动绿色发展提供了强有力的支持。通过"一带一路"倡议的合作框架，中国正在帮助其他国家发展经济的同时，积极推广清洁能源的使用，为人类创造更加环保、健康的生活环境。这是中国在应对全球气候变化、推动绿色能源发展方面做出的重要贡献，也是对全球可持续发展做出的积极贡献。

162

7.1.2　山东省体育产业高质量发展的环境现状

近年来，随着人民群众对体育锻炼和休闲旅游意识的不断增强，体育消费规模也不断壮大。数据显示2021年我国体育旅游市场消费规模近1.3万亿元，年增长率为30%，呈现"井喷"式上涨趋势，体育旅游业迎来了发展的重要契机并产生了强劲的经济效益[①]。山东省体育局于2023年9月1日发布的最新数据显示，山东省体育产业总规模达到了3712.69亿元，增加值为1395.78亿元。这一数据表明，山东省的体育产业已经具备了较为完善的产业链和较大的市场规模。同时，增加值占全省GDP的比重提升至1.68%，居全国第三位，这也进一步凸显了山东省体育产业的重要地位和巨大潜力。

从山东省政府新闻办于2023年8月7日召开的新闻发布会上宣布的数据可知，山东省的健身休闲、体育培训、观赛参赛、体育培训、体

---

① 黎镇鹏、张泽承、任波等：《"双碳"背景下中国体育旅游产业低碳发展的现实基础、困境桎梏与实施路径》，载于《山东体育学院学报》（网络首发）2023年第6期。

育旅游等服务型消费占比达到了 55.43%，这表明，随着人们生活水平的提高，对体育服务的需求也在不断增加。同时，居民体育消费覆盖了60 余种体育运动项目，领域多样性、主体多元化趋势进一步凸显，这也为山东省体育产业的发展提供了更广阔的空间。

为了进一步推动山东省体育产业的发展，政府和企业不断挖掘、拓展和延伸体育的更多可能性，山东省体育局局长于 2019 年发表讲话，为落实《山东省全民健身条例》与《山东省全民健身实施计划》，将加强体育产业平台的建设，不断优化营商环境，搭建省体育产业服务大厅，组建省体育产业联合会，创办山东体育用品博览会，联合多部门组织实施 100 家星级健身俱乐部、100 个品牌赛事的"双百计划"，打造德州、青岛、威海等体育制造业聚集区。这些措施的实施，使得山东体育产业的多元发展势头强劲，体育产业总规模不断攀升，对全省 GDP 的贡献也在不断提升。

山东省政府新闻办在 2023 年 8 月 7 日举行了新闻发布会，宣布山东省体育强省建设聚焦高质量发展取得了重要阶段性成果。全省 16 个城市都已建成全民健身中心，超过 95% 的县和乡镇实现了"三个一"工程和"两个一"工程的目标；有条件的行政村全部完成了农民体育健身工程建设，为农村社区联赛如历城足球"村超"、淄博西老村"村乒"等提供了舞台。此外，体育、发改部门联合实施了足球场地和体育公园建设专项行动，使得社会足球场和学校足球场总量达到了 8189 个，大型体育公园 129 个，同时推动了 99 个冰雪场馆设施的建设。这些举措进一步推动了山东省体育产业的高质量发展，为山东省的体育事业发展提供了有力保障。

1. 山东省资源概况

山东资源总量总体来说较为丰富，品种繁多，缺点是人均占有量不足，地域分布不均，部分资源开发利用难度大，且在粗放型的经济增长方式下，资源利用效率低下，浪费情况严重。

根据山东省人民政府 2024 年发布的最新数据显示，截至 2022 年底，山东省耕地面积 645.64 万公顷，园地 121.77 万公顷，林地 253.51 万公顷，草地 24.31 万公顷，湿地 24.65 万公顷，城镇村及工矿用地 285.31 万公顷，交通运输用地 47.71 万公顷，水域及水利设施用地

134.2万公顷。林地253.51万公顷。其中，乔木林地170.91万公顷，占67.42%；竹林地0.07万公顷，占0.03%；灌木林地6.52万公顷，占2.57%；其他林地76.01万公顷，占29.98%。草地24.31万公顷。全部为其他草地。湿地24.65万公顷。其中，沿海滩涂19.83万公顷，占80.42%；内陆滩涂4.83万公顷，占19.58%。

截至2022年底，山东省已查明资源储量的93种矿产，其中，能源矿产7种，金属矿产27种，非金属矿产56种，水气矿产3种。保有资源储量列全国前10位的有74种，占查明资源储量矿种数量的79.57%，其中黄金、金刚石、自然硫、石膏、玻璃用砂岩、水泥配料用红土等6种矿产保有资源量均居全国第一位。

地热资源作为清洁能源，在鲁西北地区层状分布，在其余地区呈点带状赋存，在全国占有相当比例，具备良好的开发前景。

山东虽地处黄、淮、海三大流域，但仍资源性缺水，表现为水资源总量有限，且分布不均，人均占有量远低于全国平均水平，根据山东省人民政府2024年6月发布的《地理资源》中可见全省多年平均当地水资源总量近占全国水资源总量的1%，属于严重缺水地区。然而，山东的海洋资源得天独厚，近海海域广阔，生物多样性丰富，为渔业和盐业发展提供了有力支撑。同时，山东的生物资源种类繁多，包括丰富的植物、树木、果树和中药材，为农业和中药产业提供了丰富的物质基础。作为全国粮食和经济作物的重要产区，山东的多种作物产量均居全国前列，为国家的粮食安全和经济发展作出了重要贡献。

2. 山东省资源利用情况

受技术水平、开发模式及能源价格的影响，中国能源利用效率偏低，资源浪费问题突出。目前，我国能源综合利用率远低于世界先进水平，单位GDP能耗也远高于发达国家。燃烧设备的热效率较低，与发达国家存在明显差距。同时，我国采暖能耗较高，特别是在山东等煤炭资源丰富地区，煤炭在能源供应中占据重要地位，冬季供热消耗大量煤炭。尽管煤炭消费比重有所下降，但在可预见的未来，煤炭仍将是主要能源来源之一。

3. 山东省生态环境现状

山东以石油燃料为主的能源结构导致严重的大气污染，多地长时间、大范围雾霾频发。中国大气污染主要来自燃煤和机动车尾气。燃煤时释放的煤烟含有大量粉尘、二氧化碳和二氧化硫，主要污染源包括热电厂、工业锅炉及生活用煤。部分煤田质量不佳，灰分、硫分高，洗选难度大，清洁煤技术进展缓慢，燃烧设备效率低，加剧了燃煤污染。同时，机动车尾气也是大气污染的重要源头。随着经济发展和生活水平提高，机动车数量激增，尾气中含有的碳氢化合物、氮氧化合物等有害物质大量排放。

此外，山东水体污染问题亦严重。调查表明，近3亿人饮用水安全受威胁，主要水系普遍受污染，部分城市河段水质不达标，失去使用功能。这些污染问题亟待解决。随着国民经济的发展，工业及城市生活废污水的排放量也不断增加，据山东省生态环境厅发布的数据显示，山东省的多个水体存在不同程度的污染。其中，河流污染最为严重，主要污染物包括氨氮、总磷、化学需氧量等。此外，湖泊和水库的水质也不容乐观，部分区域存在富营养化问题。以济南市为例，其下辖的多个河流监测断面中，超过50%的断面水质为Ⅳ类或更差，主要超标指标为氨氮和总磷。而流经城市的河道由于接纳了大量的生活污水和工业废水，其水质情况更为严重。污染的地表水体下渗导致地下水水质逐年恶化，并在河流两侧形成地下污染带，使沿岸农田被迫污染灌溉，又导致了污染物的大面积地表沉积扩散，使农产品品质下降，有害物超标[①]。

水土流失问题也不容忽视。山东拥有丰富的土地资源，土壤肥沃、松散，适合耕种，同时山东省也是全国范围内水土流失较为严重的省份之一。主要原因是多方面造成的：一方面是山东夏季降雨集中且强度大，易发生山洪和泥石流等灾害；另一方面，不合理的耕作方式和过度开垦都有可能导致土地肥力下降甚至水土流失。山东省水利厅2023年发布的《2022年水土保持公报》显示，2022年，山东全省水土流失面积2.26平方公里。

4. 山东省绿色体育产业发展现状

2014年，《中华人民共和国环境保护法》修订完成，新的环境保护法将环境保护放在了优先位置，加大了对环境违法行为的惩处力度，并

---

① 李刚：乡村振兴背景下山东乡村体育教师专业培训研究，经济科学出版社2023年版。

结合多方力量对生态环境实行共同治理，使环境保护措施更加科学有效。2015 年，在《资源综合利用产品和劳务增值税优惠目录》中将清洁生产和资源节约的工作向前推进。此外，中国还开展了国家生态工业示范园区建设工作、重点行业和企业绿色经济发展的试点工作，以及绿色产业和绿色城市试点等，为进一步推进绿色经济发展奠定了基础。

在这样的背景下，尽管山东的绿色经济发展取得了一定的成效，但是仍然存在一些问题。例如，缺乏深入的绿色发展理念，尽管山东省在推动绿色经济发展方面取得了一些进展，但是在体育产业领域，绿色发展理念仍然没有被深入地贯彻落实。许多企业和个人对绿色发展的重要性认识不足，缺乏对环境友好型、资源节约型发展模式的认识。这导致了在体育产业的发展过程中，仍然存在一些高污染、高能耗、低效率的行为，对环境造成了负面影响。绿色技术应用不足，山东省的体育产业在技术应用方面虽然有所进步，但在绿色技术应用方面还存在着明显的不足。许多企业还没有掌握和应用先进的绿色技术，如节能技术、清洁能源技术等。这使得山东省的体育产业在资源利用效率、减少环境污染等方面还有很大的提升空间。产业结构不够优化，山东省的体育产业结构在一定程度上还存在不够优化的问题。一些高耗能、高污染的传统体育产业部门占比过大，而绿色、低碳的新兴体育产业部门发展不足。这导致了山东省的体育产业在整体上对环境的压力较大，不利于实现绿色发展。公众参与度不高，在推动山东省体育产业绿色发展方面，公众的参与度也是一个重要因素。然而，目前公众对于体育产业绿色发展的关注度和参与度还不高。公众对于绿色消费的认识不足，对于环保行为的积极性也不够高。这在一定程度上制约了山东省体育产业绿色发展的进程。

（1）绿色经济发展的理论内涵。

"创新、协调、绿色、开放、共享"的新发展理念是习近平新时代中国特色社会主义思想的核心内容，是新时代推动高质量发展的战略指引。绿色发展已成为各国经济发展的必然趋势。绿色经济作为一种新兴的发展模式，强调在经济发展过程中注重环境保护和资源节约，以实现可持续发展为目标。

全面建成小康社会，要让人民从发展中获得幸福感，绝对不能以牺牲生态环境为代价。树立和践行"绿水青山就是金山银山"的理念，形成绿色发展方式和生活方式。绿色经济的发展理念是基于对传统发展模式的反思和改进。传统的发展模式以经济增长为主要目标，忽视了环境资源的有限性和生态系统的平衡。绿色经济的发展理念则强调环境保护与经济发展相协调，追求可持续发展目标。这意味着在发展过程中要充分考虑环境的承载能力和资源的可持续利用，实现经济发展与环境保护的双赢。

本书认为，山东省体育产业绿色经济发展的理论内涵包括两方面：一是经济增长脱离对环境的破坏；二是使可持续性成为生产力。使经济活动遵循自然规律，使资源环境的使用具有可持续性，促进经济发展绿色化。让绿水青山成为金山银山，发挥自然生产力的作用，促进经济发展。推动中国绿色经济发展，培育绿色发展能力，实现"绿水青山就是金山银山"。

（2）基于绿色发展评价的山东省绿色经济发展现状。

第一，山东省绿色发展不平衡。发展呈从沿海地区向中西部地区递减的态势。东部沿海地区具有明显的绿色发展优势，大多分布在内陆地区绿色发展程度较低。这意味着山东省的体育产业在沿海地区的绿色发展程度相对较高，显示出较为明显的优势。然而，在远离海洋的内陆地区，体育产业的绿色发展水平则相对较低，存在一定的滞后。这种不平衡现象的产生可能与多种因素有关。

首先，地理位置和自然条件对体育产业的绿色发展产生着重要影响。沿海地区通常具有更为优越的地理位置和自然条件，如便利的交通、丰富的资源等，这为体育产业的绿色发展提供了较为有利的物质基础。沿海地区能够更好地满足市场需求，获取更多的发展机会，为绿色技术的引进、吸收和推广提供了有利条件。

其次，经济发展水平也是影响绿色发展不平衡的重要因素之一。一般来说，沿海地区的经济发展水平更高，这也为体育产业的绿色发展提供了更多的资金和技术支持。这些地区的企业和个人更有可能拥有先进的设备、技术和人才，从而在绿色发展方面取得更好的成绩。

此外，政策支持也是导致绿色发展不平衡的重要因素之一。政府为了鼓励和支持体育产业的绿色发展，可能会出台一系列优惠政策，如税收优惠、财政补贴等。这些政策的实施可以进一步吸引更多的投资和优秀的人才流向沿海地区，从而进一步促进沿海地区的体育产业绿色发展。

对于内陆地区来说，由于地理位置、经济发展水平等因素的影响，

167

其体育产业绿色发展相对滞后。这些地区的体育产业可能缺乏先进的绿色技术、人才和资金支持，同时也可能面临着更为严格的环保法规和标准。这些因素使得内陆地区的体育产业绿色发展面临更大的挑战，需要付出更多的努力来改善现状。

为了解决这种不平衡问题，政府和相关部门可以采取一系列措施来促进山东省体育产业的均衡绿色发展。首先，政府可以加大对内陆地区的政策支持力度，通过制定更加优惠的税收政策和财政补贴政策等手段，吸引更多的投资和优秀人才流向内陆地区。其次，政府可以鼓励企业加强技术研发和创新，推动先进绿色技术的推广和应用，提高内陆地区的资源利用效率和环境保护水平。此外，政府还可以加强与高校和研究机构的合作，推动产学研一体化发展，为内陆地区的体育产业绿色发展提供更多的科技支持。除了政府措施外，企业自身也需要积极采取行动，推动绿色发展。例如，企业可以加强内部管理，提高资源利用效率，减少环境污染；同时也可以加强与科研机构和高校的合作，引进和吸收先进的绿色技术，提高自身的绿色发展水平。此外，社会公众也可以积极参与到山东省体育产业绿色发展的进程中来。例如，公众可以加强对绿色发展的关注和监督力度，对不符合绿色发展要求的行为进行举报和曝光；同时也可以积极参与到绿色消费和环保行动中来，支持绿色产品和服务的推广和应用。

第二，大部分评价指标都是围绕生态环境方面，本书更加注重绿色发展评价经济、可持续性、绿色三个维度的协调发展。山东省体育产业的绿色发展需要与经济发展相结合。在推动绿色发展的同时，需要充分考虑体育产业的经济效益，以实现经济和环保的双赢。例如，可以通过引进先进的绿色技术和设备，提高资源利用效率和降低环境污染，同时也可以提高体育产业的生产效率和竞争力。此外，政府可以出台相关政策，鼓励企业加大对绿色技术的研发和应用，提高整个体育产业的科技水平。

可持续性维度不仅要求企业在追求经济效益的同时，充分考虑生态环境保护，还需要在推动经济发展的同时，保障资源的长期利用和生态平衡。例如，在开展体育旅游等活动中，需要加强对自然环境和人文环境的保护，避免对生态环境造成不可逆的损害。此外，还需要加强对绿色消费的宣传和引导，鼓励公众购买环保产品和服务。

山东省体育产业的绿色发展需要注重绿色的生产和消费方式。这不仅要求企业在生产过程中减少对环境的污染和资源的浪费，还需要在产品和服务的设计、制造和使用过程中，充分考虑环保和健康因素。例如，可以推广使用可再生能源和环保材料，加强对废弃物的回收和处理等。此外，还需要加强对公众的环保教育和宣传，提高公众的环保意识和参与度。

第三，山东省体育产业绿色发展存在明显的"短板"。从省级尺度的角度来看，山东省体育产业存在经济发展的短板制约。虽然山东省是我国经济大省之一，但体育产业的发展仍然受到一些经济方面的限制。例如，山东省的经济发展主要依靠重工业和传统制造业，而体育产业的发展需要更多的轻工业和现代服务业的支持。此外，山东省的经济发展面临着产业结构调整和转型升级的压力，这也对体育产业的发展产生了一定的影响。从可持续性的角度来看，山东省体育产业也存在一定的短板制约。一方面，山东省的资源环境压力较大，生态环境的保护和恢复任务艰巨。另一方面，山东省的人口老龄化问题较为突出，人力资源的供给面临压力。这些因素都制约了山东省体育产业的可持续发展。从绿色发展能力的角度来看，山东省体育产业也存在一定的短板制约。例如，山东省的体育产业在低碳发展、资源环境管理等方面的技术和管理水平还有待提高。此外，山东省的体育产业在创新和研发方面的投入相对较少，这也制约了山东省体育产业的绿色发展。

从二级指标来看，出现频率较高的短板因素主要是生态健康、收入分配与社会保障、低碳发展、资源环境管理等。例如，山东省的空气质量和水质等生态环境指标在某些地区还存在不达标的情况；同时，山东省的收入分配和社会保障制度还需要进一步完善，以保障人民群众的基本生活需要。

第四，经济发展与可持续性之间的不协调现象突出。我们需要理解经济发展与可持续性之间的关系。经济发展是指通过提高生产力和增加收入等方式，提高人民生活水平和促进社会进步。然而，传统的经济发展模式往往以牺牲环境为代价，导致生态环境的破坏和资源的浪费。而可持续性则强调在保护生态环境的前提下，实现经济的长期稳定发展。因此，经济发展与可持续性之间需要寻求一种平衡。然而，在山东省体育产业的发展中，经济发展与可持续性之间的不协调现象较为突出。这主要是由于以下两个方面的原因：一是产业结构不合理，二是资源环境压力大。山东省体育产业的发展主要依赖于传统的制造业和重工业，这些产业的能源消耗和环境污染较大。尽管山东省已经开始了产业结构调整和转型升级的进程，但这一过程需要时间和投入，短时间内难以实现经济与可持续性的协调发展。山东省的资源环境压力较大，生态环境的保护和恢复任务艰巨。在追求经济发展的同时，往往会对环境产生一定的破坏和污染。同时，由于环保法规和标准的逐步提高，也给一些传统产业带来了较大的压力。

（3）山东省体育产业绿色发展的实现路径。

不同类型的区域应当因地制宜，制定针对性的绿色发展路径。

低位开发区域：应当遵循宁要绿水青山、不要金山银山的理念，加快产业转型，调整产业结构，实现经济发展与可持续性的脱钩，决不能走"先污染、后治理、然后逐步转型"的路径。

绿色坚守区域：坚持践行绿水青山就是金山银山的理念，适度提高经济密度，重视发展绿色产业，加快把绿水青山转化为金山银山的步伐，在保持绿水青山的前提下，提高经济发展水平。

协调发展区域：坚持践行绿水青山就是金山银山的理念，增强绿色发展能力，重点培育和增强内源性增长能力，加快产业转型升级的步伐，实现既要绿水青山也要金山银山的目标。

经济先导区域：坚定宁要绿水青山、不要金山银山的理念，适度降低经济密度，合理发挥城市群的作用，利用绿色发展能力的优势，加大环境污染治理力度，加快改善环境质量，增强可持续性[1]。

5. 山东省体育产业对生态环境造成的负面影响

（1）加重环境污染。

体育产业并不是造成大气污染的主要原因，但是体育赛事的举办、体育用品的生产过程也会影响局部甚至周边大气环境质量，进而对人们的身体健康产生影响。例如体育赛事中举重运动员、体操运动员使用的防滑粉，台球选手使用的巧克粉，乒乓球运动员必备的有刺激性气味的球拍黏合剂，马术项目马匹的跑跳造成的扬尘等这些粉尘都会造成空气

---

[1] 石敏俊等：《中国经济绿色发展：理念、路径与政策》，中国人民大学出版社 2021 年版。

中悬浮颗粒增多，对观众及生产者的呼吸系统造成刺激；体育场馆的建设以及使用的建筑材料也会形成一定程度的污染，人员汇集，运动员与观众在场馆内吸烟也会给整个场馆及周边造成影响；机械类的竞技项目，例如摩托车、汽车拉力赛，摩托艇比赛等会燃烧汽油或柴油，排放的尾气会给比赛场地附近带来较为严重的污染；另外，人们选择什么样的出行方式观看比赛也会影响场馆附近空气质量，若场馆周围私家车、出租车、摩托聚集，大量尾气排放，场馆周围的大气环境也将受到影响。

山东省海陆兼备，三面临海，水上项目的开展离不开特殊的自然地理环境，山东省具备开展和承办水上运动赛事的天然优势，同时水上项目也是山东竞技体育优势项目。各种水上项目的开展也会不可避免地对当地水体造成污染，承办赛事提供的餐饮水大多使用一次性餐具，以及各种生活污水、工业废水的产生和排放都有可能流入水体中。

体育产业的发展伴随着大量固体废物的产生，无论是制造业、体育赛事还是体育旅游业都可能产生大量的生产与生活垃圾。大量的混凝土块、砖瓦碎片和其他建筑废弃物被堆放在工地，甚至被非法倾倒在河流和湖泊中，给水域生态带来了严重的破坏。这些废弃物不仅占用了空间，还可能含有有害物质，对环境和人体健康构成潜在威胁。这些固体废物可能会污染土壤、大气、水体，或是侵占土地，影响环境卫生。长期堆放的固体废物潜藏了上百种细菌和病毒，会对人们的身体健康造成长期威胁。

（2）加重自然环境破坏。

体育场馆的建设在体育场馆建设的过程中，大量的土地被占用，很多原本是绿地、林地或湿地的区域被混凝土和钢铁所替代。这不仅改变了土地的使用性质，也破坏了原有的生态平衡。被占用的土地无法再为野生动植物提供栖息地，也无法进行正常的生态循环。体育建筑与场地周边的公路及停车场等的建设也会对自然地理环境造成破坏，同时影响地表水渗透和地表气体交换。

户外运动的开展对生态环境也造成了一定的不利影响。这是山东省体育产业在发展过程中面临的重要环保问题之一。户外运动会的举办通常需要占用大量的自然资源，比如土地、水资源等。在举办过程中，不可避免地会对土地造成压实、破坏和污染。参赛者和观众的活动也会践踏植被、损坏土地，这些都会对自然环境造成一定的影响。户外运动会使用大量的装备和设施，比如帐篷、道具、音响等，这些都会对环境造成一定的压力。在使用过程中，往往会产生废弃物和垃圾，如果不及时清理和处理，就会对周围的环境造成污染。

（3）加重生态系统破坏。

大型体育赛事的举办往往需要占用大量的土地和资源，对自然生态系统造成一定程度的破坏。体育旅游产业的过度开发，如修建大量的旅游设施和道路，就占用了大量的土地资源，破坏了原有的生态环境。例如，一些山地和海滩被过度开发，导致植被破坏、水土流失、生物多样性减少等问题。这些破坏不仅影响自然生态系统的平衡，也威胁到一些珍稀物种的生存。

另外，户外运动会的举办也可能引发一些间接的生态问题。比如，大量的参赛者和观众的涌入，会增加当地交通、住宿和餐饮等方面的压力，从而增加对自然资源的消耗和对环境的破坏。同时，户外运动会的活动也可能会对当地的野生动植物和生态系统造成干扰和破坏，影响生态平衡。

172

7.1.3 影响体育产业绿色发展的因素

1. 环境规制

（1）环境规制的概念。

"规制"这个词最早由日本学者提出，环境规制是指政府为了保护环境、改善生态，对企业的环境污染、生态破坏等行为进行的管理和约束。具体来说，它包括一系列的法律、法规、政策、标准等手段，旨在限制或减少企业的环境污染、生态破坏等行为，促进绿色生产和可持续发展。如今，环境规制分为以下三种类型：命令控制型环境规制，指政府通过制定环境标准和排放限制等手段，对企业进行管理和约束。这种规制方式具有强制性和稳定性，但需要政府投入大量的人力、物力和财力，实施成本较高；经济激励型环境规制，指政府通过征收环境税费、提供补贴等经济手段，对企业进行管理和约束。这种规制方式可以降低政府的实施成本，同时也可以激励企业采取更加环保的生产方式和设备；自愿型环境规制，指企业自发地采取环保措施，以减少对环境的污染和破坏，这种规制方式需要企业具有较强的环保意识和自我约束能力，但可以降低政府的实施成本和管理压力。

若体育产业环境污染状况超过环境承受范围，那么不仅会严重影响体育产业的绿色转型，同时也会对生态环境造成不可磨灭的影响，因此政府通过环境规制手段对体育行业进行生态污染治理是十分重要的。当各体育产业在追逐经济效益的同时不注重污染排放，从而对生态环境造成负面影响时，政府据此制定的一系列政策对体育产业是有规制作用的，能在一定程度上实现经济与环境协调发展。

（2）环境规制的动因。

经济动因可以从市场失灵和绿色经济转型两个方面进行解析。

市场失灵：在自由市场经济中，各企业为了追求利润最大化，可能会忽视其生产活动对环境的负面影响，导致"公地悲剧"现象。此时，政府需要通过环境规制来纠正市场失灵，确保企业承担其生产活动的环境成本。并且由于这种经济增长的负效应，自然环境受到极大破坏，资源遭到极大浪费，且生态修复成本远远大于保护成本，自然环境与资源的破坏与浪费是不可逆的。

绿色经济转型：随着全球绿色经济的发展趋势，山东省体育产业也面临着转型升级的压力。环境规制可以推动企业采用更加环保的生产技术和设备，促进绿色创新和绿色就业，从而实现经济的可持续发展。

此外，环境资源存在稀缺性和公共性的特点，资源稀缺性会导致资源浪费后就难以再获得或开发难度大大提升，从而导致开采成本不断增加。而资源的公共性又使人们对资源的稀缺性不敏感，进而导致资源的浪费与环境的破坏，形成恶性循环。山东省地理位置优越，拥有丰富的自然资源，但过度开发和污染可能导致资源的枯竭和生态环境的破坏。环境规制旨在保护这些自然资源，确保其可持续利用。

同时，全球气候变化对人类生存和发展构成严重威胁。作为温室气体排放的重要来源之一，体育产业也需要通过环境规制来减少其碳足迹，为应对气候变化作出贡献。体育产业，虽然在一定程度上被视为绿色、健康的产业，但在其运营过程中，不可避免地产生了温室气体排放。无论是体育设施的建设、大型赛事的举办，还是体育器材的生产和运输，都可能产生大量的碳排放。这使得体育产业成为了温室气体排放的重要来源之一。

为了应对这一挑战,体育产业不仅需要自律,更需要外部的环境规制来确保其可持续发展。环境规制可以通过设定排放标准、推行碳交易机制、实施绿色税收政策等手段,促使体育产业减少其碳足迹。这种规制不仅可以推动体育产业采用更加环保、高效的运营方式,还可以促进其技术创新,研发出更多的低碳产品和服务。更进一步地说,体育产业通过积极响应环境规制并在实践中减少其碳足迹,实际上也是在为应对全球气候变化作出贡献。这种贡献不仅体现在减少温室气体排放上,更重要的是它可以影响和带动其他行业以及公众参与到低碳、环保的行动中来,从而形成一种社会的合力,共同为应对气候变化这一全球性挑战做出努力。

(3)环境污染的外部性。

在经济学中,外部性是指一个经济主体的行为对另一个经济主体产生的影响,这种影响无法通过市场交易进行定价。环境污染就是一种典型的外部性,它指的是企业的生产活动导致环境污染,但企业并不承担由此产生的成本。这种外部性会影响社会整体的福利水平,因此需要通过环境规制来纠正。环境污染的外部性体现在两方面:一是为了追求经济效益透支当代资源环境;二是忽视弱势群体利益,环境污染往往会对弱势群体造成更大的影响,为了实现社会公平,政府需要通过环境规制来确保所有人都能享有清洁和安全的环境。

环境污染的外部性不仅损害公众健康,对人类生活和生命质量造成严重影响,还会增加社会成本。例如,政府需要投入资金治理环境污染,公众需要花费更多的医疗费用等,并阻碍经济发展。环境污染会导致生态系统的破坏,影响自然资源的可持续利用,进而阻碍经济发展。同时,环境污染也会导致社会的不稳定和不安全,对社会和谐产生负面影响。

(4)环境规制的糅杂性。

在研究山东省体育产业高质量发展的过程中,我们需要注意到环境规制具有糅杂性的特点。这种糅杂性表现在多个方面,例如环境规制的目标、手段、实施方式等都可能因时间、地点、政策等因素的变化而有所不同。这种复杂性使得环境规制在实施过程中具有一定的难度和挑战。

环境规制目标的复杂性。环境规制的目标是保护环境、促进绿色发展、实现可持续发展。然而，在具体实践中，环境规制的目标往往不是单一的，而是多个目标相互交织、相互影响。例如，在山东省体育产业中，环境规制的目标可能包括减少碳排放、保护自然资源、提高空气质量等多个方面。这些目标之间存在一定的矛盾和冲突，例如减少碳排放可能与保护自然资源之间存在一定的矛盾，因此需要在不同目标之间进行权衡和取舍。

环境规制手段的多样性。环境规制的手段包括法律、行政命令、经济激励等多种方式。在山东省体育产业中，不同的规制手段可能适用于不同领域和问题。例如，对于大型体育设施的碳排放问题，可以通过实施碳排放权交易制度来减少碳排放；对于体育器材的生产过程，可以通过设定环保标准来规范企业的生产行为。不同规制手段的适用范围和效果也各不相同，因此需要根据具体情况进行选择和组合。

环境规制实施方式的差异性。环境规制的实施方式因地区、行业、政策等因素而异。在山东省体育产业中，不同的地区和行业面临的环境问题可能不同，因此需要采取不同的环境规制措施。同时，不同政策的实施方式和效果也存在差异，例如某些政策可能需要政府直接干预市场，而另一些政策则可能需要通过市场机制来实现。因此，在制定和实施环境规制时，需要考虑不同实施方式的优缺点和适用范围。

（5）具体建议。

从某种意义上来讲，山东省体育产业在追求经济增长的过程中，一定程度上是以牺牲当前的生态环境为代价的。为了改变这一现状，山东需要采取一系列改善措施，实现不以牺牲环境为代价的绿色增长模式。这些改善措施主要包括前端预防、过程控制和末端治理三个方面。

首先，前端预防措施主要包括提高公众和企业的环保意识，推广绿色技术和建立环保管理制度。通过这些措施，可以促进企业和公众更加注重环保，减少对环境的破坏和污染。通过加强环保宣传和教育，提高企业和公众的环保意识，使他们在参与体育产业活动时能够积极采取环保措施，减少对环境的负面影响。积极推广绿色技术，如节能技术、清洁能源技术等，鼓励企业在生产过程中采用这些技术，降低能源消耗和环境污染。引导企业建立和完善环保管理制度，通过企业内部的管理来规范环保行为，提高资源利用效率和环境保护水平。

其次，过程控制措施主要包括强化环保监管、实施环保审计和推广环保产品。这些措施可以确保体育产业在发展过程中，严格遵守环保规定，控制环境污染和资源浪费。加强对体育产业活动的环保监管力度，对违反环保规定的企业进行严厉处罚，提高企业的违法成本，促使企业自觉遵守环保规定。对体育产业活动进行环保审计，了解企业在环保方面存在的问题和不足，并针对这些问题提出改进措施和建议，促进企业加强环保管理。积极推广环保产品，如绿色建材、环保家具等，鼓励企业在建设和改造过程中使用这些产品，降低对环境的负面影响。

最后，末端治理措施主要包括加强废弃物处理、开展环境修复和建立环境应急机制。这些措施可以有效地治理环境污染问题，恢复场地和设施的环境质量，确保体育产业发展的可持续性。加强对体育产业活动产生的废弃物的处理和管理，鼓励企业采用废弃物回收再利用的方式，减少废弃物的产生和对环境的污染。针对已经受到污染的场地和设施开展环境修复工作，采取科学有效的修复技术，恢复场地和设施的功能和环境质量。针对可能出现的突发环境事件建立环境应急机制，制定应急预案，配备应急设备和人员，及时有效地应对环境突发事件。

176

2. 技术经济

在体育产业高质量发展的背景下，绿色产业发展是推动山东省体育产业升级和转型的关键。技术经济范式在这一过程中起着重要作用。技术经济范式是一种以技术为驱动、以经济为目标的系统化发展模式。在绿色产业发展中，技术经济范式强调通过技术创新和系统化规划，实现资源的高效利用和环境保护的最大化。首先，技术创新是推动绿色产业发展的核心。在山东省体育产业中，应加大对绿色技术的研发和应用力度。例如，推广使用可再生能源和环保材料，如太阳能、风能等，以减少能源消耗和碳排放量。此外，应加强对废弃物回收和处理技术的研发和应用，实现废弃物的资源化和无害化处理。系统化规划是实现绿色产业发展的重要保障。在山东省体育产业中，应从全局角度出发，制定系统化的绿色产业发展规划。例如，通过优化产业链结构，实现上下游企业的协同发展和资源共享。同时，应加强城市规划与绿色产业发展的衔接，为绿色产业提供良好的发展环境。政策支持是推动绿色产业发展的重要保障。在山东省体育产业中，应加大对绿色产业的政策支持力度。例如，出台相关税收优惠政策和财政补贴政策等，鼓励企业和个人参与绿色产业的投资和发展。同时，应加强对环保法规的制定和执行力度，对环境违法行为进行严厉打击。

技术经济范式是推动山东省体育产业绿色发展的重要理论基础。通过技术创新、系统化规划和政策支持等措施的实施，可以推动山东省体育产业实现高质量、可持续的绿色发展。同时，技术经济范式的应用还可以促进体育产业与其他产业的融合发展，推动山东省经济的全面升级和转型[①]。在未来发展中，山东省体育产业应继续加大对技术经济的研发和应用力度。例如，可以与高校和研究机构合作，建立绿色技术研发中心和实验室等机构，推动绿色技术的创新和应用。同时，应加强对国际先进技术的学习和引进力度，吸收国外先进经验和技术成果为己所用。此外还可以通过举办绿色产业展览会、研讨会等活动搭建平台吸引社会各界参与其中，推动山东省体育产业的绿色发展更上一层楼并实现高质量发展目标。接下来分析山东省区域创新能力评价指标。

首先是技术创新投入能力。山东省体育产业在技术创新投入方面具备一定的区域创新能力，为推动绿色产业发展奠定了坚实基础。山东省拥有丰富的创新资源和科研实力。该地区拥有众多高等学府和研究机构，致力于体育产业的研究与创新。这些机构不仅为山东省培养了大量的专业人才，还开展了大量的科研项目，为体育产业的技术创新提供了源源不断的动力。山东省体育产业在技术创新投入方面表现出较强的意愿和实力。许多企业意识到技术创新对于提升竞争力和推动绿色发展的重要性，纷纷增加对研发的投入。这些投入主要用于新技术、新材料和新产品的研发，以及生产工艺的改进和设备的更新。通过技术创新，企业能够降低生产成本，提高产品质量，满足市场需求，实现可持续发展。此外，山东省政府也积极支持体育产业的技术创新投入。政府出台了一系列政策措施，如提供研发资金支持、建设创新平台、推动产学研合作等，为企业的技术创新创造了良好的环境和条件。政府还支持建设体育产业园区和基地，集聚创新资源和要素，促进产业链上下游企业的协同发展，提升整个产业的创新能力。

然而山东省体育产业仍面临一些挑战。例如，一些企业可能存在创新投入不足、研发成果转化率低等问题，制约了技术创新的进一步发

---

① 李启琛、房铮、王云飞：《全域旅游背景下山东省体育旅游发展现状及对策研究》，载于《当代体育科技》2021年第11期。

展。此外，山东省体育产业还需要进一步加强与其他地区和国际间的合作与交流，吸收借鉴先进的创新理念和技术成果，提升自身的创新能力和竞争力。

其次是技术创新产出能力。山东省体育产业在技术创新产出方面也展现出较强的实力和潜力，为绿色产业的发展提供了源源不断的动力。山东省体育产业在技术创新产出方面具有较高的效率和效益。许多企业通过引入先进的生产技术和设备，优化生产流程和管理模式，提高了生产效率和质量。同时，企业还注重加强知识产权保护和科技成果转化，将技术研发成果转化为具有市场竞争力的产品和服务。这些创新成果不仅为企业带来了可观的经济效益，还为整个产业的发展提供了强有力的支撑。山东省体育产业在技术创新产出方面具有较高的协同创新效应。许多企业与高校、研究机构和其他企业建立了紧密的合作关系，开展协同创新。这种合作模式有利于实现资源共享、优势互补和风险共担，提高创新效率和成功率。通过协同创新，企业能够快速获取新技术、新工艺和新材料，降低创新风险，提高创新成果的商业化和产业化水平。山东省体育产业在技术创新产出方面还具有较高的社会效益。技术创新不仅为企业带来经济效益，还对环境和社会发展产生了积极的影响。例如，通过引入节能环保技术和可再生能源，企业能够降低生产过程中的能源消耗和环境污染；通过推广低碳、环保的体育设施和服务，企业能够提高公众的健康和生活质量。这些创新成果不仅为企业树立了良好的社会形象，还为山东省体育产业的绿色发展提供了有力的支持。

尽管山东省体育产业在技术创新产出方面取得了一定的成绩，但仍存在一些挑战和提升空间。例如，一些企业可能存在创新人才不足、创新资金短缺等问题，制约了技术创新产出的进一步发展。此外，山东省体育产业还需要进一步加强与国内外其他地区的合作与交流，借鉴先进的创新模式和经验，提高技术创新产出能力和竞争力。未来，山东省应继续加大对技术创新的投入和支持力度，加强产学研合作和协同创新，提高创新资源的利用效率，推动体育产业的高质量发展。同时，还应注重技术创新的社会效益和环保效益，推动山东省体育产业实现经济、社会和环境的可持续发展。

再次是技术创新分散能力。山东省体育产业在技术创新分散能力方面展现了一定的优势，为推动绿色产业的发展提供了重要的支撑。山东省体育产业具备技术创新分散的地理优势。该地区地理位置优越，交通便利，有利于技术创新的扩散和传播。山东省内不同城市和地区之间的体育产业发展相对均衡，这为企业之间的技术创新交流和合作提供了良好的条件。这种地理优势使得新技术、新产品和新模式能够在不同地区得到快速推广和应用，促进整个产业的创新发展。山东省体育产业技术创新分散能力得益于多元化的创新主体。在山东省，不仅有大型体育企业和研究机构，还存在众多中小企业和创新团队。这些创新主体之间具有不同的专业领域、技术实力和市场需求，使得技术创新能够在不同层面和领域得到分散和拓展。中小企业和创新团队往往更加灵活和敏锐，能够快速响应市场变化和技术发展趋势，为技术创新注入新的活力。山东省体育产业还注重建立技术创新分散的支撑体系。政府、行业协会和中介机构等积极发挥作用，为企业之间的技术创新合作和交流搭建平台，提供支持和服务。例如，通过建立技术转移中心、创新创业孵化器和科技成果转化基地等机构，促进技术创新在不同企业之间的流动和转化。这些支撑体系有效地降低了技术创新的门槛和风险，提高了技术创新分散的效率和成功率。但是一些地区可能存在技术创新资源集聚不够、创新主体之间的合作不够紧密等问题，制约了技术创新分散能力的进一步提升。此外，山东省体育产业还需要进一步加强与其他产业和领域的融合，推动跨界创新，拓展技术创新的应用场景和市场空间。

　　未来，山东省应继续发挥地理优势、多元化创新主体和支撑体系的作用，加强技术创新在不同地区和领域之间的分散和拓展，提高技术创新的覆盖面和影响力。同时，还应注重加强创新主体之间的合作与交流，构建开放包容的创新生态系统，推动山东省体育产业实现更高质量的发展。

3. 人力资本

（1）人力资本的内涵。

　　人力资本这个概念的产生与经济学的创立和发展息息相关。最初，亚当·斯密在《国富论》中提出了劳动者付出时间和金钱等成本接受后天的教育、学习和实践而由此获得的劳动能力，可以转化为人身内在的资本从而帮助劳动者获得收入财富。然而，真正明确提出人力资本概念并将其纳入经济学分析框架的是西奥多·舒尔茨，他在 20 世纪 60 年代发表了《人力资本的投资》等重要著作，进一步丰富了人力资本的理论体系。人力资本是指通过教育、培训、技能提升等方式，积累在个体身上的知识和技能等非物质资源，这些资源能够为个体带来未来的经济收益。在经济学中，人力资本被视为一种生产要素，与物质资本、土地等生产要素一样，对经济增长和社会发展有着重要的贡献。从微观角度来看，人力资本的积累可以提高个体的劳动生产率和适应能力，增加其就业机会和收入水平。从宏观角度来看，人力资本的积累可以提高整个社会的劳动生产率和创新能力，促进经济增长和社会发展。在现代社会中，人力资本的重要性越来越受到重视。许多国家都将教育、培训和技能提升作为重要的公共投资领域，以支持人力资本的积累和提升。此外，随着知识经济的到来，人力资本在生产中的地位也越来越重要，成为经济发展的关键因素之一。

人力资本的起源可以追溯到经济学领域对"资本"概念的研究。最初，"资本"被视为一种物质资源，如机器、设备、建筑物等，这些物质资源是企业生产所必需的。然而，随着人们对经济发展和社会变迁的深入研究，人们逐渐认识到人力因素在经济增长和社会发展中的重要性，于是开始将人力视为一种资本，即人力资本。人力资本的概念内涵包括以下几个方面：人力资本是一种非物质资源，它包括人的知识、技能、经验、健康等方面的资源，这些资源是通过投资和学习积累而来的，它们能够为个体带来未来的经济收益。人力资本的投资方式包括教育、培训、技能提升、健康保健等方面的投资，这些投资可以提高个体的知识水平、技能和经验，增强个体的劳动生产率和适应能力，增加其就业机会和收入水平。人力资本的价值体现在其能为个体和社会带来的未来收益上。人力资本的投资需要花费时间和金钱等成本，但通过提高个体的知识水平和技能，能够提高个体的劳动生产率和适应能力，增加其就业机会和收入水平，从而实现人力资本的增值。人力资本具有可变性。人力资本的投资不是一次性的，而是需要不断进行投资和维护。同时，人力资本的价值也会随着时间和社会经济的变化而发生变化。总之，人力资本是一种重要的非物质资源，它能够为个体和社会带来未来的经济收益。通过对人力资本的投资和维护，可以提高个体的知识水平和技能，增强其劳动生产率和适应能力，增加其就业机会和收入水平，从而实现个体和社会的共同发展。

（2）人力资本对经济总量的贡献。

在推动绿色产业发展的过程中，人力资本对经济总量的贡献具有重要意义。山东省体育产业作为绿色产业的重要组成部分，其发展与人力资本的关系尤为密切。下面将详细探讨人力资本对山东省体育产业经济总量的贡献。

首先，人力资本是推动山东省体育产业经济增长的重要动力。随着知识经济时代的到来，人力资源在经济增长中的地位日益凸显。山东省体育产业在人力资本方面的投入，如运动员培养、教练员培训、体育科研等，能够为产业发展提供源源不断的创新动力。具备专业知识和技能的运动员和教练员能够提高训练和比赛的水平，进而提高山东省体育产业的竞争力。这种竞争力的提升不仅有助于吸引更多的投资和资源，还能够拓展市场空间，进一步推动产业的发展。

其次，人力资本在促进山东省体育产业就业方面具有积极作用。体育产业的发展不仅能够带动相关产业链的繁荣，如体育装备制造、体育媒体传播等，还能够创造大量的就业机会。具备专业技能和知识的运动员、教练员和管理人员能够为山东省体育产业提供丰富的人才资源，满足产业发展过程中不同领域的需求。随着山东省体育产业的不断壮大，对人才的需求也将不断增长。通过加强人才培养和引进，山东省体育产业能够提供更多的就业机会，缓解就业压力，同时为经济增长作出贡献。

此外，人力资本对山东省体育产业的创新发展具有关键作用。创新是推动绿色产业发展的重要支撑，而人力资本是实现创新的重要因素。具备创新意识和创新能力的运动员和教练员能够为山东省体育产业带来新的思路和方法，推动技术创新和模式创新。通过与高校和研究机构的合作，山东省体育产业能够引进先进的科技和理念，加速产业的创新发展。这种创新发展不仅能够提高山东省体育产业的竞争力和市场占有率，还能够为消费者带来更好的产品和服务，满足人们日益增长的健康和生活需求。

为了充分发挥人力资本对山东省体育产业经济总量的贡献，需要采取一系列措施。首先，应加强人才培养和引进的力度。通过建立完善的培训体系、提供丰富的实践机会以及制定吸引人才的政策，山东省体育产业能够培养和吸引更多的高素质人才。其次，应鼓励企业加大研发投入。通过提高科研人员的地位和待遇、支持企业与高校和研究机构的合作等方式，推动绿色技术的研发和创新。此外，还应注重人才的跨界融合。通过促进不同领域和行业之间的交流与合作，山东省体育产业能够实现人才的跨界融合和资源的共享与优化。

7.2 山东省体育产业高质量发展的绿色发展路径

7.2.1 大力宣传生态文明保护，提高公众环保意识

传播生态文明观念和经济可持续发展的重要性对于山东省体育产业高质量发展至关重要。首先，传播生态文明观念是推动体育产业绿色发展的基础。生态文明观念强调人类与自然环境的和谐共生，注重保护生态环境、节约资源、尊重自然规律。在体育产业领域，传播生态文明观念有助于引导企业和公众树立环保意识，采取绿色生产方式、消费方式和生活方式。在体育设施的建设过程中，可以通过采用绿色建筑材料和节能设备，减少能源消耗和环境污染；在体育产品的营销过程中，注重绿色营销和品牌建设，能够吸引消费者更多的关注和支持。经济可持续发展是实现体育产业高质量发展的关键。经济可持续发展强调在满足当代人需求的同时，不损害后代人满足需求的能力。在体育产业领域，经济可持续发展要求企业在追求经济效益的同时，注重生态效益和社会效益。通过推广绿色技术和创新，提高资源利用效率，减少环境污染，实现经济、社会和环境的协调发展。同时，经济可持续发展也要求政府采取有利于可持续发展的政策措施，如提供绿色金融支持、建立绿色采购制度等，鼓励企业采用绿色技术和生产绿色产品。

传播生态文明观念和经济可持续发展的观念可以提升山东省体育产业的竞争力和形象。通过传播生态文明观念和经济可持续发展，山东省体育产业能够树立环保意识和责任感，提高企业的形象和信誉度。同时，采用绿色技术和生产绿色产品能够提高企业的竞争力，吸引更多的消费者和支持者，能够促进山东省体育产业的转型升级。随着生态文明

观念的深入人心和经济可持续发展的要求不断提高，山东省体育产业需要加快转型升级，发展绿色低碳循环的体育产业体系。通过培育新的绿色产业和加强对传统产业的绿色改造，推动山东省体育产业向高端化、低碳化方向发展。实现经济、社会和环境的协调发展。传播生态文明观念和经济可持续发展是实现经济、社会和环境协调发展的关键。通过推广绿色技术和创新提高资源利用效率，减少环境污染，推动山东省体育产业的绿色发展，实现经济社会的可持续发展。向公众传播生态文明观念和经济可持续发展的理念对于山东省体育产业高质量发展具有重要意义。在未来的发展中，应该将生态文明观念融入体育产业发展的各个环节中，同时加强政策引导和支持，推动山东省体育产业实现绿色、低碳、循环发展，提高竞争力和形象，促进经济社会的可持续发展。

宣传路径包括：

加强宣传教育。通过各种媒体平台，包括电视、广播、报纸、互联网等，广泛宣传生态文明观念和经济可持续发展的重要性。针对不同受众群体，制作相关的宣传教育内容，包括动画、视频、公益广告等，以吸引公众的关注和参与。

开展环保活动。组织各种环保活动，如植树造林、环保徒步、垃圾分类等，让公众亲身参与环保行动，增强环保意识。同时，可以鼓励公众参与体育赛事的环保志愿服务，如担任环保志愿者、参与赛事环保宣传等。

建立绿色文化。在校园、社区、企业等各个领域，建立绿色文化，将生态文明观念融入日常工作和生活中。通过举办环保主题的讲座、研讨会、分享会等活动，让更多人了解生态文明观念和经济可持续发展的重要性。

引导消费行为。通过宣传绿色消费观念，引导公众选择环保、低碳、可持续的体育产品和服务。例如，在购买体育器材、服装、食品等时，选择符合环保标准的产品，不购买过度包装的产品。

发挥体育明星的榜样作用。体育明星在公众中具有广泛的影响力，可以通过他们的影响力传播生态文明观念和经济可持续发展的观念。例如，在比赛中使用环保材料制作的奖牌和纪念品，或者在社交媒体上分享自己的环保行动和理念。

加强政策引导。政府可以出台相关政策措施，鼓励企业和公众采取

183

绿色生产方式和生活方式。例如，对采用绿色技术的企业给予税收优惠、对购买环保产品的消费者提供补贴等。

7.2.2 政府市场间有效配合，政府提供支持

在推动山东省体育产业绿色发展的过程中，政府与市场的有效配合至关重要。政府应当提供政策支持，引导和推动体育产业向绿色、低碳、可持续的方向发展。

1. 制定绿色体育产业发展规划

政府应当制定绿色体育产业发展规划，明确发展目标和重点领域，制定相应的政策措施，引导和推动体育产业向绿色方向发展[①]。例如，可以制定绿色体育设施建设标准、绿色赛事举办标准等，为体育产业的绿色发展提供指导和保障。

2. 提供政策支持

政府可以提供政策支持，包括财政资金投入、税收优惠、金融信贷支持等，鼓励企业和个人参与绿色体育产业的发展。例如，可以设立绿色体育发展专项资金，对符合条件的绿色体育项目给予资金支持；对采用绿色技术的企业给予税收优惠；为绿色体育产业提供金融信贷支持等。

3. 加强市场监管

政府应当加强对体育市场的监管，确保市场秩序和公平竞争。对于不符合环保标准的企业和产品，应当采取相应的处罚措施，推动企业和个人遵守环保法规和标准。同时，政府还可以建立绿色采购制度，鼓励政府机构采购符合环保标准的体育产品和服务。

4. 推动科技创新

政府应当推动科技创新，鼓励企业和研究机构开展绿色技术的研发

---

① 任波、黄海燕：《"双碳"目标下我国体育产业低碳发展的现实意义、重点领域与推进策略》，载于《武汉体育学院学报》2022 年第 7 期。

和应用。例如，可以设立科技奖励基金，对符合绿色发展方向的科技创新项目给予奖励；支持企业与高校、研究机构合作开展绿色技术的研发和应用；鼓励企业引进先进的绿色技术和设备等。

5. 加强宣传教育

政府应当加强宣传教育，提高公众的环保意识和参与度。例如，可以通过媒体平台宣传绿色体育理念和环保知识；举办环保主题的公益活动和讲座；加强学校环保教育等。通过宣传教育，可以增强公众的环保意识和参与度，推动更多的人关注和支持绿色体育产业的发展。

6. 建立合作机制

政府应当建立国内外的合作机制，加强与其他地区和国家的交流与合作。通过合作交流可以引进先进的绿色技术和经验；推动山东省体育产业融入全球绿色发展体系；加强与其他相关机构的合作等。例如，可以与国内外知名的环保机构、体育产业发达的地区和国家开展合作交流；参与国际环保会议和活动等。

7.2.3　全面提升科技创新能力

全面提升科技创新能力对于山东省体育产业高质量发展具有重要意义。通过科技创新，可以推动体育产业向智能化、绿色化、数字化方向发展，提高产业的核心竞争力和可持续发展能力。

全面提升科技创新能力可以推动产业升级转型。随着科技的不断进步，体育产业也在不断发展和升级。随着科技的不断发展，体育产业也在不断发展和升级。全面提升科技创新能力可以推动山东省体育产业向高端化、智能化方向发展，提高产业的附加值和竞争力。例如，通过引入先进的技术和设备，可以提高体育设施的建设水平和使用效率，提高服务质量和消费者体验，从而满足消费者对高品质体育服务的需求。同时，科技创新还可以促进体育产业的内部结构调整和优化，推动产业向高端化、智能化方向发展，提高产业的附加值和竞争力。促进资源节约和环境保护，科技创新可以促进资源的有效利用和环境保护。通过研发和应用节能环保技术，可以降低体育设施的能源消耗和环境污染，提高产业的可持续性。例如，采用智能化的照明系统、节能型空调系统等，可以降低体育场馆的能源消耗和碳排放。优化产业结构，科技创新可以优化体育产业结构，推动产业向多元化、融合化方向发展。通过研发和应用新兴技术，可以培育新的业态和商业模式，满足消费者多样化的需求。例如，通过引入互联网＋、大数据、人工智能等技术，可以推动体育产业与相关产业的融合发展，形成新的经济增长点。提高产业质量和效益，提高企业的核心竞争力和市场占有率。通过研发和应用先进技术，可以提高体育设施的建设质量和运营效率，提高服务水平和客户满意度。例如，通过引入智能化的管理系统和设备，可以提高体育场馆的运营效率和服务质量。

1. 加强科技创新投入，推动体育产业绿色发展

政府和企业应加大对体育产业科技创新的投入力度，特别是要增加对节能环保、绿色赛事、生态体育旅游等领域的研发和应用投入。通过引入先进的节能环保技术和设备，可以降低体育设施的能源消耗和环境污染，提高产业的可持续性。同时，政府可以设立绿色体育发展专项资金，对符合条件的绿色体育项目给予资金支持，鼓励企业加大对科技创新的投入。

2. 加强产学研合作，促进体育产业绿色技术的研发和应用

应加强产学研合作，推动高校、科研机构和企业之间的合作与交流。通过建立产学研联盟、技术转移中心等平台，可以促进科技成果的转化和应用。在体育产业绿色发展方面，应重点开展节能环保技术、绿色建筑技术、生态修复技术等方面的研发和应用。同时，还应开展国际合作交流活动，引进国外先进的绿色技术和经验，加快山东省体育产业绿色发展的进程。

3. 加强人才培养和引进，为体育产业绿色发展提供人才保障

应加强人才培养和引进工作，为体育产业绿色发展提供更多的人才支持。可以通过设立人才引进计划、提供优惠政策等措施，吸引更多的高层次人才来山东从事体育产业绿色发展的相关工作。同时，还应引导高校加强体育产业相关专业的建设和人才培养工作，为山东省体育产业

高质量发展提供更多的人才保障。此外，还应鼓励企业加大对员工的绿色发展培训力度，提高员工的绿色发展意识和能力。

4. 推广绿色理念，加强宣传教育和社会监督

在推动山东省体育产业高质量发展的过程中，应积极推广绿色理念，倡导环保、节能、可持续的发展方式。政府应加强对环保、节能等方面的宣传教育活动，提高公众对绿色发展的认识和理解。同时，还应鼓励媒体和社会组织积极参与宣传和监督工作，提高社会各界对体育产业绿色发展的关注度和参与度[1][2]。

5. 完善政策法规体系，为体育产业科技创新提供制度保障

政府应建立健全相关的政策法规体系，为体育产业绿色发展提供制度保障。首先，应制定更加严格的节能环保政策和标准，推动体育设施建设和运营的环保化和绿色化。其次，应完善绿色税收优惠政策，鼓励企业采用环保技术和设备。此外，还应建立完善的绿色认证制度和市场准入机制，规范绿色产品的生产和流通[3]。

6. 发挥市场机制作用，引导社会资本投入体育产业绿色创新

在推动山东省体育产业高质量发展的过程中，应充分发挥市场机制的作用，引导社会资本投入体育产业绿色发展。首先，应建立完善的环境产权制度和排污权交易市场，使企业能够通过市场交易获得环保技术和设备的投入回报。其次，应鼓励金融机构加大对绿色体育项目的信贷支持力度，推动资本向绿色体育产业流动。此外，还应积极培育绿色体育市场主体，引导企业开展绿色生产和经营。

7.2.4　重视培养高级专门绿色人才

在山东省体育产业高质量发展的过程中，人才是关键因素之一。然

---

① 陶军、章晓俊：《"双碳"目标下我国体育产业绿色发展的未来向度和现实路径》，载于《广西科技师范学院学报》2023 年第 3 期。

② 陆思农：《"共享经济"时代体育产业发展的思考》，载于《国际公关》2023 年第 18 期。

③ 向书坚、徐应超、朱贺：《共享经济驱动包容性绿色发展：模式、机制及路径》，载于《改革与战略》2023 年第 5 期。

而，当前山东省体育产业面临的一个问题是高级专门人才的缺乏，尤其是高端人才。这制约了山东省体育产业的发展质量和水平，影响了产业的创新能力和竞争力。因此，重视培养高级专门人才，解决高端人才缺乏的问题，是推动山东省体育产业高质量发展的关键。

1. 山东省体育产业高级专门人才缺乏的原因

（1）培养机制不健全。当前，山东省体育产业人才培养主要依靠高等教育和职业培训，但现有的培养机制还存在一些问题。一方面，高等教育注重理论教学，实践环节相对薄弱，学生缺乏实际操作经验；另一方面，职业培训虽然注重实践操作，但缺乏系统性和深度，难以满足产业对高级专门人才的需求。

（2）人才流失严重。由于山东省体育产业的发展相对滞后，导致一些优秀的人才流失到其他省市。同时，由于山东省在人才引进和留用方面的政策措施不够完善，也使得一些外部的高级专门人才难以进入山东省体育产业。

（3）产业发展不均衡。山东省体育产业发展存在不均衡的现象，一些地区和领域的体育产业发展相对滞后，缺乏对高级专门人才的吸引力。同时，由于产业发展不均衡，也导致了一些优秀的人才难以充分发挥作用，影响了整个产业的发展①。

2. 解决高端人才缺乏的对策建议

（1）加强高等教育和职业培训。山东省应加大对体育产业人才培养的投入力度，加强高等教育和职业培训的质量和水平。在高等教育方面，应注重理论教学与实践操作的结合，加强实践教学环节，提高学生的实际操作能力；在职业培训方面，应建立完善的培训体系，注重系统性和深度，提高培训效果和质量。

（2）完善人才政策。山东省应制定更加完善的人才政策，吸引和留住优秀的高级专门人才。一方面，应加大对人才的投入力度，提高人才的待遇和福利；另一方面，应建立健全的人才评价机制，完善职称评定、奖励机制等措施，激励人才创新创造。

---

① 刘琨：《全民健身与体育产业协同发展的现实困境与政策选择》，载于《西安体育学院学报》2020 年第 4 期。

（3）加强产业协同创新。山东省体育产业应加强与其他相关产业的协同创新，促进资源共享和优势互补。通过与高校、科研机构等合作，推动产学研一体化发展，促进科技成果的转化和应用，提高整个产业的创新能力和竞争力①。

（4）引导企业加大投入。企业是山东省体育产业发展的主体，应引导企业加大对人才培养的投入力度。通过建立完善的人才培养机制、提供实践机会等方式，提高员工的素质和能力，满足企业对高级专门人才的需求。

（5）推进国际化合作。山东省体育产业应积极推进国际化合作，引进国外先进的技术和管理经验，促进国际交流与合作。通过与国外高校、科研机构等合作，引进国外的高级专门人才和先进技术，提高山东省体育产业的发展质量和水平。

总之，解决山东省体育产业高端人才缺乏的问题需要多方面的努力和措施，需要政府、企业、高校、社会等各方共同参与形成合力。推动山东省体育产业高质量发展需要重视人才培养并制定相关政策措施，加大对人才培养的投入力度，提高人才培养的质量和水平。需要加强与其他相关产业的协同创新，促进资源共享和优势互补，提高整个产业的创新能力和竞争力。需要引导企业加大投入并推进国际化合作，引进国外先进的技术和管理经验，提高山东省体育产业的发展质量和水平。只有这样，才能推动山东省体育产业实现高质量发展并满足人民群众对高品质体育服务的需求，促进经济社会的可持续发展②。

---

① 刘灿辉、安立仁：《移动互联时代的组织知识共享：从个体认知到团队认知》，载于《中国科技论坛》2016 年第 12 期。

② 黄海燕、康露：《新时代体育产业高质量发展的理论逻辑与实施路径》，载于《体育科学》2022 年第 1 期。

第8章 新发展阶段山东省体育产业高质量发展的开放维度

随着全球经济的快速发展，体育产业已经成为推动经济发展的重要力量。新发展阶段是中国经济社会发展的一个重要阶段，也是山东省体育产业发展的重要时期。在这个阶段，高质量发展成为体育产业的重要发展方向，而开放维度则是实现高质量发展的关键因素之一。山东省作为中国的重要省份，其体育产业的发展情况对于全省及全国的经济社会发展都具有重要意义[①]。本章旨在探讨新发展阶段山东省体育产业高质量发展的开放维度，以期为体育产业的发展提供参考。

8.1 山东省体育产业高质量发展开放维度现状和问题

8.1.1 山东省体育产业高质量发展开放现状

近年来，体育产业的发展备受关注。政府政策文件的支持，基础设施建设的经济支持、体育优质人才的培养等为其高质量发展创造了条件，产业融合、市场拓展、对外交流等方面取得了显著成果[②③]。

[①] 罗宇昕、罗湘林、杨明等：《扩大内需战略下体育产业高质量发展的理论遵循、循环堵点及畅通方略》，载于《山东体育学院学报》2023 年第 5 期。

[②] 陈丛刊、陈宁：《新时代全民健身的内涵特征、战略定位与实践指向》，载于《天津体育学院学报》2022 年第 6 期。

[③] 荀阳、黄谦、曹美娟等：《冲击解析及应对：新冠疫情影响下的体育产业高质量发展研究——基于产业关联结构的视角》，载于《成都体育学院学报》2022 年第 1 期。

1. 政策文件

2016 年，国家体育总局颁布了《体育产业"十三五"规划》，主要目标包括推进体育产业快速发展、优化体育产业结构、加强体育产业创新、培育壮大市场主体等。同时提出了建设体育产业园区的措施，推动体育产业集聚发展。随后在 2021 年颁布了了"十四五"体育产业发展规划，还提出了发展目标，包括到 2025 年，体育产业总规模达到 5 万亿元，增加值达到 1.5 万亿元，人均体育消费达到 2000 元等。同时提出了实施创新驱动发展战略、优化产业结构布局、深化体制机制改革等保障措施，旨在推动体育产业高质量发展，促进全民健身和群众体育事业发展。

国务院办公厅于 2019 年发布《关于促进全民健身和体育消费推动体育产业高质量发展的意见》提出，主要任务包括加强体育场地设施建设、丰富体育产品和服务供给、推动体育产业高质量发展等。同时强调了政府在体育产业发展中的引导作用和市场在资源配置中的决定性作用。

国务院于 2019 年 11 月发布《关于加强全民健身场地设施建设发展群众体育的意见》，该意见主要任务包括加强群众健身场地设施建设、普及体育健身活动、提高体育健身指导服务水平、推动体育产业高质量发展等[①]。

2021 年，《山东省人民政府关于加快推进新时代社会主义现代化体育强省建设的实施意见》提出了山东省体育产业发展的总体要求、主要任务和保障措施。其中，主要任务包括推进体育产业高质量发展、加快建设体育强省等。《山东省"十四五"体育产业发展规划》提出了山东省体育产业发展的指导思想、发展目标、重点任务和保障措施。其中，重点任务包括发展健身休闲产业、推动体育服务业高质量发展等。

在过去的几年里，中国政府对体育产业的发展给予了高度重视。特别是山东省，作为中国的重要体育强省，政府出台了一系列政策来推动体育产业的高质量发展。这些政策不仅强调了全民健身的重要性，还鼓励体育产业的创新和升级这些政策文件的出台实施。为山东省体育产业的发展提供了政策保障和支持，有助于推动山东省体育产业的高质

---

① 柴王军、李杨帆、李国等：《数字技术赋能体育产业高质量发展的逻辑、困境及纾解路径》，载于《西安体育学院学报》2022 年第 3 期。

量发展。

2. 基础设施

近年来，山东省在体育基础设施方面取得了很大的进步，这为体育产业发展创造了良好的环境，主要表现在以下几个方面。体育场地设施日益丰富：山东省近年来加大了对体育基础设施的投入，建设了大量体育场地，包括足球场、篮球场、羽毛球场等，满足了不同人群的健身需求；全民健身中心建设全面覆盖：山东省的每个市都已建成了全民健身中心，这些中心提供了丰富的健身设施和活动，方便了市民进行日常体育锻炼；社区体育设施不断完善：山东省许多城市的社区都配备了体育设施，为一些不便出远门的老人及儿童提供了进行身体锻炼的场所；农村体育设施逐步完善：山东省加大了对农村体育设施的投入，许多农村都建设了篮球场、乒乓球桌等设施，提高了农村居民的健身条件，同时也增强了体育健身的城乡公平性；体育场馆建设不断升级：山东省的一些重要体育场馆如奥体中心、省体育馆等进行了升级改造，提高了场馆的设施水平和使用效率，为举办大型赛事和活动提供了更好的条件；公共健身场所不断增加：山东省在城市和农村都建设了大量的公共健身场所，包括公园、广场等，方便了市民进行户外锻炼，在一定程度上也促进了人们进行体育活动；健身器材普及率不断提高：山东省许多城市和农村都安装了健身器材，让越来越多的居民了解和参与锻炼，扩大了参加体育锻炼居民的比例；体育场地设施建设注重环保：山东省在建设体育场地设施时注重环保，采用了环保材料和设计，提高了设施的环保性能，延长了设施的使用寿命，为体育的长远发展创造环境；智能化健身设施不断推广：山东省近年来推广了智能化健身设施，通过智能化系统实现了健身数据的实时监测和记录，提高了健身的科学性，帮助人们树立正确的健身观念，同时保证了体育锻炼的有效性；体育基础设施投入持续增加：山东省政府加大了对体育基础设施的投入，提供了更多的财政支持，促进了体育基础设施的发展，展现了对基础设施的政策支持。

在过去的几年中，山东省在体育基础设施的建设方面取得了显著的成就。从全民健身中心到社区体育设施，再到农村体育设施，山东省的体育基础设施已经形成了较为完善的网络，为全省居民提供了良好的健身条件。同时，山东省还通过升级改造重要体育场馆、推广智能化健身设施等措施，提高了场馆设施的水平和使用效率，进一步推动了体育产业的发展。这一发展不仅体现了山东省在体育产业方面的投资和重视，也反映了全民健身和体育消费需求的不断增长。山东省在体育场地设施建设方面表现出色，使得更多的人可以享受到体育健身的乐趣。

3. 产业融合发展情况

近年来，山东省体育产业融合发展取得了显著成果，体育产业与其他产业的融合发展情况是开放维度的重要体现。随着全民健身战略的深入实施，体育消费市场不断扩大，体育产业规模逐渐壮大。在政策层面，山东省政府出台了一系列支持体育产业融合发展的政策措施，为体育产业的快速发展提供了有力保障。同时，在市场层面，山东省积极推进体育产业与相关产业的融合发展，形成了以体育为核心，多元产业协同发展的良好格局。

在政策层面，《山东省体育产业发展规划（2018—2022 年）》提出了山东省体育产业发展的总体目标、重点任务和保障措施，是山东省体育产业融合发展的重要指导文件。《山东省全民健身实施计划（2016—2020 年）》旨在推动全民健身事业的发展，提出了加强体育设施建设、推广健身文化、支持群众性体育赛事等一系列措施。这些措施都为体育产业的融合发展创造了大环境，是加强体育产业开放维度的关键一棒。

在市场层面，体育产业与相关产业的融合发展态势良好。主要表现在以下几个方面。体育与旅游产业深度融合：山东省内的著名景点和旅游胜地，如泰山、青岛等，都举办了各种体育赛事和活动，吸引大量游客前来体验，此外，济南也举办了马拉松比赛，发放给选手们的备赛包当中，包括景点的门票，这不仅让选手丰富了比赛体验，而且带来了难忘的旅游体验，同时拉动了体育产业和旅游业的发展；体育与健康产业逐步融合：山东省的健康养生和康复保健行业逐渐与体育产业融合，迎合了体医融合的发展热潮，还提供了个性化的健身和健康管理方案，提高人们的身体素质，满足了人们对于健康生活的需求；体育装备制造与销售的融合：随着大众体育意识的不断进步，市场上对高品质的体育运动装备需求增加，山东省的体育装备制造业得到了快速发展，生产出高品质的体育器材和装备，并在国内外市场上获得了良好口碑；体育与科技产业加速融合：山东省在体育科技方面取得了不少进展，如智能化健身设施、运动科技产品的推广等，以及与人工智能的结合，满足人们对运动健身的多样化需求，增强了体育产品的针对性，带给用户更好的体验，另外还提高了体育产业的科技含量，有助于数字锻炼、数字体育的发展；体育与教育产业紧密融合：在体教融合的背景下，山东省一些高校和中小学开设了体育相关专业和课程，培养了大量的体育人才，为体育产业的发展提供了人才保障，人们对青少年体育锻炼的关注度提升，使得体育培训业迅速发展，各种体适能锻炼课推出，单个项目的体育俱乐部建立，体育兴趣班也广泛开展；体育场馆设施建设与运营的融合：山东省的体育场馆设施建设逐渐向运营方向转变，通过引入专业的管理团队和运营模式，提高了场馆的使用效率和经济效益；体育与文化产业的融合发展：山东省的一些传统文化资源与体育有着紧密的联系，如泰山是中国著名的山峰之一，每年都吸引着大量游客前来登山观光。为了推动体育与文化产业的融合发展，山东省泰安市举办了泰山国际登山节。这个活动不仅吸引了来自世界各地的登山爱好者，还融入了当地的文化元素，让游客在攀登泰山的过程中，能够体验到泰安的历史和文化底蕴。在泰山国际登山节期间，除了传统的登山比赛和观光外，还有许多文化活动，如传统手工艺品展示、民间艺术表演、泰山文化展览等。这些活动不仅让游客在登山的过程中得到了身心的放松和娱乐，还加深了他们对泰山和泰安的了解和认识。同时，泰山国际登山节也促进了泰安的旅游发展，为当地的经济和文化产业带来了巨大的收益。通过这些文化的传承和发扬，推动了体育与文化产业的融合发展；国内外体育产业合作日益加强：山东省积极引进国外先进的体育产业理念和资源，同时推动省内体育企业走向国际市场，加强了国内外体育产业的合作与交流；创新驱动成为体育产业融合发展的新动力：山东省鼓励创新在体育产业中的应用，通过引入创新技术和模式，推动了体育产业的转型升级和创新发展；体育产业多元化发展：山东省的体育产业已经不再局限于传统的健身、培训等领域，而是向更加多元化的方向发展，包括体育旅游、体育媒体、体育保险等多个领域。

山东省体育产业融合发展的表现形式多样化。政府通过出台相关政策、加强监管等措施，促进了体育产业与其他产业的融合。同时，市场也通过创新商业模式、拓展销售渠道等方式，推动了体育产业的融合发展。这些措施的实施，为山东省体育产业的高质量发展奠定了坚实的基础。

194

4. 对外交流

在当今全球化的背景下，体育产业的发展已不再局限于国内市场，而对外开放成为了推动体育产业高质量发展的重要途径。作为经济大省的山东省，其体育产业对外开放也取得了显著的成果。通过加强对外开放和合作，山东省可以吸引更多的国内外资源和资本，推动本土企业的发展和升级，提高山东省在全球体育产业中的地位和影响力。

泰山国际登山节是山东省泰安市举办的大型旅游节庆活动，每年都吸引了来自世界各地的游客前来登山观光。在过去的几年中，泰山国际登山节不断扩大对外开放程度，与国外知名旅游机构合作，推出了一系列精彩的国际赛事和旅游活动。例如，泰山国际登山节曾与美国国家地理杂志合作，推出"征服泰山"国际登山挑战赛，吸引了来自世界各地的登山爱好者前来挑战。此外，泰山国际登山节还举办了国际旅游文化博览会、国际山地户外运动挑战赛等活动，促进了泰安的旅游发展。泰山国际登山节的对外开放不仅推动了泰安的旅游发展，也为山东省的体育产业带来了更多的机会和挑战。通过与国外知名旅游机构的合作，泰山国际登山节提高了自身的品牌价值和知名度，进一步吸引了更多的国内外游客前来观光和旅游。同时，泰山国际登山节的对外开放也促进了山东省内其他旅游景点的发展，推动了山东省旅游业的整体发展。

青岛奥帆中心是 2008 年北京奥运会帆船比赛场地，具有世界一流的设施和条件。在过去的几年中，青岛奥帆中心不断加强对外开放合作，与国外知名体育机构和赛事组织合作，推出了一系列精彩的体育赛事和活动。例如，青岛奥帆中心曾举办了沃尔沃环球帆船赛、克利伯环球帆船赛等国际知名赛事。这些赛事吸引了来自世界各地的顶尖选手和观众前来参赛和观赛，提高了青岛在国际体育界的影响力和知名度。此外，青岛奥帆中心还与德国梅克伦堡州建立了长期合作关系，共同举办了多届中德国际帆船交流活动。这些活动为两国之间的文化交流和合作提供了平台，也提高了青岛在国内帆船运动领域的地位和影响力。青岛奥帆中心的对外开放不仅推动了青岛的体育发展，也为山东省的体育产业带来了更多的机会和挑战。通过与国外知名体育机构和赛事组织的合作，青岛奥帆中心提高了自身的品牌价值和知名度，进一步吸引了更多的国内外选手和观众前来参赛和观赛。同时，青岛奥帆中心的对外开放也促进了山东省内其他体育设施的发展，推动了山东省体育产业的整体发展。

山东体育学院是一所具有较高声誉的体育高等学府，拥有优秀的师资力量和教学设施。近年来，山东体育学院不断加强对外开放办学力度，与国外多所知名体育院校建立了合作关系，开展了一系列国际交流与合作项目。例如，山东体育学院与美国春田学院、澳大利亚悉尼科技大学等建立了交流关系，开展学生互换、学术研讨等多种形式的合作。这些合作项目为山东体育学院的学生提供了更广阔的学术视野和职业发展机会，也提高了学院在国际体育界的影响力和知名度。此外，山东体育学院还积极引进国外先进的教学模式和课程设置，开设了多个国际化特色专业和课程，为国内外学生提供了更广阔的学术视野和职业发展机会。

我们可以看到，山东省在新发展阶段下，体育产业的对外开放已经取得了显著的成果。通过引进国外先进的体育产业理念和资源，山东省成功地举办了多项国际性体育赛事，提高了山东省在国际体育领域的影响力。同时，山东省也积极推动本土体育企业走向国际市场，加强对外投资和合作，实现了资源共享、互利共赢。未来，随着全球经济的不断发展和全球化的深入推进，山东省体育产业的对外开放将面临更多的机遇和挑战。为了实现高质量发展的目标，山东省需要继续深化改革，优化产业结构，加强创新驱动，提高体育产业的核心竞争力。

5. 人才培养情况

近年来，山东省体育产业在人才培养方面取得了长足的进步，为山东省体育产业的快速发展提供了强有力的人才支持。作为经济大省的山东省，其体育产业人才培养成果丰硕。近年来，山东省积极推动体育产业与教育、科技等产业的融合发展，加强了与国内其他地区和国际体育组织的合作与交流，为山东省体育产业人才培养提供了更广阔的平台和资源。一方面，山东省加大了对体育产业人才的培养力度。省内各大高校纷纷开设了体育产业相关专业和课程，培养了大量的高素质体育产业人才。同时，山东省还加强了对基层体育工作人员的培训和提高，为山东省体育产业的快速发展提供了坚实的人才基础。另一方面，山东省还积极引进国内外优秀的体育产业人才。

近年来，山东省内的多所高校纷纷开设了体育产业相关专业和课程，培养了大量的高素质体育产业人才。这些大学通过改进课程、加强教学人员和与企业合作，为体育行业建立了一个相对完善的培训体系。例如，山东大学开设了体育经济管理系，培养了大量体育赛事规划、运营和管理人才。青岛大学设立了体育新闻和传播专业，培训了大量体育记者和编辑。山东体育学院则通过与企业合作，开展了定制化的人才培养计划，为山东省的体育产业提供了大量专业人才。

除了高校培养的高层次人才外，山东省还十分注重基层体育工作人员的培训和提高。山东省内的各个市、县、区都设立了体育培训机构，对基层体育工作人员进行定期的培训和提高。这些培训内容包括体育技能、体育管理、体育营销等多个方面，旨在提高基层体育工作人员的业务水平和综合能力。同时，山东省还鼓励高校与基层体育机构合作，开展各种形式的社会服务活动，帮助基层体育工作人员提高技能和管理水平。

为了更好地满足山东省体育产业快速发展的需求，山东省还积极引进国内外优秀的体育产业人才。通过优惠政策和良好的发展环境，山东省吸引了大批高层次、有经验的专业人才来到山东，为山东省体育产业的发展注入了新的活力和动力。同时，山东省还注重留用人才，通过提供良好的工作环境和福利待遇等方式，留住本土培养的优秀体育产业人才。

综上所述，以上几个例子展示了山东省在体育产业人才培养方面的不同措施和成果。这些措施包括高校开设相关专业和课程、基层体育工作人员培训与提高计划以及引进优秀体育产业人才等。通过这些措施的实施，山东省培养了大量的高素质体育产业人才，为山东省体育产业的快速发展提供了强有力的人才支持。

8.1.2　山东省体育产业高质量发展开放维度存在的问题

开放维度是衡量一个地区体育产业国际竞争力的关键因素之一，也是推动体育产业高质量发展的重要保障。近年来，山东省体育产业在政策支持、市场拓展、人才培养等方面取得了一定的进展，但仍存在诸多问题和挑战。例如，政策环境不够完善，缺乏针对性和系统性的政策支持；市场机制不够成熟，市场主体和中介机构的作用尚未充分发挥；人才短缺问题日益突出，高层次人才和国际化人才引进和培养力度不足；国际交流合作尚处于初级阶段，缺乏深度和广度。这些问题不仅制约了山东省体育产业的发展速度和质量，也影响了其在国内外的竞争力和影响力。

1. 政策环境不够完善

在新发展阶段，山东省体育产业的高质量发展对于推动山东省乃至全国的经济发展具有重要意义。然而，当前山东省体育产业在开放维度上面临着一系列问题，其中最为突出的是政策环境不够完善。政策环境是影响体育产业发展的关键因素之一，政策环境的不足将直接影响体育产业的发展质量和速度。

（1）政策支持力度不足。

尽管山东省政府已经出台了一系列支持体育产业发展的政策，但是政策的支持力度和覆盖面仍显不足。例如，对于一些具有较大发展潜力的体育项目，缺乏专项资金的支持和引导，导致这些项目的发展受到限制。此外，政策的审批程序较为烦琐，申请门槛较高，使得一些小型体育企业和个人难以获得政策支持。

山东省政府应加大对体育产业的支持力度，通过设立专项资金、提供税收优惠等方式，鼓励企业和个人参与体育产业的发展。同时，应降低政策的申请门槛，使得更多的小型体育企业和个人能够获得政策支持。

（2）政策缺乏系统性和延续性。

在发展和实施过程中，山东省体育产业缺乏系统的政策和连续性。有些政策缺乏长期规划和制定的一致性。此外，一些措施在执行过程中缺乏监测和评价机制，执行效率低下。

山东省政府应制定更为科学、全面、有针对性的政策支持体系，加强政策之间的衔接和配合。同时，要建立政策的评估和监督机制，确保政策的实施效果。此外，应注重政策的延续性，使得企业和个人能够形成长期的投资和发展预期。

（3）政策与市场需求不匹配。

山东省体育产业政策的制定往往更注重政府的管控和引导，而忽视了市场和社会的需求。这种不匹配的情况导致政策难以真正落地生根，企业和个人的参与度和积极性不高。例如，一些政策对于体育产业的准入门槛设置较高，使得一些有创新潜力的企业和个人难以进入体育产业。

山东省政府应更加关注市场和社会的需求，制定与市场需求相匹配的政策。例如，可以通过降低体育产业的准入门槛，鼓励更多的企业和个人参与体育产业的发展。同时，可以引入市场竞争机制，推动体育产业的良性发展。

综上所述，山东省体育产业政策环境不够完善的问题主要体现在政策支持力度不足、政策缺乏系统性和延续性以及政策与市场需求不匹配等方面。为了推动山东省体育产业的高质量发展，必须采取措施解决这些问题。通过加强政策支持力度、完善政策的系统性和延续性以及提升政策与市场需求的匹配度等措施的实施，可以进一步推动山东省体育产业的快速发展和质量提升。

2. 基础设施面临问题

基础设施是体育产业发展的基石，也是体育产业高质量发展的重要保障。目前，山东省体育产业基础设施面临一系列挑战。这些问题不仅限制了山东省体育产业发展的速度和质量，还影响了在国内外的竞争力和影响力。为了促进山东省体育产业的高质量发展，必须采取一系列措施解决这些问题。

（1）设施数量不足。

尽管山东省在体育设施建设方面取得了一些进展，但总体来说，现有的体育设施数量仍然无法满足日益增长的体育需求。特别是在一些城市和农村地区，体育设施的数量明显不足，导致很多人无法方便地进行体育锻炼和参与体育活动。

为了满足日益增长的体育需求，山东省需要进一步增加体育设施的数量。特别是在城市和农村地区，需要建设更多的公共体育设施，以便更多的人可以方便地进行体育锻炼和参与体育活动。此外，也可以鼓励社会力量参与体育设施的建设，如通过政府和社会资本合作的方式，吸引社会资本投资建设体育设施。

（2）设施质量参差不齐。

山东省体育设施的质量也存在较大的差异。一些大型体育设施的质量较高，但一些小型设施，特别是一些位于农村地区的设施，存在设施老化、使用不当等问题，导致这些设施的使用寿命较短，安全性也难以保障。

山东省需要加强对现有体育设施的质量监管和使用维护。对于一些存在问题的设施，需要及时进行维修和更新。同时，也需要加强对新建设施的质量把控，确保新建设施的质量符合标准。通过提高设施的质量，可以延长设施的使用寿命，提高安全性，从而更好地满足人们的体育需求。

（3）设施分布不均衡。

山东省体育设施的分布也存在着不均衡的现象。在城市地区，由于人口集中和土地资源紧张，体育设施的分布相对密集。而在农村地区，由于人口分散和经济条件限制，体育设施的分布则相对稀疏。这种不均衡的分布现象也导致了城乡之间、不同地区之间的体育发展差距。

为了解决设施分布不均衡的问题，山东省需要加强对农村地区和欠发达地区的体育设施建设。可以通过政府投资、鼓励社会力量参与等方式，在这些地区建设更多的体育设施。同时，也需要加强对这些地区的宣传和推广，提高人们对体育锻炼的认识和参与度。通过均衡设施分布，可以缩小不同地区之间的差距，推动山东省体育产业的均衡发展。

综上所述，山东省体育产业基础设施面临的问题主要包括设施数量不足、设施质量参差不齐以及设施分布不均衡等问题。为了推动山东省体育产业的高质量发展，需要采取一系列措施解决这些问题。通过增加设施数量、提高设施质量以及均衡设施分布等措施的实施，可以进一步推动山东省体育产业的快速发展和质量提升。只有解决好当前面临的诸多问题和挑战，才能实现山东省体育产业的快速发展和质量提升。

3. 产业融合发展不够深入

融合发展是推动体育产业高质量发展的关键因素之一，也是实现体育产业与相关产业深度融合和协同发展的重要途径。然而，山东省体育产业发展的整合目前带来了一系列挑战，阻碍了该省体育产业的高质量发展。

（1）融合程度不高。

尽管山东省体育产业在融合发展方面取得了一些进展，但总体来说，融合的程度仍然不高。许多体育企业和机构仍然处于各自为政的状态，缺乏与其他产业之间的深度合作和协同发展。这导致了资源分散、重复建设等问题，影响了山东省体育产业的综合竞争力和发展效益。

为了推动山东省体育产业的高质量发展，需要进一步提高体育产业与其他产业之间的融合程度。鼓励企业之间进行深度合作，实现资源共享、优势互补，形成协同发展的良好格局。同时，政府可以出台相关政策引导企业进行跨产业合作，推动山东省体育产业的综合发展和整体竞争力的提升。

（2）融合领域单一。

目前，山东省体育产业融合发展的领域相对单一，主要集中在体育旅游、体育健身等领域。而在体育科技、体育文化等领域，融合发展的程度还相对较低。这种单一的融合领域限制了山东省体育产业的多元化发展和创新能力的提升。

山东省体育产业融合发展的领域需要进一步拓展。除了传统的体育旅游、体育健身等领域，还应加强在体育科技、体育文化等领域的融合发展。通过拓展融合领域，可以推动山东省体育产业的多元化和创新能力的提升，增强其在国内外市场的竞争力。

（3）融合政策不完善。

山东省缺乏促进体育产业一体化和发展的完善政治制度。目前的政策主要侧重于体育产业本身的发展，目前还没有具体的政策方向或支持融入其他产业。其结果是缺乏对企业跨部门整合的政治支持，阻碍了山东省体育产业整合的发展进程。

为了推动山东省体育产业融合发展的进程，需要进一步完善相关的政策体系。政府可以出台具体的政策措施，引导和支持企业进行跨产业的融合和发展。同时，可以设立专门的机构或委员会负责协调和管理体育产业与其他产业之间的融合发展事务，为企业提供更多的政策支持和指导。

综上所述，山东省体育产业融合发展存在融合程度不高、融合领域单一以及融合政策不完善等问题。为了推动山东省体育产业的高质量发展，需要采取一系列措施解决这些问题。通过提高融合程度、拓展融合领域以及完善融合政策等措施的实施，可以进一步推动山东省体育产业的协同发展和整体竞争力的提升。

4. 对外交流不够深入

对外开放是推动体育产业发展的重要动力之一，也是实现体育产业与国际接轨和提升国际竞争力的重要途径。然而，当前山东省体育产业对外开放存在着一系列挑战，这些问题制约了山东省体育产业的高质量发展，因此，必须正视这些问题，并寻找有效的解决方案。

（1）对外开放程度不高。

尽管山东省在体育产业方面取得了一些进展，但总体来说，其对外开放程度仍然不高。这主要表现在以下几个方面：一是缺乏与国际接轨的体育企业和赛事，二是缺乏国际化的体育人才和团队，三是缺乏与国际合作的经验和技术。这些因素导致山东省体育产业在国际市场上的竞争力不足，难以吸引更多的国际资源和市场。

为了促进山东体育产业的高质量发展，需要进一步提高对外开放水平。一方面，鼓励和支持体育企业加强国际联系，积极引进和整合国际先进体育企业和赛事，提升山东体育产业的国际竞争力。另一方面，加强国际人才引进和培养，推动山东省体育产业与国际接轨的人才队伍建设。通过提高对外开放程度，可以吸引更多的国际资源和市场，推动山东省体育产业的快速发展。

（2）对外开放领域单一。

目前，山东省体育产业对外开放的领域主要集中在体育旅游和体育用品贸易等方面，而在其他领域如体育科技、体育文化等对外开放还相对较少。这种单一的对外开放领域限制了山东省体育产业的多元化发展和创新能力的提升。同时，也使得山东省体育产业在国际市场上的形象过于单一，难以吸引更多的国际资源和市场。

山东省体育产业需要进一步拓展对外开放的领域。除了传统的体育旅游和体育用品贸易领域，还应加强在体育科技、体育文化等领域的对外开放。通过拓展对外开放领域，可以推动山东省体育产业的多元化发展和创新能力的提升。同时，也可以通过多元化的合作模式，吸引更多的国际资源和市场，提升山东省体育产业的国际竞争力。

（3）对外开放政策不完善。

山东省在推动体育产业对外开放方面缺乏完善的政策体系。现有的政策主要集中在体育产业本身的发展上，而针对对外开放的政策引导和支持则相对较少。这导致企业在拓展国际市场时缺乏政策支持，限制了山东省体育产业对外开放的进程。同时，也使得山东省体育产业在国际市场上的竞争力不足，难以吸引更多的国际资源和市场。

为了推动山东省体育产业对外开放的进程，需要进一步完善相关的政策体系。政府可以出台具体的政策措施，引导和支持企业进行对外开放。同时可以设立专门的机构或委员会，负责协调和管理体育产业对外开放事务，为企业提供更多的政策支持和指导，通过完善对外开放政策体系，可以推动山东省体育产业的高质量发展。

5. 国际化人才短缺问题日益突出

人才培养是推动体育产业发展的重要支撑之一，也是实现体育产业持续发展和提升国际竞争力的重要途径。山东省作为中国的体育大省，对于体育人才的培养一直高度重视。然而，当前山东省体育产业人才培养存在着一系列挑战，我们必须寻找有效的解决方案。

（1）培养目标不明确。

当前，山东省体育产业人才培养的目标不够明确。许多高校和培训机构在培养体育人才时缺乏清晰的定位和目标，没有根据市场需求和产业发展趋势来制定具体的培养计划。这导致培养出来的人才无法满足市场的需求，阻碍了山东省体育产业的进一步发展。

为了推动山东省体育产业的高质量发展，需要明确人才培养的目标。高校和培训机构应根据市场需求和产业发展趋势，制定具体的培养计划和方案，以满足市场的需求和推动产业的发展。同时，应注重培养学生的综合素质和创新能力，提高他们的竞争力和适应能力。

（2）培养内容单一。

山东省体育产业人才培养的内容相对单一，缺乏多元化的课程设置。许多高校和培训机构在培养体育人才时过于注重传统的体育技能培训，而忽视了新兴领域的知识和技能培养。这使得培养出来的人才无法适应体育产业的新发展和新趋势，缺乏创新能力和竞争力。

山东省体育产业人才培训应侧重于项目多样化。除了传统的运动训练外，还应增加新的知识和技能建设领域。例如，可以组织体育管理、体育营销、体育技术课程，以培养学生的一般素质和创新能力。

（3）培养方式落后。

山东省体育产业人才培养的方式相对落后，缺乏创新和灵活性。许多高校和培训机构在培养体育人才时仍采用传统的课堂教学模式，缺乏实践性和创新性。这使得培养出来的人才缺乏实际操作能力和创新思维，无法适应市场的变化和产业的发展。

高校和培训机构应创新人才培养方式，采用实践性和创新性的教学方式。例如，可以开展实践教学、合作教育、实习实训等活动，以培养学生的实际操作能力和创新思维。同时，还可以采用现代化的教学手段和工具，如网络教学、虚拟仿真等，以提高教学效果和质量。

（4）高层次人才和国际化人才引进和培养力度不足。

在山东省的体育产业中，高层次人才和国际化人才的短缺问题十分突出。尽管山东省拥有众多的体育机构和相关企业，但其中的高层次人才和国际化人才比例相对较低。这使得山东省在体育产业的竞争中，难以与国内外的先进企业相抗衡。

高层次人才和国际化人才的引进和培养，对于山东省体育产业的高质量发展至关重要。首先，这些人才具有国际视野和先进的管理经验，能够为山东省的体育产业带来新的发展思路。其次，他们具有创新精神和实践能力，能够推动山东省的体育产业技术创新和产品升级。最后，他们能够吸引更多的资金和技术支持，提升山东省的体育产业竞争力。

为了解决高层次人才和国际化人才的短缺问题，山东省需要采取一系列措施。首先，政府应加大对体育产业人才培养的投入，建立完善的培训体系和激励机制。其次，高校应加强体育产业相关专业的建设和师资力量的培养，以培养更多的高层次人才。此外，企业也应积极引进和培养国际化人才，通过提供良好的工作环境和福利待遇，吸引更多的人才来到山东省的体育产业。

总之，解决山东省体育产业人才培养问题需要各方共同努力。通过明确培养目标、多元化课程设置、创新培养方式以及加强师资力量等措施的实施，可以推动山东省体育产业的高质量发展，并为山东省体育产业的繁荣发展提供强有力的人才保障。

8.1.3　山东省体育产业高质量发展开放维度面临的挑战

1. 国际竞争压力的挑战

随着全球化的推进，体育产品的国际市场竞争日益激烈。国内外体育品牌都在努力提高自身的竞争力，以在全球市场上获得更多的份额。对于中国体育产业来说，面临的主要挑战之一是如何在日益激烈的国际竞争中保持竞争优势，提高产品质量和创新能力，同时扩大市场份额。

（1）提高产品质量和技术含量。

在日益激烈的国际竞争中，提高产品质量和技术含量是关键。中国体育产品在生产技术和品质上与国际知名品牌存在一定差距。为了缩小差距，中国体育企业需要加大技术研发和产品创新的力度，不断提高产品质量和技术含量。同时，加强品牌建设，提高品牌的知名度和美誉度，以吸引更多消费者。

（2）加强创新能力。

创新能力是保持竞争优势的关键。中国体育企业需要不断加强创新能力，推出符合市场需求的创新产品。通过加强与科研机构和高校的合作，引进先进技术，开展技术攻关和创新活动，提高企业的创新能力。同时，注重知识产权保护，加强专利申请和保护工作。

（3）拓展市场份额。

拓展国际市场份额是提高企业竞争力的关键。中国体育企业需要加强对海外市场的研究和了解，根据不同市场的需求和文化特点来制定营销策略和推广活动。通过参加国际展会、开展跨境电商等渠道，积极拓展海外市场，提高产品在国际市场上的占有率。

（4）应对贸易保护主义措施。

随着全球贸易保护主义的抬头，贸易壁垒和关税等措施给中国体育产品的出口带来了挑战。为了应对这些挑战，中国体育企业需要加强对国际贸易规则和相关法律法规的学习和了解，积极应对贸易保护主义措施。同时，通过提高产品质量和技术含量、拓展海外市场等手段，增强企业的抗风险能力。

（5）加强合作与联盟。

在竞争激烈的国际市场中，合作与联盟是一种有效的战略手段。中国体育企业可以通过与国内外企业、研究机构等建立合作关系，共同研发新产品和技术，共享市场资源，提高企业的竞争力。同时，通过与国际知名品牌的合作与联盟，可以借助其品牌影响力和渠道优势，拓展海外市场，提高产品在国际市场上的知名度和占有率。

总之，中国体育产品面临国际竞争激烈的挑战。为了应对这些挑战并保持竞争优势，需要不断提高产品质量和技术含量、加强创新能力、拓展海外市场、加强人才培养和引进以及加强合作与联盟等多个方面的工作。只有在这些方面取得突破和进展，才能推动中国体育产业实现高质量发展并走向世界舞台。

2. 市场竞争不公平的挑战

在体育产业的发展过程中，市场竞争不公平是个重要问题。这个问题的存在不仅影响了体育产业的健康发展，也损害了市场经济的公平性和效率。在体育产业中，市场竞争不公平主要表现在以下几个方面。

（1）资源分配不均。

在体育产业的发展过程中，资源的分配往往是不均衡的。一些大型体育企业和组织占据了更多的资源，而一些小型企业则缺乏必要的资源支持，这导致了市场竞争的不公平。大型企业和组织通常拥有更多的资金、技术和人才优势，能够更好地推广和营销自己的产品和服务，从而在市场竞争中占据更大的份额。

这种资源分配不均的现象不仅存在于不同地区之间，也存在于不同的人群之间。一些发达地区和富裕人群享有更多的体育资源和设施，而一些欠发达地区和贫困人群则缺乏基本的体育设施和服务。这种资源不平等现象也限制了体育产业的发展。

应通过完善市场机制，建立公平竞争的市场环境，打破地区封锁和行业垄断，加强政府监管的同时引入市场竞争机制，激活体育产业各个领域的发展。政府应加强对市场的监管力度，完善相关法律法规体系，严惩各种违法违规行为，维护市场秩序和公平竞争，同时积极引导社会力量参与体育事业的发展，激发市场活力。

（2）规则制定和执行不公。

在一些体育比赛中，比赛规则的制定和执行往往存在不公平现象。一些运动员或团队可以利用规则漏洞或不当手段来获得更多的利益，而其他参与者则可能受到不公正的待遇。例如，在足球比赛中，一些球队可能会利用裁判的失误或不当执法来获得不应有的进球或点球机会，从而影响比赛结果。

这种规则制定和执行不公的现象不仅存在于不同的运动员或团队之间，也存在于不同的比赛项目之间。一些比赛项目可能会因为规则的不完善或执行不严格而存在不公平现象，影响了比赛的公正性和信誉度。

行业自律是解决市场竞争不公平问题的有效途径之一。通过行业协会、联盟等组织的形式企业可以共同制定行业标准和质量标准，建立公平的竞争规则和秩序，共同维护行业的整体利益和形象。同时行业自律组织也可以发挥监管作用，对违规企业进行惩处，维护市场公平竞争。此外，行业自律组织还可以通过加强企业间的合作与交流，帮助企业解决各种实际问题，提高整个行业的竞争力和发展水平。

（3）机会不平等。

在体育产业发展中，一些企业和个人可能拥有更多的机会和优势，而其他企业和个人则可能面临更多的困难和挑战。这种机会不平等现象可能导致市场垄断和市场分割，限制了竞争和创新，也损害了市场经济的效率和公平性。例如，一些体育场馆可能因为地理位置、设施条件等因素而无法获得更多的比赛和演出机会，从而影响了其经营和发展。

这种机会不平等的根源在于市场机制的不完善和市场主体的差异。一些企业或个人可能会因为自身条件的不足而无法获得更多的机会和优势，从而在市场竞争中处于不利地位。

政府可以通过政策引导、财政支持等方式推进体育资源的均衡分配，保障各地区和人群的基本体育权益。同时也可以鼓励社会力量参与体育事业的发展，通过捐赠、募捐等方式筹集资金，建设更多的体育设施和服务网点，满足广大人民群众的体育需求，进而促进体育市场的繁荣发展。此外，还可以通过开展体育普及教育活动提高广大人民群众的体育意识和素养，鼓励更多的人参与体育消费，为体育市场的发展提供更广阔的空间。

为了解决市场上的不公平竞争问题，整个社会必须共同努力。政府、市场参与者、行业团体和公众都必须发挥作用，共同努力促进体育产业的健康发展。政府应加强对体育产业的支持，完善相关法律法规和市场体系，大力保障体育产业的发展。为了促进体育产业的发展，市场参与者必须加强自身建设，提高运营水平和竞争力。行业协会应积极发挥桥梁作用，加强行业自律，促进行业健康发展。公众应积极参与体育消费，提高对体育的认识。只有全社会共同努力，才能有效解决市场竞争的不公正问题，促进体育产业的可持续健康发展。

3. 法律法规限制的挑战

体育产业市场法律法规限制的背景和原因主要是出于对消费者权益的保护、市场公平竞争的维护和公共利益的保障。这些限制措施是政府对体育市场进行监管和规范的重要手段，也是保障体育市场健康有序发展的必要条件。这些法律法规限制也给体育产业带来了一些挑战。一方面，一些限制措施过于严格，制约了体育产业的发展空间。例如，一些国家对体育赛事的转播权销售进行了严格的控制，使得一些体育组织和俱乐部难以获得合理的收益。另一方面，一些限制措施存在漏洞和不合理之处，给一些不法企业和个人提供了可乘之机。例如，一些国家对运动员转会和注册的规定不够严格，使得一些运动员的权益受到侵害。

（1）制约了体育产业的发展速度和规模。

一些体育企业和组织难以获得足够的支持和保障，无法快速发展和壮大。这不仅影响了体育产业的规模和效益，也制约了体育产业在国民经济中的地位和作用。

需要完善法律法规体系。政府应该加强对体育市场法律法规的修订和完善工作，建立完善的法律法规体系，保障体育市场的健康有序发展。同时，应该注重平衡保护消费者权益、维护市场公平竞争和保障公共利益之间的关系，避免过度限制对体育产业发展的影响。

（2）影响了市场资源的配置和利用效率。

一些优质的体育资源无法得到合理的配置和利用，导致资源浪费和市场效率低下。这不仅影响了体育产业的发展质量，也影响了市场经济的运行效率。

应当加强监管和执法力度。政府应该加强对体育市场的监管和执法力度，严厉打击各种违法违规行为，保障体育市场的规范有序发展。同时，应该注重加强对体育组织和企业的管理和监督工作，提高其规范经营意识和诚信经营水平。

（3）影响了体育产业的创新和竞争力。

一些新兴的体育业态和商业模式无法得到合理的支持和保障，难以快速发展和壮大。这不仅影响了体育产业的创新能力和竞争力，也影响了市场经济的创新发展和国际竞争力。

应该加强行业自律和社会监督。行业自律组织和社会公众应该积极参与体育市场的监督和管理过程，加强行业自律和社会监督的作用可以促进体育市场的规范有序发展，同时也可以提高社会公众对体育市场的认知度和参与度，有利于形成良好的市场氛围和社会环境。

4. 文化差异的挑战

在全球化背景下，体育产业的发展日益受到文化差异的挑战。不同国家和地区之间的文化差异对体育产业的影响主要体现在以下几个方面。

（1）价值观念差异的挑战。

不同国家和地区的文化背景和价值观存在差异，这使得体育产业在发展过程中面临价值观念差异的挑战。价值观念差异可能导致对体育市场开发和运营模式的认知和需求存在差异，给体育产业的发展带来一定的挑战。

（2）市场需求差异的挑战。

不同国家和地区的文化背景和市场需求存在差异，这使得体育产业在市场拓展过程中面临市场需求差异的挑战。例如，在一些西方国家，人们对体育赛事的观赏需求较高，更喜欢通过电视或网络观看体育赛事；而在一些东方国家，人们对体育健身的需求较高，更喜欢通过参加体育活动来锻炼身体。这种市场需求差异可能导致体育产业在市场开发和运营过程中难以满足不同国家和地区的消费者需求，给市场拓展带来一定的挑战。

（3）商业模式差异的挑战。

不同国家和地区的文化背景和商业模式存在差异，这使得体育产业在商业模式创新过程中面临商业模式差异的挑战。例如，在一些西方国家，体育产业的发展以职业体育为主导，通过广告和转播权销售获得收益；而在一些东方国家，体育产业的发展以公共体育为主导，通过政府投资和门票销售获得收益。这种商业模式差异可能导致体育产业在商业模式创新过程中难以适应不同国家和地区的商业环境，给企业发展带来一定的挑战。

（4）人才流动差异的挑战。

不同国家和地区的文化背景和教育体系存在差异，这使得体育产业在人才流动过程中面临人才流动差异的挑战。例如，在一些西方国家，体育产业人才的培养和教育体系较为完善，人才流动性较高；而在一些东方国家，体育产业人才的培养和教育体系尚不完善，人才流动性较低。这种人才流动差异可能导致体育产业在人才流动过程中难以获得足够的人才支撑和发展动力，给产业发展带来一定的挑战。

为了应对这些挑战，需要加强对不同国家和地区文化背景和价值观的了解和研究，制定针对性的市场开发和运营策略；加强对不同国家和地区市场需求和文化特点的了解和研究，创新适合当地市场的商业模式和运营策略；加强对不同国家和地区人才流动和文化特点的了解和研究，制定针对性的人才引进和培养策略；加强国际合作和交流，促进不同国家和地区之间的文化交流和理解，推动体育产业的协同发展。只有通过开放和合作，才能更好地应对文化差异对体育产业的挑战，推动体育产业的持续健康发展。

5. 经济波动的挑战

在全球化背景下，体育产业的发展也面临着经济波动的挑战。经济波动对体育产业的影响主要体现在以下几个方面：财政投入、市场需求、投资和经营风险等。接下来从开放维度的角度出发，探讨体育产业面对经济波动的挑战。

（1）财政投入不足的挑战。

在经济波动的情况下，政府财政收入往往会受到影响，导致对体育产业的财政投入不足。这种挑战主要体现在以下几个方面：基础设施建设投入不足，体育产业的发展需要完善的基础设施支持，如体育场馆、健身设施等。政府财政收入减少，往往会导致对基础设施建设的投入不足，制约了体育产业的发展；人才培训和引进不足，体育产业的发展需要大量的人才支撑，包括教练员、运动员、管理人员等。政府可能会削减对人才培训和引进的投入，导致人才流失和短缺，给产业发展带来困难；赛事组织和推广不足，体育赛事是体育产业的重要组成部分，但在经济波动的情况下，政府可能会削减对赛事组织和推广的投入，导致赛事质量下降、观众减少，给产业发展带来负面影响。

（2）市场需求波动的挑战。

经济波动也会导致体育市场需求的变化，给体育产业带来挑战。这种挑战主要体现在以下几个方面：在经济波动的情况下，消费者购买力可能会下降，导致对体育产品和服务的消费需求减少。这可能会给体育产业带来一定的冲击，尤其是对于一些中低端体育消费市场来说更是如此；一些企业可能会面临经营困难，导致市场竞争加剧。这可能会使得一些体育企业面临市场份额被抢占、利润下降等挑战；投资风险可能会加大，导致一些投资者对体育产业的投资更为谨慎。这可能会使得一些体育企业面临融资困难、投资不足等挑战。

为了应对经济波动对体育产业的挑战，需要采取以下措施和建议：多元化资金来源，政府应该加大对体育产业的财政投入力度，同时鼓励企业、社会组织和个人的多元化投入，形成政府主导、社会参与、市场运作的多渠道资金来源体系，这样可以降低政府财政收入波动对体育产业的影响；加强市场调研和预测，体育产业应该加强对市场的研究和分析，了解市场需求的变化趋势和特点，制定针对性的市场开发和运营策略，这样可以更好地适应市场需求的变化，提高市场竞争力；提高企业经营能力和风险管理水平，体育企业应该加强自身的经营能力建设和管理水平提高，建立完善的风险管理制度和内部控制机制，加强复原力和竞争力，以更好地应对与经济波动相关的挑战和风险；加强国际交流与合作，学习利用先进的国际经验和技术，提高创新能力和竞争力。

总之，经济波动是体育产业发展过程中不可避免的挑战之一。只有通过多元化资金来源、加强市场调研和预测、提高企业经营能力和风险管理水平、加强国际合作和交流等多种措施的综合运用才能更好地应对经济波动带来的挑战和风险，推动体育产业持续健康发展。

8.1.4 山东省体育产业高质量发展开放维度面临的机遇

1. 开放政策

随着全球化的不断深入，体育产业逐渐成为各国经济发展的重要领域。开放政策是推动体育产业发展的关键因素之一，它为体育产业带来了巨大的发展机遇。

首先，开放政策可以促进体育市场的开放和融合。在开放政策的推动下，国内外企业和组织可以自由地进入体育市场，开展各种形式的合作与交流，实现资源的优化配置和互利共赢。这种市场的开放和融合可以为体育产业提供更广阔的发展空间和更多的机会，促进产业的快速发展。其次，开放政策可以激发市场活力和创造力。在开放政策的引导下，企业可以自由地参与市场竞争，发挥自身的优势和创造力，推动体育产业的创新和升级。同时，开放政策还可以促进体育产业与相关产业的融合发展，如文化、旅游、教育等，形成新的经济增长点，推动经济的可持续发展。最后，开放政策可以提高体育产业的国际竞争力。在开放政策的支持下，国内体育企业和组织可以积极参与国际市场竞争，提高自身的国际竞争力。同时，开放政策还可以吸引更多的国际资本和人才进入中国市场，推动中国体育产业的国际化发展。

开放政策是推动体育产业高质量发展的重要保障。通过促进市场开放和融合、激发市场活力和创造力以及提高国际竞争力等方面的工作实践开放政策在体育产业中发挥着重要的作用和影响。未来还需要进一步加强政策引导和支持、市场监管和规范以及国际合作与交流等方面的工作为体育产业的高质量发展提供更加有力的支持和保障。

2. 国际化品牌建设

山东省体育产业在国际化品牌建设方面迎来了前所未有的机遇。政策支持、市场需求、创新发展和人才储备等方面的优势为山东省体育产业的国际化品牌建设提供了广阔的发展空间和动力保障。

（1）政策支持提供了广阔的发展空间。

近年来，国家对体育产业的重视与日俱增，出台了相关政策，为山东省体育产业打造国际品牌提供了广阔的发展空间。例如，第十四个国家规划引入了"体育＋"发展理念，以促进体育与其他行业的融合，并为山东省体育产业的多元化发展提供政治支持。同时，山东省政府也出台了一系列政策措施，鼓励体育企业加强自主创新和技术研发，推动体育产业向高端化、智能化方向发展。这些政策为山东省体育产业的国际化品牌建设提供了有力的保障。

（2）市场需求为国际化品牌建设提供了动力。

随着人们生活水平的提高和健康意识的增强，体育消费需求不断增长。这为山东省体育产业的国际化品牌建设提供了强大的市场动力。一方面，山东省拥有庞大的体育消费群体，消费者对高品质、国际化的体育产品和服务的需求日益增长。这为山东省体育企业提供了市场机会，可以通过提供优质的产品和服务来树立自己的品牌形象。另一方面，山东省具有得天独厚的地理优势和交通便利条件，可以吸引更多的国内外体育游客前来参加赛事和进行健身活动，进一步推动体育产业的发展和品牌建设。

（3）创新发展为国际化品牌建设提供了支撑。

创新是推动山东省体育产业国际化品牌建设的重要支撑。山东省在体育科技创新方面取得了显著成果，拥有众多优秀的体育科研机构和企业研发中心。这些机构在运动训练、健身休闲、场馆运营等领域的研究成果为山东省体育产业的创新发展提供了强有力的支撑。同时，山东省还积极引进国际先进的体育产业技术和理念，鼓励企业加强与国际知名体育企业的合作与交流，推动山东省体育产业的转型升级和国际化发展。

（4）人才储备为国际化品牌建设提供了保障。

人才是推动山东省体育产业国际化品牌建设的关键因素。山东省拥有丰富的体育人才资源，包括优秀的运动员、教练员和科研人员等。同时，山东省还积极引进国际先进的体育产业人才和管理经验，为山东省体育产业的国际化品牌建设提供了强有力的人才保障。通过培养和引进高素质的体育人才，可以进一步提升山东省体育产业的核心竞争力和品牌影响力。

总之，只有抓住机遇，充分发挥自身优势，积极拓展国际市场合作与交流渠道，才能进一步提升山东省体育产业的竞争力和影响力，实现

213

国际化品牌建设的目标。

3. 新兴科技和"互联网＋"等新业态带来的机遇

山东省体育产业在新兴科技和"互联网＋"等新业态的推动下，迎来了前所未有的发展机遇。随着科技的进步和互联网的普及，山东省体育产业在各个方面都取得了显著的发展。接下来从开放维度的角度出发，探讨新兴科技和"互联网＋"等新业态给山东省体育产业带来的机遇。

（1）新兴科技的应用为山东省体育产业带来了创新发展的机遇。

新兴科技的应用为山东省体育产业带来了创新发展的机遇。首先，大数据、人工智能等技术的应用使得体育产业的运营和管理更加智能化和高效化。例如，通过大数据分析，可以对体育场馆的客流量、赛事门票销售等情况进行精细化管理，提高运营效率。同时，人工智能技术的应用还可以为运动员提供更加个性化的训练方案和健身指导，提高训练效果和运动员的竞技水平。

其次，虚拟现实（VR）、增强现实（AR）等技术的兴起为山东省体育产业带来了全新的体验式消费模式。通过 VR 技术，观众可以身临其境地感受赛事的紧张和刺激，提高观赛体验。同时，AR 技术还可以为运动员提供更加真实的训练场景和模拟实战机会，提高训练效果和竞技水平。

最后，物联网技术的应用也为山东省体育产业带来了新的发展机遇。通过物联网技术，可以实现体育器材和设备的智能化管理和远程监控，提高使用效率和安全性。同时，物联网技术还可以为体育场馆提供智能化的能源管理和环境控制，降低运营成本和提高舒适度。

（2）"互联网＋"为山东省体育产业提供了更广阔的市场空间。

"互联网＋"时代的到来为山东省体育产业提供了更广阔的市场空间。首先，"互联网＋体育旅游"为山东省体育产业带来了新的发展机遇。通过将体育与旅游相结合，可以开发出更多具有特色的体育旅游产品和服务，吸引更多的游客前来参加赛事和进行健身活动。同时，"互联网＋体育旅游"还可以为山东省的旅游产业带来新的增长点和发展动力。

其次，"互联网＋体育教育"为山东省体育产业提供了更广阔的教育资源和发展机会。通过将互联网技术与教育相结合，可以使得体育教育更加便捷和高效。同时，"互联网 + 体育教育"还可以为山东省的青少年提供更加优质的体育教育和健身指导，培养更多的优秀体育人才。

最后，"互联网 + 体育营销"也为山东省体育产业带来了更广阔的市场空间。通过互联网技术，可以实现体育产品的精准营销和个性化推荐，提高营销效果和用户满意度。同时，"互联网 + 体育营销"还可以为山东省的体育企业提供更多的市场机会和合作伙伴，推动山东省体育产业的快速发展。

总之，新兴科技和"互联网 +"等新业态为山东省体育产业带来了前所未有的发展机遇。通过应用新兴科技和借助互联网平台，山东省体育产业可以实现创新发展、拓展市场空间和提高运营效率等目标。只有抓住机遇，积极拥抱新兴科技和"互联网 +"等新业态，才能推动山东省体育产业实现更快、更好的发展。

4. 国内外交流合作和拓展市场的机遇

山东省体育产业在国内外交流合作和拓展市场方面迎来了前所未有的机遇。随着全球化的不断深入和国内外体育市场的不断扩大，山东省体育产业面临着巨大的发展机遇。下面从开放维度的角度出发，探讨山东省体育产业在国内外交流合作和拓展市场方面的机遇。

（1）国内外交流合作带来的机遇。

山东省体育产业在技术交流与合作方面有着广阔的发展空间，通过与国内外先进的体育机构和企业进行技术交流与合作，可以引进先进的体育科技和理念，提高山东省体育产业的技术水平和创新能力。例如，山东省的一些体育企业和机构与国外先进的体育机构建立了长期的技术合作关系，引进了先进的训练和管理经验，提高了山东省运动员的竞技水平和体育产业的竞争力。

山东省体育产业在人才培养与引进方面也面临着重要的机遇。通过与国内外先进的体育机构和企业进行合作，可以引进优秀的教练员、运动员和管理人才，提高山东省体育产业的人才素质和水平。同时，也可以通过派遣人员到国外学习和培训，提高山东省体育产业的整体素质和能力。

山东省体育产业在赛事合作与推广方面也面临着重要的机遇。通过与国内外先进的体育机构和企业进行合作，可以引进精彩的赛事和活动，提高山东省体育市场的竞争力和吸引力。同时，也可以通过合作推广赛事和活动，扩大山东省体育产业的影响力和知名度。

（2）山东省体育产业在国内外市场拓展方面面临着重要的机遇。

随着国内外体育市场的不断扩大和需求的不断增长，山东省体育企业可以通过拓展国内外市场，提高自身的竞争力和市场份额。例如，一些山东省的体育企业通过参加国际展览和贸易洽谈会等活动，拓展了国际市场，实现了国际化发展。

山东省体育产业在品牌建设与推广方面也面临着重要的机遇。通过加强品牌建设和推广，可以提高山东省体育产品的知名度和美誉度，吸引更多的消费者和客户。例如，一些山东省的体育企业通过参加国内外知名展会和活动等，提高了品牌的知名度和美誉度，实现了快速发展。

综上所述，山东省体育产业在国内外交流合作和拓展市场方面面临着重要的机遇。通过加强技术交流与合作、人才培养与引进、赛事合作与推广以及拓展国内外市场和加强品牌建设与推广等方面的努力，可以推动山东省体育产业的快速发展和提高其整体竞争力。同时，也需要抓住机遇，积极拥抱变革和创新，不断拓展新的市场和领域，实现可持续发展。

5. 产业融合发展带来的机遇

产业融合是指不同产业之间通过相互渗透、交叉融合等方式形成的新的产业形态。随着科技的不断进步和市场需求的变化，产业融合已经成为当今世界经济发展的重要趋势。山东省体育产业在产业融合发展方面拥有丰富的资源和良好的基础，面临着重要的机遇。随着经济全球化和产业融合的不断深化，山东省体育产业与相关产业的融合发展已经成为推动经济增长的重要力量。

（1）产业融合带来的机遇。

体育与旅游的融合是当前产业融合发展的重要方向之一。山东省拥有丰富的旅游资源，将体育产业与旅游产业进行深度融合，可以开发出更多具有特色的体育旅游产品和服务，吸引更多的游客前来参与和体验。例如，可以开发山地户外运动、水上运动等体育旅游项目，促进体育与旅游的协同发展。

体育与科技的融合为山东省体育产业带来了巨大的创新和发展机

遇。通过引入先进的技术和创新理念，可以提升体育产业的科技含量和竞争力。例如，可以利用大数据、人工智能等技术对运动员训练、赛事管理等方面进行智能化改造，提高训练效果和管理效率。

体育与文化的融合可以为山东省体育产业注入更多的文化内涵和特色。通过将传统文化、地域文化等元素与体育产业相结合，可以开发出更多具有文化特色的体育产品和服务，提高山东省体育产业的竞争力和吸引力。例如，可以开发传统武术、民间体育等项目，将其融入体育产业中，形成具有特色的文化品牌。

随着人们健康意识的不断提高，体育与健康的融合也为山东省体育产业带来了巨大的市场和发展机遇。通过将体育运动与健康服务相结合，可以提供更加全面的健康管理和服务，满足人们日益增长的健康需求。例如，可以开展健身俱乐部、运动康复等服务，为人们提供更加优质的健康保障。

（2）抓住机遇的建议。

为了推动产业融合发展，山东省政府应该出台相关政策，鼓励和支持体育产业与其他产业的融合发展，例如，可以给予税收优惠、资金扶持等政策支持，激发市场主体的活力和创造力；产业融合发展需要大量具备跨学科知识和技能的人才支持，山东省应该加强人才培养和引进力度，建立完善的人才培养体系和激励机制，吸引更多优秀人才投身于体育产业的发展中；推动产业融合发展需要加强资源整合和创新，山东省应该鼓励企业加强合作，实现资源共享和优势互补；同时也可以引导企业加大研发投入和创新力度，推动新技术的研发和应用，提高产业的竞争力和创新力；山东省应该加强与国际先进体育组织和企业的合作与交流，引入更多的国际先进理念和技术，这样不仅可以学习到国际上先进的体育产业发展经验和技术成果，也可以促进山东省的体育产品和服务走向世界，提高其国际影响力和竞争力。

8.2　山东省体育产业高质量发展的开放发展路径

在新发展阶段，山东省体育产业高质量发展面临着前所未有的机遇和挑战。作为推动经济社会发展的重要力量，体育产业需要以开放的态度和视角来看待和处理问题，以推动产业的持续发展。

开放维度是推动体育产业高质量发展的关键因素之一。通过强化开放意识观念、拓展市场空间、加强政策支持等措施，可以引导民众观念转变、推动产业协同发展、引导产业发展方向，从而助力整个山东省体育产业的持续发展。

在新发展阶段，山东省体育产业需要进一步拓展市场空间，加强与国内外先进体育组织和机构的合作交流，学习借鉴国际先进经验和技术成果，推动产业的协同发展。同时，也需要加强政策支持，引导和支持体育产业的多元化发展，鼓励企业投资多元化的体育产业领域，建立完善的多元化体育产业标准体系和质量监管体系，提高产品的质量和安全性。

总之，新发展阶段山东省体育产业高质量发展需要从多个层面进行推进，其中开放维度是重要组成部分之一。通过强化开放意识观念引导民众观念转变拓展市场空间推动产业协同发展以及加强政策支持引导产业发展方向等方面的工作以推动山东省体育产业的民众观念助力整个山东省体育产业的持续发展。

8.2.1 体育产品方面

山东省体育产业高质量发展需要从多个层面进行推进，其中体育产品层面是其中之一。

体育产品是体育产业的重要组成部分，包括体育器材、体育训练、体育旅游等。在山东省体育产业的高质量发展过程中，体育产品的发展水平至关重要。优化体育产品结构，提高产品质量和竞争力，可以更好地满足人民的体育消费需求，促进体育产业的可持续发展①。

1. 体育产品层面面临的机遇

随着人们生活水平的提高和消费观念的转变，人们对体育消费的需求也在不断升级。消费者更加注重产品的品质、功能和个性化需求。因

---

① 姜同仁、张林、王松等：《中国体育产业演进的内在逻辑、政策趋向和高质量发展路径》，载于《天津体育学院学报》2020 年第 6 期。

此，山东省体育产业在体育产品层面需要不断创新和升级，提高产品的质量和附加值，满足消费者对高品质、个性化体育产品的需求。

新技术的发展为山东省体育产业的体育产品创新提供了重要机遇。例如，智能制造技术的应用可以提高生产效率和质量。互联网和物联网技术的应用可以使产品智能化和个性化。新材料和新能源技术的应用可以提高产品性能和环境保护水平。通过技术创新，可以推动山东省体育产品的升级改造。

跨界融合可以为山东省体育产业在体育产品层面带来更多的机遇。例如，体育与旅游、文化、健康等产业的融合可以开发出更多具有特色的体育产品和服务；体育与科技、金融等产业的融合可以为体育产品带来更多的创新和增值服务。通过跨界融合，可以拓展山东省体育产品的种类和范围，提高其竞争力和附加值。

2. 推动体育产品层面高质量发展的建议

山东省政府可出台相关体育产品政策，鼓励和支持体育产业的创新和发展。例如，可以提供一些财政支持和税收激励，以鼓励企业增加研发和创新投资；可以设立特别基金，用于开发体育产品和推广应用程序。可以建立完善的运动产品标准体系和质量监控体系，以提高产品质量和安全性。

鼓励企业加大研发投入，提升产品科技含量和附加值，打造具有自主知识产权的体育品牌。通过政策扶持和市场引导，培育一批具有国际竞争力的体育产品品牌，提升山东省体育产品的市场占有率和品牌影响力。根据市场需求和消费趋势，丰富体育产品类型，包括智能运动装备、健身器材、体育服饰、体育用品等。同时，注重产品的差异化和个性化设计，满足不同年龄、性别、兴趣爱好的消费者需求。依托山东省体育产业基础，优化体育产品产业布局，推动形成产业集群和产业链。重点打造德州、青岛、威海等体育制造业聚集区，促进上下游企业协同发展，提升产业整体竞争力。

综上所述，优化山东省体育产品的结构与布局是推动体育产业高质量发展的关键一环。通过强化品牌培育，丰富产品种类，并注重差异化和个性化设计，能够更好地满足多元化市场需求，提升产品竞争力和市场占有率。同时，优化产业布局，促进产业集群和产业链的形成，将进一步提升山东省体育产业的规模效应和协同效应。这一系列举措的实施，将为山东省体育产品层面的转型升级注入强劲动力，推动其向高质量、高效率、可持续的方向发展，为全民健身和体育强国建设贡献力量。

8.2.2 体育赛事表演产业

山东省体育产业高质量发展离不开体育赛事表演产业层面的发展。体育赛事表演产业是指以体育比赛、表演为主要内容的体育产业的重要组成部分。山东省拥有丰富的体育资源和优秀的体育人才，在体育赛事表演产业方面也具有一定的优势和潜力。随着人们生活水平的提高和体育消费的升级，体育赛事表演产业的需求也在不断增加。因此，推动山东省体育赛事表演产业的高质量发展具有重要的意义。

1. 体育赛事表演产业层面面临的机遇

随着人们对体育赛事的关注度和体育消费需求的增加，山东省体育赛事表演产业的市场需求也在不断增长。消费者对高品质、多样化的体育赛事表演需求日益增加，为山东省体育赛事表演产业的发展提供了广阔的市场空间。

品牌建设与营销推广机遇。山东省拥有一些具有影响力的体育赛事和表演活动，如全运会、国际马拉松等。这些赛事和表演活动的举办，为山东省体育赛事表演产业的发展提供了重要的品牌建设和营销推广机遇。通过加强品牌建设和营销推广，可以提升山东省体育赛事表演产业的知名度和美誉度，吸引更多的观众和投资者。

新技术的发展为山东省体育赛事表演产业带来了技术创新和跨界融合的机遇。例如，虚拟现实（VR）和增强现实（AR）技术的应用可以让观众更加身临其境地感受比赛的氛围；互联网和物联网技术的应用可以实现赛事信息的实时传递和观众互动；人工智能和大数据技术的应用可以对赛事数据进行深度分析和挖掘，为赛事组织和营销提供更多的支持。此外，山东省体育赛事表演产业还可以与其他产业进行跨界融合，如文化、旅游、娱乐等，开发出更多具有特色的赛事表演项目，拓展业务领域和盈利模式。

2. 推动体育赛事表演产业层面高质量发展的建议

政府可以出台相关政策，优化山东省体育赛事表演产业的发展环境。例如，可以推动体育赛事表演产业向专业化、市场化方向发展。加强赛事组织机构的专业化建设，提升赛事策划、组织、执行等环节的专业能力。鼓励社会资本参与体育赛事运营，引入市场竞争机制，提高赛事运营效率。建立健全体育赛事表演产业的标准化管理体系，包括赛事安全、场地设施、服务质量等方面的标准。通过标准化管理，规范赛事运作流程，提高赛事服务质量和安全保障水平。

强化科技支撑与数字化转型。推动大数据、云计算、人工智能等新一代信息技术在体育赛事表演产业中的广泛应用。通过科技赋能，提升赛事数据分析、观众服务、宣传推广等方面的能力，为赛事运营提供有力支持。加快体育赛事表演产业的数字化转型步伐，推动赛事制作、传播、营销等环节的数字化升级。通过建设数字化平台、推广在线观赛等方式，拓宽赛事传播渠道，扩大赛事受众范围，提升赛事商业价值。

总之，科技支撑与数字化转型，结合优化赛事组织与管理体系，是山东省体育赛事表演产业高质量发展的关键。科技赋能提升效率与精准度，数字化转型拓宽传播渠道；而专业化运作与标准化管理则确保赛事高效安全进行，两者相辅相成，共促产业繁荣。

8.2.3　市场对外开放

山东省体育产业的高质量发展必须在多个层面上推进，包括市场开放是山东省体育产业高质量发展的重要保障。随着全球经济一体化和体育产业全球化的发展，山东省体育产业需要进一步开放市场，引进国外先进技术、管理和资本，提高自身发展水平和竞争力。同时，通过市场对外开放，山东省体育产业还可以更好地融入全球体育产业链，拓展国际市场，提高品牌影响力。

1. 市场对外开放层面面临的机遇

通过市场对外开放，山东省体育产业可以引进国外先进的技术和管理经验，提高自身的发展水平和竞争力。例如，可以引进先进的健身器材、体育装备和运动康复设备等，提高山东省体育产业的技术水平；可以学习国外先进的体育俱乐部管理、赛事组织和营销推广经验，提高山东省体育产业的管理水平。

市场对外开放可以吸引更多的外资和合作伙伴进入山东省体育产业，为山东省体育产业的发展提供更多的资金和资源支持。例如，可以吸引国外知名的体育用品品牌进入山东省市场，提高山东省体育产业的品牌影响力和市场竞争力；可以与国外先进的体育组织和机构合作，共同开发体育产业项目，拓展国际市场。

市场对外开放可以为山东省体育产业拓展国际市场提供重要的机遇。通过与国外先进的体育组织和机构合作，可以打开更多的国际市场和渠道；通过参加国际展会和赛事活动等方式，可以展示山东省体育产业的特色和优势，提高品牌知名度和美誉度；通过引进国际先进的体育项目和管理经验，可以更好地融入全球体育产业链，提高山东省体育产业的国际竞争力。

2. 推动市场对外开放层面高质量发展的建议

山东省政府可以出台相关政策，鼓励和支持体育产业的市场对外开放。例如，可以给予一定的税收优惠和资金扶持，鼓励企业扩大对外开放；可以建立完善的对外开放政策和机制，规范市场行为和市场竞争秩序；可以加强知识产权保护和风险防范，保障投资者的合法权益。

山东省需要优化对外开放环境。完善政策法规体系，建立健全与体育产业市场对外开放相适应的政策法规体系，为外资企业提供更加公平、透明、可预期的营商环境。加强知识产权保护，维护市场公平竞争秩序。优化政务服务流程，提高办事效率，为外资企业提供更加便捷、高效的服务。建立健全外资企业投诉处理机制，及时解决企业遇到的问题和困难。

建立风险预警机制，加强对国际体育市场动态变化的监测和分析，建立风险预警机制。及时发现和应对潜在的市场风险、政治风险和法律风险等。还可以完善应急管理体系，建立健全体育产业市场对外开放领域的应急管理体系，制定应急预案和处置流程。加强应急演练和培训，提高应对突发事件的能力和水平。

在推动山东省体育产业市场对外开放层面实现高质量发展的进程

中，优化对外开放环境与强化风险管理是两大核心策略。首先，通过完善政策法规体系，为外资企业提供公平、透明、可预期的营商环境，同时提升政务服务效能，确保外资企业在山东能够便捷高效地运营。这一系列举措旨在构建更加开放、包容的市场环境，吸引更多国际资源参与山东体育产业的发展。另一方面，强化风险管理同样至关重要。面对国际市场的复杂性和不确定性，建立风险预警机制，及时监测和分析市场动态变化，为决策提供科学依据。同时，完善应急管理体系，制定应急预案和处置流程，提高应对突发事件的能力和水平，确保体育产业市场对外开放进程的稳健与可持续。

8.2.4　体育产业多元化

山东省体育产业高质量发展需要从多个层面进行推进，其中体育产业多元化层面是其中之一。体育产业多元化是指通过不同领域、不同形态的体育产业相互融合、相互促进，形成多元化发展的体育产业生态系统。随着人们生活水平的提高和消费观念的转变，人们对体育消费的需求也日益多元化和个性化。因此，山东省体育产业在高质量发展的过程中，需要注重体育产业的多元化发展，满足人民群众对不同领域、不同形态的体育消费需求。

1. 体育产业多元化层面面临的机遇

随着人们收入水平的提高和消费观念的转变，人们对体育消费的需求也日益升级。消费者不再满足于传统的体育健身和竞赛观赏等消费需求，而是更加注重体育旅游、体育康复、体育娱乐等多元化、个性化的消费需求。因此，山东省体育产业需要抓住消费结构升级的机遇，发展多元化的体育产业形态，满足人民群众对不同领域、不同形态的体育消费需求。

新技术的不断涌现为山东省体育产业多元化发展提供了重要的机遇。例如，互联网和物联网技术的应用可以促进体育产业与其他产业的融合发展；人工智能和大数据技术的应用可以对消费者行为进行深度分析，为个性化服务和精准营销提供支持；虚拟现实和增强现实技术的应用可以开发出更多沉浸式、体验式的体育消费产品和服务。通过技术创新，可以推动山东省体育产业的多元化发展。

跨界融合可以为山东省体育产业多元化发展带来更多的机遇。例如，体育与旅游、文化、健康等产业的融合可以开发出更多具有特色的体育旅游、体育文化、体育健康等消费产品和服务；体育与科技、金融等产业的融合可以为体育产业发展提供更多的创新和增值服务。通过跨界融合，可以拓展山东省体育产业的领域和形态，形成多元化发展的体育产业生态系统。

2. 推动体育产业多元化层面高质量发展的建议

为促进山东省体育产业多元化层面的高质量发展，需从多维度、深层次进行策略规划与实施。应强化政策引导与支持，制定并完善促进体育产业多元化发展的政策措施，明确发展目标与路径，为不同领域的体育产业提供差异化、精准化的政策支持。

鼓励跨界融合与创新发展。推动体育产业与文化、旅游、科技、教育等相关产业的深度融合，形成多元化的体育产业生态体系。通过引入新技术、新业态、新模式，激发体育产业创新活力，培育新的增长点。加强市场培育与品牌建设。优化市场环境，激发市场活力，培育多元化的体育市场主体。同时，注重体育品牌的建设与推广，提升山东省体育产业的品牌影响力和市场竞争力。此外，还应注重人才培养与引进。加强体育产业相关人才的培养与培训，提升从业人员的专业素养和创新能力。同时，积极引进国内外高端体育人才，为山东省体育产业的多元化发展提供有力的人才支撑。建立健全的监管与服务体系。加强对体育产业的监管力度，规范市场秩序，保障消费者权益。同时，提供优质的公共服务，为体育产业的多元化发展营造良好的外部环境。

8.2.5 科技应用和拓展市场

山东省体育产业高质量发展需要从多个层面进行推进，其中科技应用和拓展市场层面是其中之一。随着科技的发展，科技在体育产业中的应用越来越广泛。科技的应用可以提高体育产业的效率和质量，扩大市场空间，为体育产业的发展提供新的动力。同时，市场开发是山东省体育产业高质量发展的重要途径。通过市场开发提高山东省体育产业的影响力和竞争力，提高品牌知名度和声誉。

1. 科技应用和拓展市场层面面临的机遇

随着科技的不断发展，许多新的技术和应用正在被应用到体育产业中。例如，互联网和物联网技术的应用可以提高体育产业的信息化水平，提高管理效率和运营效率；人工智能和大数据技术的应用可以对体育产业的数据进行深度分析和挖掘，为决策提供支持。通过科技应用，可以推动山东省体育产业的升级和创新发展。

随着全球化的加速和消费升级的趋势，山东省体育产业需要进一步拓展市场空间。通过拓展国际市场，可以扩大山东省体育产业的影响力和竞争力；通过拓展国内市场，可以满足人民群众对不同领域、不同形态的体育消费需求。同时，通过拓展市场，可以引入更多的资本和资源支持，为山东省体育产业的发展提供更多的动力和支持。

2. 推动科技应用和拓展市场层面高质量发展的建议

山东省体育产业需要加强科技应用和创新，提高科技含量和竞争力。例如，可以加强与科研机构和高校的合作交流，引进先进的科技应用和技术成果；可以建立完善的科技应用标准和规范体系，提高产品的质量和安全性；可以加强科技人才培养和引进力度，为科技应用和创新提供人才支持。

山东省体育产业需要加强品牌建设和营销推广，提高知名度和美誉度。例如，可以通过参加国内外知名展会和赛事活动等方式，展示山东省体育产业的特色和优势；可以通过互联网和新媒体等渠道，加强与消费者的互动和沟通，提高品牌的认可度和忠诚度；可以通过加强营销推广和品牌宣传力度提高品牌知名度和美誉度。

山东省体育产业需要进一步拓展市场空间扩大影响力。例如可以通过参加国际赛事和展览等活动拓展国际市场提高品牌知名度和美誉度；可以通过加强与国内其他地区的合作交流拓展国内市场满足人民群众对不同领域不同形态的体育消费需求；可以通过加强与文化旅游等产业的融合发展，拓展新的市场领域和形态形成多元化发展的体育产业生态系统。

8.2.6 民众观念

民众观念是影响体育产业高质量发展的重要因素之一。随着人们生活水平的提高和消费观念的转变，人们对体育消费的需求也日益多元化和个性化。因此，山东省体育产业在高质量发展的过程中，需要注重民众观念的引导和培育，提高人民群众对体育产业的认知度和参与度。

1. 民众观念层面面临的机遇

随着人们收入水平的提高和消费观念的转变，人们对体育消费的需求也日益升级。消费者更加注重体育健身、运动康复、体育旅游等多元化、个性化的消费需求。因此，山东省体育产业需要抓住消费观念转变的机遇，引导人民群众树立正确的体育消费观念，推动体育产业的高质量发展。

随着社会文化的不断发展，人们对体育的认识和理解也更加深入。越来越多的人开始关注体育产业的发展，积极参与体育活动和赛事。因此，山东省体育产业需要抓住社会文化发展的机遇，加强体育文化的传播和推广，提高人民群众对体育产业的认知度和参与度。

2. 推动民众观念层面高质量发展的建议

山东省体育产业需要加强宣传教育力度，提高人民群众对体育产业的认知度和参与度。例如，可以通过开展各类体育知识讲座、健身活动等方式，普及体育知识，引导人民群众树立正确的体育消费观念；可以通过举办各类体育赛事和活动，吸引更多的人参与其中，提高人民群众对体育产业的认知度和参与度。

山东省体育产业需要加强文化推广力度，提高人民群众对体育文化的认知度和认同感。例如，可以通过开展各类体育文化展览、演出等活动，展示体育文化的魅力和价值；可以通过加强与文化产业的融合发展，开发出更多具有地方特色的体育文化产品和服务；可以通过加强与学校的合作交流，将体育文化融入校园文化建设中，提高学生对体育文化的认知度和认同感。

山东省体育产业需要强化体育文化教育在国民教育体系中的地位，

通过课程设置、教材编写、教学方法创新等手段，系统性地向民众传授体育知识、技能及价值观，培养其终身体育意识。同时，利用公共媒体、网络平台等多元化渠道，广泛传播体育正能量，提升民众对体育产业的认知度与认同感，为体育产业的高质量发展奠定坚实的民众基础。

政府及相关部门应加大对体育政策的宣传力度，特别是那些旨在促进体育产业发展、提升民众健康水平的政策措施。通过政策解读、案例分析、成效展示等方式，让民众深入了解政策背景、目标及预期效果，从而引导其观念由传统的"体育即竞技"向"体育即生活、体育即健康"转变，为体育产业的多元化、高质量发展创造有利的社会环境。

总之山东省体育产业高质量发展需要深化体育文化教育，构建民众对体育产业的认知基础；加强体育政策宣传，引导民众观念转变，两者相辅相成，共同推动山东省体育产业民众观念层面的高质量发展。

第9章 新发展阶段山东省体育产业高质量发展的共享维度

当前我国发展进入新阶段，随着社会经济的发展和人民生活水平的提高，当前人们奋斗的共同目标是要拥有更美好的生活，大家朝着共同富裕方向发展和迈进，而体育产业的发展日益受到政府以及社会各界的重视，其中共享是落实发展成果惠及社会的重要环节。国家体育总局在《新时期体育发展的思考 创新协调绿色开放共享》一文中指出，体育的发展益在"共享"。"共享"是我国体育产业发展的任务，做大做强体育产业，不仅有助于我国实现经济转型，同时能为人民谋求更多社会进步成果的共享。因此，需要进一步推动和完善体育产业高质量发展的成果共享，确保政府、协会、企业、群众等能够充分获取体育产业发展成果的福利。想要进行有效的共享发展，就一定要让经济发展面向全体人民，提供优质、高效、实惠的服务，依靠人民进行发展，将成果交由人民进行共同分享。

共享是指通过实现资源、服务、技能、信息的可共享性，使得多个用户可以共同享有资源、服务、技能、信息的知情权、使用权甚至产权。人类自古以来就在生产生活的发展中逐渐萌生共享的思想。在中国，共享这一构想自古有之，从孔子的"不患寡而患不均"，墨子的"兼相爱，交相利"，到近代孙中山"天下为公"、邓小平"共同富裕"的战略构想，无不彰显出人类对资源共享、公平分配此类美好构想的追求。在西方，1978 年马科斯·费尔逊和琼·斯潘思提出了"合作消费"的社会愿景，通过建立第三方平台，实现用户与产品或消费提供者之间的关系。1984 年美国经济学家马丁·魏茨曼发表《共享经济》一书，共享经济理论由此诞生。2010 年学者雷切尔·波特斯曼将这一理论构想进一步完善，将共享经济划分为三个方面：可供共享和租赁式的产品服务系统、可再次交易的产品市场、可提供资金和技能的运作系统。这三种共享经济模式在现实生活中相互交叉融合，实现了对彼此的补充完善，为经济的发展与转型注入了新活力。

当前我国体育学界鲜有以"体育产业发展共享"为深入研究核心议题的相关成果，相关议题主要集中于体育产业供需问题、体育产业地区经济问题等方面，体育产业供需问题主要包括体育产业供需平衡问题、体育产业供需矛盾问题、体育产业供给侧改革、体育产业供需配适问题，体育产业地区经济问题包括体育产业与区域经济互动关系、体育产业与数字经济、体育产业与旅游产业、体育产业发展路径、体育产业成果转化研究等。上述研究虽然对于体育产业发展共享有所涉猎，一定程度上触及了相关要素和现实逻辑，但是缺乏对本质问题和深层逻辑的研究、分析和整理。体育产业发展共享涵盖的要素与覆盖面较广，面对的社会关系与环境较为复杂，本章以新发展阶段山东省体育产业高质量发展的共享维度为中心，贯彻体育产业发展成果社会共享、全民共享的理念，系统梳理其主要内容、影响要素、优化路径等。

229

9.1 山东省体育产业高质量发展共享维度内涵和现状

9.1.1 新发展阶段体育产业高质量发展的共享维度的主要内容

1. 体育产业高质量发展

体育产业的发展质量是衡量体育产业发展的共享水平的重要层面。体育产业高质量发展的成果能够优化自身产业结构、提升产业质量、推动产业创新发展，实现经济社会的协调发展，满足人民群众日益增长的体育需求，促进人的全面发展和全民健康的推进。产业成果共享能够推动优化产业结构。这包括优化体育服务业与体育制造业的比例，推动体育服务业向高端化、专业化发展，提高体育制造业的质量和效益。同时，要优化体育产业区域布局，推动体育产业集聚区建设，形成优势互补、协调发展的格局。其次，成果共享能够提升产业质量，这包括提高体育产品质量和服务质量，加强品牌建设，培育具有国际竞争力的体育企业和品牌。同时，要加强体育产业人才培养，提高从业人员素质，为体育产业高质量发展提供人才保障。最后，成果共享还能推动创新发展。这包括科技创新、模式创新、业态创新等方面，培育新的增长点和发展动力。同时，要推进"互联网＋体育"发展，适应融媒体、物联网等时代发展需要，促进产业与信息技术的深度融合，推动体育产业数字化、智能化发展。根据《2020 年全民健身活动状况调查公报》，2020年成年人与老年人人均体育消费分别为 1758.2 元和 1092.2 元，与 2014年调查相比，分别增长 789.8 元和 588.2 元。消费类型方面，2020 年成年人与老年人实物型消费在体育消费中占比为 53.7％，与 2014 年调查相比，下降 25.3 个百分点；参与型消费和观赏型消费占比分别为20.6％和 7.7％。与 2014 年调查相比，分别提高 13.7 和 2.5 个百分点。体育消费结构发生明显变化，消费倾向从实物型逐渐向参与型和观赏型消费转变，体育消费结构优化升级。随着社会经济的不断发展以及人们消费意识、健康意识的转变，市场及相关部门要发挥引导作用，大力发展高端体育用品制造业与服务业。

2. 公共体育服务

公共体育服务是共享的重要构成，旨在保障群众的体育权益，带动全民健身和健康生活。共享是中国特色社会主义的本质要求，同时也是公共体育服务的重要原则。将共享理念贯彻到公共体育服务中，可以促进全民参与、共享，推动全民健身事业的发展。公共体育服务是推进全民健身发展过程中的重要保障。

公共体育服务的共享，不仅包括基础设施、赛事活动等硬件资源的共享，还包括相关知识、技能等软件资源的共享。通过修建公共体育设施、筹办体育活动、普及知识技能等手段，为群众搭建参与体育活动平台，共同享有体育设施、运动器材、体育用品，提供享受体育生活的机会，满足了人们对身体和心理健康生活的需求。公共体育服务的共享，有助于提高全民健身的普及率和参与度，增强全民身体素质和健康水平。公共体育服务共享也为促进社会公平提供了可行的途径。公共体育服务在地区、城乡、行业和人群间仍然存在较为明显的差异，通过实现公共体育服务的共享，可以缩小不同群体之间的差距，保障弱势群体对于体育的需求以及享有的权益。此外，公共体育服务的共享也可以促进社会交流和团结，增强社会的凝聚力和向心力。在此基础上，于经济层面公共体育服务的共享还可以推动经济社会发展。首先，公共体育设施的建设、运营可以促进相关产业的发展，创造经济效益和就业机会。其次，通过公共体育服务的普及和共享，可以增强人们的身体素质，改善心理健康水平，进而提高生产率和创造力。此外，公共体育服务的共享也可以促进消费、扩大内需，为经济发展注入新的动力。

3. 竞技体育发展

体育产业发展共享能够对竞技体育产生深远的影响。体育产业的发展成果为竞技体育的普及创造了有利条件。随着融媒体时代的到来，人们的信息接收设备和终端不断升级，体育赛事的传播途径、传播方式、传播速度、传播内容等都得到了极大的提高和丰富，全世界的观众都能及时而全面地了解相关资讯，关注或订阅满足自身偏好的节目，这使得竞技体育在世界范围内的影响力进一步增强，许多观众也因为更为丰富的传媒内容选择从关注演变为参与相关活动，如现场观赛、购买周边产品等，为竞技体育的蓬勃发展创造了良好的氛围。体育产业发展成果也为优秀运动员的培养提供了强有力的支持。体育产业化的成功能为竞技体育发展提供优质的体育场馆、体育器材以及专业人才，这满足了竞技体育人才培养在基础设施、专业知识等方面的需求。同时，体育产业化有助于提高竞技体育培养的普及率以及后备人才选拔的成功率，吸引更多青少年参与到体育运动中，扩大竞技体育人才选拔的基数，成熟的选拔培养机制和先进的理念及科学技术有利于制订完整的个人发展计划，提高运动员的成才率。最后，发达的体育产业能够为竞技体育从业者提供充分的保障，许多运动员由于过早从事体育技能专业练习，导致社交技能、教育水平等因素的缺失，面临退役即失业的困境，而发达的体育产业将为这些运动员提供深造或就业的机会，使其在适合自身的岗位上继续从事体育行业工作。总的来说，体育产业的发展与竞技体育的发展具有双向反馈作用，发达的体育产业为竞技体育的传播、普及、提高提供资源、知识、基础设施，而高水平的竞技体育也能反哺体育产业，提供就业，促进经济效益与社会效益的提高。

4. 学校教育

体育产业发展的共享能够满足学校教育的需求，顺应时代发展趋势。体育产业的发展共享对学校教育有多方面的积极影响。首先，体育是当前社会开展社会主义教育、爱国主义教育的重要平台，发达的体育产业、优异的体育竞赛成绩、富有魅力的体育人物能够增强青少年国家认同感、自豪感，促进社会主义精神文明建设，帮助青少年培养正确的世界观、人生观、价值观，树立远大志向，为社会营造和谐、积极、安定的环境，增强社区文化建设。其次，体育产业的快速发展为学校提供了更多健身场所，有助于师生在日常生活中养成健康积极的生活方式，培养健康意识和良好的生理、心理状态，锻炼青少年的意志力和责任心，促进身心全面健康发展，从而促进个人和社会的进步发展。2021年7月24日，中共中央办公厅、国务院办公厅印发《关于进一步减轻义务教育阶段学生作业负担和校外培训负担的意见》（简称"'双减'政策"），旨在减轻中小学学生的学业压力、培养学生独立思考的发展、促进青少年全面健康发展。随着"双减"政策的落地实施，学科类培训逐渐减少，为体育培训提供了更多的发展空间，青少年在课余时间对于体育运动的需求逐渐增加，这对体育产业的发展与共享水平提出了更高的要求。体教融合对于社会、学校、家庭以及青少年自身的全面发展至关重要，学校、家长不再以成绩为青少年培养的唯一目标，将用于基础学科教学的时间和资金更多投入让青少年参与体育运动、促进全面发展的过程中，关注孩子的身心全面健康成长。

5. 生活质量

体育产业发展成果的共享能够从多方面提高人民群众的生活质量，能够满足人们的健康需求、社交需求、文化需求等。首先，体育产业高质量发展成果能够促进国民身体健康、心理健康、社会健康迈向更高水平。通过参与体育运动，人们可以养成良好的生活方式和运动习惯，能够增强身体素质、提高运动机能、改善睡眠质量等，这些健康效益将有助于提高人们的生活质量，减少身体或心理疾病的发生。其次，经常参与体育运动可以帮助人们扩大社交圈，增强社交能力，掌握社交技巧。

同时，体育运动还有助于释放学习及工作压力，缓解紧张情绪，改善学习及工作状态，增强自信心和自尊心，提高社会健康水平。《"健康中国 2030"规划纲要》中指出，全民健身已经成为推动我国健康事业发展的重要战略，完善全民健身公共服务体系、广泛开展全民健身运动、促进"体医融合"等是提高全民身体素质的有效措施，到 2030 年，我国将基本建成县乡村三级公共体育设施网络，平均每人体育场地面积不低于 2.3 平方米，实现城镇 15 分钟健身圈全覆盖。推行公共体育设施免费或低收费开放，确保公共体育场地设施和符合开放条件的企事业单位体育场地设施全部向社会开放。进一步建设全民健身组织网络，促进民间以及基层的体育社会组织蓬勃发展。

此外，发达的体育产业能够催生出独特的体育文化，例如球迷文化、运动文化、体育旅游文化、体育科技文化等，上述文化共同构成了体育文化的核心，能够满足广大人民群众日常生活中的文化需求，丰富精神文化生活，提高生活质量，促进社会多元化发展，推动社会向"健康中国"的目标迈进。

6. 人居环境

体育产业发展共享对改善人民群众的居住环境有着积极的作用。当前我国经济不断发展，城市化进一步加速，建设体育场馆和设施变得更为重要。体育场馆和设施不仅为居民日常活动提供运动场所，还是展示城市形象和综合实力的名片，有助于吸引投资，从而促进居住环境的改善和更新。相关建设要与当地风貌、传统文脉、地区精神相适应。户外运动设施不能逾越生态保护红线，不能破坏自然生态系统，充分利用自然资源打造运动场景。例如，社区体育中心的建设改善了周边居民的居住环境。这些体育中心配备体育设施，方便人们健身和提高健康水平，同时设计美观的场馆以及周边的绿化能够起到美化环境的作用。这样的建设为城市社区居民创造适宜生活、工作和休息的环境，使其更宜居。其次，体育产业能够丰富人文环境。体育产业的发展共享通过文化元素完成对城市形象的改善，推进形成独特的文化、树立文化品牌、提升人文环境、吸引投资。文化赋予建筑设施生命力，不注重文化渊源的建筑仅停留在物质层面，难以激发人们的精神追求。此外，体育产业发展共享能够创造特色景观环境，人们对体育运动和健康生活的追求使体育场馆和设施在各个方面发挥着越来越重要的作用。充分利用新建建筑、既有建筑、地下空间以及水域、空域、森林、草原等自然资源搭建体育景观，这些场馆和设施的建设能够增添新景观，提高空间及资源的利用率，并成为区域形象的代表之一，如健身公园、健身步道、山体公园等，将健身运动、自然景观融入人民群众的日常生活，丰富了人们的休闲娱乐选择，进一步改善和更新人居环境，促进当地体育产业的发展和优化，同时这也是展示地区文化的窗口和平台，有助于丰富群众的精神生活。

7. 卫生健康

体育产业发展共享能够对卫生健康事业产生积极而深远的影响。根据《"健康中国2030"规划纲要》，到2030年我国人均预期寿命要达到79.0岁，城乡居民达到《国民体质测定标准》合格以上的人数比例要达到92.2%，居民健康素养水平要达到30%，为了实现上述目标，一定要利用好体育产业发展共享的成果。发达的体育产业代表着高水平的体医融合，体医融合在国民健康中具有重要作用，积极参与体育运动、将健身活动作为一种生活习惯，能够有效降低罹患心脑血管疾病、糖尿病等慢性疾病的风险，增强人体免疫力和身体素质，抵抗流行性疾病的侵害，显著降低人民群众日常生活中的医疗成本。因此山东省应建立体医融合、体卫融合重点实验室，鼓励有条件的医疗机构加强建设体育运动康复专科能力。深化国民体质监测站点与医疗健康机构的合作，推广利用体育运动干预常见慢性病的成功经验，宣传"运动是良医"的体医融合理念。其次，体育产业发展共享能够为社会提供更多的社会体育指导员、运动处方师等专业的运动健康从业人员，有助于运动科学和医疗科学知识及技能的传播，帮助具有运动习惯的人群掌握基本的运动损伤处置原则及方法，改善运动习惯，降低运动损伤的风险，帮助群众养成良好的运动意识。应推动全民健身指导员、运动康复专业人才走进社区，在社区医院、社区健身中心等场所为社区居民提供专业服务，改善运动康复、医疗康复资源的稀缺和集中问题。此外，体育产业发展共享能够改善精神健康状态，高质量发展的体育产业能够提供充足且优质的运动场馆、运动设施、运动器械以及专业的运动指导，有助于缓解学习及工作中的压力、增强社交互动、改善睡眠质量、提高自我认同、自信心以及认知水平，为运动个体提供了积极的心理效益和正面反馈，有助于预防或缓解抑郁症、焦虑症等精神疾病的危害，改善心理健康水平，提高工作表现。

9.1.2　新发展阶段体育产业高质量发展的共享维度的内涵

1. 全民共享

全民共享是指人人享有、各得其所，不是少数人共享、一部分人共享。这要求新发展阶段体育产业高质量发展在共享维度上坚持以人民为中心的发展思想，在配置资源、修建基础设施、传播信息、提供服务、收入分配等环节上做到公平公正、一视同仁，始终把人民群众的切身利益放在第一位，努力促进社会经济发展、加强社会保障体系建设、完善分配制度，消除不同的地区、城乡、年龄、收入造成的共享水平的差异，深化教育、文化等公共服务，发挥政府的职能作用以及在政策宣传和引导方面的优势，加强对欠发达地区和弱势群体的转移支付，尤其是未成年人和老年人，做到全龄友好，营造无障碍体育环境，不断扩大共享群体的覆盖面，提高共享质量、服务质量，使发展更具公平性、普惠性，协助群众参与体育健身活动、培养健身意识、提高运动技能、丰富运动知识，营造人人参与的体育氛围，从根本上改善国民健康水平和生活质量。

2. 全面共享

全面共享指不仅包括物质领域，还包括精神领域，要全面共享经济、政治、文化、社会、生态各方面建设成果，全面保障人民群众在各方面的合法权益。要做好新发展阶段体育产业高质量发展的共享，就要让体育产业发展过程中各个方面的成果都能被社会所共享，其中硬件设施包括体育产业发展过程中修建的公共体育设施、体育场馆、健身公园、健身器材、体育景观、社区体育中心等，软资源包括知识技能、法律法规、相关政策、体育文化、人才培养体制等。全面共享意味着体育产业发展成果及其获取和使用平台要具备开放性、共享性、便捷性等特点，因此新发展阶段体育产业高质量发展的共享要顺应时代发展趋势，

235

利用互联网、物联网等信息传播媒介以及 5G 等新一代信息传播技术，改进共享模式和服务水平，使体育产业成果共享向更快、更好、更全面、更便捷的方向发展。

3. 共建共享

共建共享是共享实现的途径，即人人为体育产业的发展和振兴贡献自己的力量。新发展阶段体育产业高质量发展离不开广大群众的参与和贡献，人是体育活动的消费主体、服务主体、创新主体、管理主体，也是共享发展的主要受益者，一切体育相关的社会活动和经济活动都是以服务人民群众为根本目的，体育文化诞生于人民群众，其培养和存续需要数量庞大且忠实的支持者作为基础。

人民群众可以通过多种方式支持体育产业的发展，小到参与日常体育活动、购买体育用品、观看体育赛事，大到从事相关专业工作，如体育教师、体育经纪人、体育管理者等职业，助推我国体育产业发展的进步和优化。除群众外，共建共享还需要政府、企业和社会各界的共同努力，加强基础设施建设、创新生产技术、改进管理机制、优化资源配置、制定合理科学的政策、促进社会参与、加强国际合作，鼓励社会力量参与到体育产业高质量发展的建设和布局中，营造"政府—社会—群众"共同推动的发展格局，各界形成合力促进我国体育产业实现可持续、高质量发展，完成社会共享共赢的体育产业发展目标。

4. 渐进共享

渐进共享强调的是在发展中保障和改善民生，立足当前社会发展阶段和经济水平来设计制定共享政策，在保证尽力而为的同时也要量力而行。渐进共享说明新发展阶段体育产业高质量发展的共享是一项长期且复杂工程，虽然当前我国已经进入新发展阶段，但是体育产业的结构、分配、生产力等方面仍然与发达国家存在一定的差距。想要实现体育产业高质量发展共享，需要政府、企业、学校、群众等多方社会力量协同合作。

政府要发挥在体育产业发展中的引导作用，促进体育产业转型升级，制定合理的法律法规和支持政策，促进专项体育协会与政府机关实现管办分离，激发市场活力。企业要加大创新研发投入，努力实现技术创新和成果转化，增加产品在国内外市场的核心竞争力。学校层面中小学要切实落实"双减"政策，鼓励青少年参与课外体育活动，培养终身运动者，扩大体育人口数量，高校层面开设体育管理、运动训练、体育旅游、社会体育、运动康复等体育专业课程，为体育产业高质量全面发展培养专业人才，积极推动高校与企业合作，促进体育科研发展及其成果转化。群众层面积极参与体育运动，培养良好的体育文化和全民健身氛围，树立科学运动、终身运动的理念，推动新发展阶段体育产业高质量发展长期可持续。

5. 互联共享

互联共享是指在当下互联网大数据时代，通过网络、软件、移动终端等实现用户、资源、信息的互联互通，通过整合体育产业大数据，促进多元化融合发展。互联共享是不断优化改进的过程，首先需要搭建统一的、可扩展的共享平台，制定具有可操作性和可执行性的共享规则，其次在互联共享的实践中平台要确保用户信息和数据资源的私人性和完整性，与用户之间构建牢固的信任关系，明确双方在共享过程中享受的权益与应尽的义务，如用户在享受体育公共资源带来的便捷时有维护资源完好的义务。

通过实现体育产业高质量发展的互联共享，能够实现对现有体育资源的整合，提高资源的利用效率，同时政府、企业可以通过收集相关信息和反馈，利用大数据分析技术，评估体育产业的运营状况和发展质量，发现存在的问题和不足，便于对共享平台的功能和模式进行优化和完善，提高共享效率。此外互联共享加强了国际交流与合作，有助于提高共享质量，为用户提供更加丰富的选择。

6. 高质量共享

高质量共享强调在我国体育产业进入发展新阶段的背景下，为了更好地满足人民日益增长的美好生活需要，体育产业成果的共享要更有质量、更有效率、更可持续。高质量共享要求用以共享的体育设施、服务、知识等与过去相比更优质、更专业、更有效率，对于不符合群众需求变化的共享资源要及时进行优化、改善、更新。在公共体育共享资源的基础上，根据不同群体的需求和特点，提供个性化的、定制化的产品和服务，包括定制训练计划、饮食计划、健康指导等。确保共享体育资源的充足性，匹配人民群众日益增长的体育共享需求，同时要避免出现资源浪费、利用不充分的问题。

9.1.3　新发展阶段山东省体育产业高质量发展共享维度的现状

根据《山东省"十四五"体育发展规划》，在当前我国实现第一个百年奋斗目标的背景下，山东省体育事业的发展正处于"十四五"阶段，这是迈向第二个百年目标的第一个五年，规划指出我省体育事业在"十三五"期间取得了显著的成果，体育产业、社会体育、全民健身、校园体育、竞技体育等蓬勃发展，体育改革取得新进展，各项体育资源开放力度进一步加大，支持集合社会各界力量共同发展体育事业，推动山东省体育强省建设迈上新高度，为实现体育强国和现代化强省建设发挥更大作用。山东省体育产业近年来发展迅速，成为拉动经济发展、促进产业结构升级、增加社会福祉的新动力、新引擎。

本部分将从产业规模、基础设施、社会参与、政策支持以及对外合作交流等五个影响因素层面出发，对新发展阶段山东省体育产业高质量发展共享维度的现状进行分析，研究现阶段山东省体育产业高质量发展的共享水平和特点，并根据相关数据、调查报告等总结新发展阶段山东省体育产业高质量发展共享维度存在的问题。

1. 产业规模

新发展阶段体育产业高质量发展共享维度的产业规模是指现阶段山东省体育产业的产出规模或经营规模，该因素能够评价山东省体育产业的发展水平，反映新发展阶段体育产业高质量发展共享维度的发展水平，可以通过山东省体育产业的生产总值、产出量等表示，包括现阶段山东省体育产业的总产值、总资产、就业人数、GDP 占比等量化指标。

山东省人民政府发布的《2018 年山东省体育产业数据》显示，2018 年山东省体育产业总规模（总产出）为 2466.55 亿元，年增加值为 968.58 亿元，体育产业的增加值在当年山东省 GDP 所占比重为 1.45%，这一数据与全国平均水平相比高出 0.35 个百分点。到 2022

年，体育产业发展势头强劲，全省体育产业总规模（总产出）已经突破 3700 亿元，同比增长 26.4%，上述数据说明山东省体育产业在新发展阶段保持了高质量发展的良好势头，体育产业发展水平较高，高质量发展的体育产业已成为山东省重要的经济部门，这意味着山东省为新发展阶段体育产业高质量发展的共享提供了充足的产业供给，人民的体育消费需求增加，体育产业投资进一步扩大。其中具体到山东省体育产业的内部结构来看，山东省体育服务业持续保持较好的发展势头，体育服务业占比是衡量地区体育产业发展的重要指标，通常体育服务业在体育产业产值中占比越高，说明当地的体育产业结构和发展相对健康合理。2018 年体育服务业山东省体育产业总产出占比 60.1%，增加值为 713.98 亿元，在山东省体育产业增加值中的比重达到了 73.7%，涵盖健身娱乐、竞赛表演、体育培训、运动康复、体育旅游、体育经纪人等体育产业相关领域，体育服务业与各产业之间的融合发展进一步深化，其他体育服务业（体育旅游活动、体育健康与运动康复服务、体育彩票服务、体育金融与资产服务、体育科技与知识产权服务等），体育经纪与代理、广告与会展、表演与设计服务，体育用品及相关产品销售、出租与贸易代理是当前山东省体育服务业中总规模及增加值前三位的业态；体育用品及相关产品制造业的行业增加值为 249.46 亿元，占当年全省体育产业增加值比重为 25.8%，相关企业坚持创新和技术升级，全面提高企业生产力和产品竞争力以满足国内外体育用品消费者的需求；体育场馆设施建设增加值为 5.14 亿元，占当年山东省体育产业增加值比重为 0.5%，公共体育设施与基础建设水平持续提高，为实现新发展阶段山东省体育产业高质量发展共享提供丰富充足的硬件支撑。山东省体育产业高质量发展呈现稳健增长的发展态势，营商环境持续优化，产业规模进一步扩大。

结合山东省及各市体育产业发展统计报告，全省共计九市体育产业总规模（总产出）超过百亿，包括青岛、济南、烟台、威海、潍坊、德州、济宁、临沂和菏泽市，其中青岛、济南、烟台三市产值均实现体育产业总产值突破 300 亿元大关。"十三五"发展期间，山东省体育产业实现高质量发展，以青岛、济南、烟台等为代表的城市在体育产业产值、GDP 占比等方面取得了明显的提高和改善。山东省青岛作为山东经济最为发达的城市，体育产业发展水平和体育公共资源在省内处于领先地位，尤其作为沿海城市水上运动资源丰富，2018年青岛市体育产业总产出为561.48亿元，稳居全省第一的位置，占山东省体育产业总规模（总产出）的22.8%；2022年青岛市体育产业总规模（总产出）超过831.76亿元，体育产业增加值占全市GDP比重提升到2.26%。山东省省会济南作为山东省的政治、文化和教育中心，体育公共资源充足，基础设施建设完善，这为济南体育产业高质量发展共享的持续优化创造了良好条件，2018年济南体育产业总产出为381.36亿元，占全省的15.5%，位列全省第二；2021年，济南市全市体育产业总规模（总产出）提升至615亿元，增加值为233.14亿元，均居全省第二位，增加值在当年地区生产总值的占比达到2.04%。目前济南市全市共有体育产业市场主体15663个，国家体育产业基地2个、省级体育产业基地12个、认定省级体育服务综合体6家，此外还有体育制造业企业238家。山东省GDP第三名的烟台市体育产业发展相对平衡，体育产业发展水平位居全省前列，体育制造业和体育服务业发展完善，烟台市2018年体育产业总规模（总产出）为337.61亿元，占全省体育产业总规模（总产出）达到13.7%。经过"十三五"发展阶段体育产业建设，山东省实现了体育产业高质量发展，市场不断扩大，形成了体量大、分布广、种类齐全的体育产业布局。

坚持体育产业供给侧改革，实施力争打造百家星级健身俱乐部、百个品牌赛事的"双百计划"，依据《星级体育健身俱乐部培育创建评定规范》《体育技能培训机构评定规范》等政策标准，由市级、省级体育部门和社会部门三方审核，评审结果向社会公示、接受社会监督，根据山东省体育局《2021年度星级体育健身俱乐部和A级体育技能培训机构认定名单》的公示结果，山东省全省有五星级体育健身俱乐部4家、四星级体育健身俱乐部10家、5A级体育技能培训机构5家、4A级体育技能培训机构10家，覆盖多个运动项目，包括健身健体、水上运动、冰雪运动、田径运动、球类运动、棋类运动等。通过创建高标准、高质量的体育品牌，带动全省体育产业协同发展，优化资源配置，引领山东省体育产业发展、提升行业形象，发挥行业领军品牌的榜样作用和辐射作用，增强山东省体育产业的凝聚力，促进体育服务业、体育竞赛表演业高质量发展和体育产业专业人才的培养。与此同时，根据山东省政府新闻办发布的消息，截至2023年，山东已创建国家级体育产业基地25

个，其中首批由山东省体育局命名并授牌的 8 家体育产业基地包括：德州庆云县体育产业基地、日照经济技术开发区体育产业基地、临沂河东区体育产业基地、青岛风河伟业体育健身休闲示范基地、青岛奥林匹克帆船中心体育旅游示范基地、烟台养马岛马术运动示范基地、烟台蓬莱海上休闲运动示范基地和乐陵市友谊体育器材有限公司。山东省体育局将根据体育产业基地的不同特点，着重在政策、宣传等方面给予支持和指导。山东省坚持加强体育产业平台建设，不断优化体育产业营商环境，促进体育消费和体育公共事业蓬勃发展。此外山东省计划在德州、青岛、威海等城市建成体育制造业聚集区，发挥产业集群效应，坚持体育制造业科技和商业模式的创新，增强山东省体育用品制造业的竞争力和体育产业高质量发展的供给能力。山东省成立了国家体育用品质量检验检测中心（山东）、山东省体育及体育用品标准化技术委员会、体育资源交易平台、体育产业公共服务平台和山东省体育产业联合会等平台和协会，支持实现高效的体育产业发展。为了更好地满足社会对于体育消费的需求，山东省通过发放体育惠民消费券、组织举办体育消费季等一系列活动，着力拓展体育消费新供给。

山东省在新发展阶段大力支持体育产业高质量发展，产业规模不断扩大，产业结构持续优化，吸引了来自省内外的体育产业投资，通过坚持创新实现体育制造业产能与科技水平稳步提升，打造了良好的体育消费及营商环境，在体育产业产值与地区生产总值占比等指标上取得了显著的发展和进步，为实现山东省高质量体育产业共享打下了坚实的基础。

2. 基础设施

新发展阶段山东省体育产业高质量发展共享维度的基础设施是指山东省内用于支持和促进体育产业发展共享的各类体育设施、场馆、设备、器材、训练基地等的总和。高质量建设的基础设施对新发展阶段山东省体育产业高质量发展共享维度具有重要作用与意义，不仅能够提供产业发展所必需的物质条件和便利性，还能够降低山东省体育产业在生产、运营、销售等各个环节的各项成本，此外，建设良好的基础设施也是吸引体育产业投资、为体育产业转型升级提供动力、促进区域经济发展的重要因素，所以说基础设施的数量、质量、分布等将直接影响山东省体育产业高质量发展共享的水平。

根据山东省体育局发布的《2022 年山东省体育场地统计报告》，截至 2022 年底，山东省已建成各类体育场地共计 24.57 万个，占全国体育场地总数的 5.81%，占地总面积达到 2.95 亿平方米，在全国体育场地占地面积中占比达到 7.97%，山东省群众人均体育场地占有面积为 2.9 平方米，超过全国人均体育场地平均水平（2.62 平方米）。其中，各级事业单位的体育场地占地面积为 1.31 亿平方米，占山东省体育场地总面积的 44.56%；企业的体育场地面积为 4996.8 万平方米，在总面积中的占比为 16.95%；村委会的体育场地面积为 5900.72 万平方米，占总面积的 20.02%；居委会的体育场地面积为 2604.53 万平方米，占总面积的 8.84%；机关的体育场地面积为 1777.01 万平方米，占总面积的 6.03%；民办非企业单位的体育场地面积为 602.28 万平方米，占总面积 2.04%；其他组织机构的体育场地面积为 458.35 万平方米，占总面积的 1.56%。

山东省各类体育场地共计 24.57 万个，具体按运动项目分类：其中，数量最多的是全民健身路径场地，其数量共计为 8.99 万个，占体育场地总数的 36.61%；在山东省各类体育场地中占比第二多的是篮球场地，其数量共计达到了 5.14 万个，占山东省体育场地总数量的 20.92%；乒乓球场地数量为 2.46 万个，占总数量的 10.02%；田径场地共计为 1.97 万个，占 8.00%；各类综合健身房共计为 1.14 万个，占总数量的 4.63%；排球场地共计为 8855 个，占总数量的 3.60%；羽毛球场地共计为 8467 个，占总数量的 3.45%；足球场地共计为 8189 个，占总数量的 3.33%；健身步道共计为 6241 个，占总数量的 2.54%；游泳场地共计为 1062 个，占总数量的 0.43%；其他各类体育场地共计为 1.59 万个，占总数量的 6.46%。根据此项数据统计，从具体的体育项目来看，山东省体育场地中全民健身步道是最多的，为人民群众的散步、健身等日常体育休闲活动提供了充分的场地保障，考虑到各类运动项目的需求不同，篮球、乒乓球、田径场地等目前数量较多，而排球、羽毛球、足球等运动项目由于修建成本、养护成本较高等问题当前场地数量较少，在未来发展阶段还需进一步建设及优化，提供更优质的体育场地，提升新发展阶段山东省体育产业高质量发展共享维度的基础设施水平和规模。

　　基础体育大项场地方面，截至 2022 年底，山东省拥有各类田径场地共计 1.97 万个，占全国各类田径场地总数的 9.98%，场地占地面积达到了 1.01 亿平方米。具体来看，共设有 400 米环形跑道的田径场地〔109011＋401011（20000 座以下）〕6734 个，占田径场地总数量的 34.24%；其他田径场地共计 1.29 万个，占田径场地总数量的 65.76%。山东省田径场地建设数量在全国占有较大比重，各类田径场地覆盖全省，能够满足群众日常运动休闲需求，同时为运动员训练提供了优质的场地，推动体育产业、竞技体育以及全民健康事业的不断发展，实现体育产业高质量发展的全民共享。

　　水上项目方面，截至 2022 年底，山东省共建有各类游泳场地共计 1062 个，在全国游泳场地总数中所占比重为 2.95%，场地占地总面积达到了 1565.29 万平方米。具体来看，其中室外游泳池共计 249 个，占游泳场地总数量的 23.45%；室内游泳馆共计 760 个，占游泳场地总数量的 71.56%；天然游泳场共计 53 个，占游泳场地总数量的 4.99%。山东省游泳场地相比省内其他类型的运动场地数量较少，在全国游泳场地总量中的占比较低，除青岛、威海、烟台等沿海城市外，内陆城市水上运动资源相对匮乏。首先，山东省各地区之间、城乡之间经济发展水平存在一定差异，水上项目场馆的建设受制于资金、设施等因素，其次，山东省水资源相对匮乏，根据山东省人民政府 2024 年发布的地理资源数据来看，山东省人均水资源占有量不足全国的 1/6，仅为世界的 1/24，高度依赖水资源外调，导致水资源的分配很难向游泳场地设施倾斜，此外，山东省的气候导致水上运动很难常年开展，在冬季群众会选择其他运动代替游泳，需求相对较低，受制于上述因素，山东省游泳场地的建设、运营及后期维护成本较高，许多游泳场地受制于供需关系，在票价和场馆开放时间等方面难以匹配大多数人的预期，降低了群众参与水上运动项目的热情。山东省水上运动场地资源不足的问题需要政府、社区、企业等多方协调合作，以济南为例，利用泉水资源打造的深入社区的"泉水浴场"不仅提高了济南市水资源的利用效率，同时为群众参与水上运动提供了便利，"泉水浴场"成为了象征济南泉文化和体育文化的名片，激发了群众参与水上运动的热情，实现了泉水资源和体育资源的融合与共享，促进了济南市体育事业和全民健康事业的发展。

　　具体到球类运动场地方面，截至 2022 年底，山东省共建有各类球类运动场地共计 10.87 万个，占全国各类球类运动场地总数的 4.14%，场地占地总面积达到了 8338.35 万平方米。其中，"三大球"足球、篮球、排球场地共计 6.84 万个，占山东省球类运动场地总数量的 62.99%，在全国"三大球"运动场地总数中所占比重为 5.10%；乒乓球、羽毛球场地共计 3.31 万个，占球类运动场地总数量的 30.46%，在全国乒乓球、羽毛球运动场地总数中所占比重为 2.80%；其他球类运动场地共计 7121 个，占球类运动场地总数量的 6.55%，在全国其他球类运动场地总数中所占比重为 6.76%。足球场地方面，山东省足球场地共计 8189 个，场地占地总面积达到了 2334.82 万平方米，山东省足球场地数量在全国足球场地数量中的占比为 6.03%。其中，十一人制足球场地共计 2242 个，占足球场地总数量的 27.38%；七人制足球场地共计 2508 个，占足球场地总数量的 30.63%；五人制足球场地共计 3427 个，占足球场地总数量的 41.85%；沙滩足球场共计 12 个，占足球场地总数量的 0.15%。篮球场地方面，山东省篮球场地共计 5.14 万个，场地占地总面积 3141.73 万平方米，山东省篮球场地数量占全国篮球场地总数的 4.66%。其中篮球场共计 4.45 万个，占篮球场地总数量的 86.57%；三人篮球场共计 5105 个，占篮球场地总数量的 9.93%；篮球馆共计 1798 个，占篮球场地总数量的 3.50%。排球场地方面，山东省共建有排球场地 8855 个，场地占地总面积达到了 283.24 万平方米，山东省排球场地数量占全国排球场地总数量的 8.75%。其中室外排球场共计 8676 个，占排球场地总数量的 97.98%；排球馆共计 179 个，占排球场地总数量的 2.02%。乒乓球场地方面，山东省共有乒乓球场地 2.46 万个，场地占地总面积 345.16 万平方米，山东省乒乓球场地数量占全国乒乓球场地数量的 2.63%。其中室外乒乓球场共计 2.08 万个，占乒乓球场地总数量的 84.47%；乒乓球场馆共计 3826 个，占乒乓球场地总数量的 15.53%。羽毛球场地方面，山东省羽毛球场地共计 8467 个，场地占地总面积为 214.38 万平方米，山东省羽毛球场地数量占全国羽毛球场地数量的 3.44%。其中室外羽毛球场共计 6691 个，占羽毛球场地总数量的 79.02%；羽毛球馆共计 1776 个，占羽毛球场地总数量的 20.98%。为了更好地实现体育产业高质量发展成果共享，体育场地的规划与建设要符合人民群众需求的特点，结合实践经验，充分利用各类空间与场地，加大力度建设各类体育场地，五人制足球场、三人制篮球场等场地具有占地面积小、建设及维护成本较低等属性，通常具有方便快捷的特点，同时能够起到美化城市景观、塑造社区体育文化等作用，符合群众运动需求的特点，为实现体育产业发展共享起到了关键作用，在高质量发展阶段应保持对此类运动场地的投入和建设。

冰雪运动场地方面，截至 2022 年底，山东省拥有冰雪运动场地共计 99 个，占全国冰雪运动场地总数的比例为 4.04%，场地占地总面积达 413.24 万平方米。其中滑冰场地共计 29 个，占山东省冰雪运动场地的 29.29%；滑雪场地共计 70 个，占山东省冰雪运动场地的 70.71%。随着冬奥会的影响和冰雪运动的普及，近年来山东省重点打造优质冰雪运动场地。山东省冰雪运动场地呈现滑雪场地占比较多的特点，这是由于山东省位于秦岭—淮河线以北，属于温带季风型气候，冬季寒冷干燥，能够形成优质积雪，且省内地形多山地、丘陵，尤其适合建设有坡度的滑雪场地，因此山东省在气候、地形等方面适宜建设滑雪场地，能够节省滑雪场地的建设及维护成本。

体育健身场地方面，山东省建有各类全民健身路径共计 8.99 万个，占全国全民健身路径总数的 9.17%，场地占地总面积达 509.49 万平方米。其中各类健身房共计 1.14 万个，占全国健身房总数的 7.98%，场地面积 1106.53 万平方米。山东省健身步道共计 6241 个，占全国健身步道总数的 4.88%，总长度达 2.03 万公里，场地占地总面积为 7080.36 万平方米。此外，山东省大力支持各类体育公园的建设，山东省各项新建或改扩建高标准体育公园项目已完成 33 个，完成率在全国名列前茅。山东省计划在"十四五"期间将建设各类体育公园共计 74 个，全省计划新建或改扩建高标准体育公园 15 个。山东省健身步道、体育公园等充分利用山体、河流、湖泊等自然资源，打造体育自然融合景观，在优化城市形象、打造城市景观的同时提高群众的运动体验，实现体育场地绿色化建设。在各类健身步道和体育公园中，山东省也在积极推动智能化、数字化要素的融入，利用物联网、大数据、互联网等智能化、数字化工具，为居民健身运动提供智能指导，量化反映运动数据，有助于居民学习科学的运动方式、掌握自己的运动强度，综合推动新发展阶段全民健身事业的智能化、数字化、高质量发展以及全民共享。

总体而言，新发展阶段山东省体育产业高质量发展共享维度在近年来基础设施层面取得了显著的发展和改善，山东省已在多项体育基础设施的建设取得卓越成果。山东省投入了大量资源，建设了众多优质的体育设施，以服务于公众的体育活动需求，并推动全民健身的普及。山东省的体育设施建设不仅注重数量，而且追求高品质和高标准。山东省体育基础设施的共享涵盖了各类项目、多种形式，包含体育场馆、健身中心和体育公园等，尤其是全民健身路径、田径场地、球类运动场地等设施建设数量众多，为山东省群众的健身休闲活动提供了多样化的选择。这些设施在设计和建设过程中采用了先进的技术和理念，确保其功能性和安全性，实现了山东省体育基础设施向现代化、智能化、数字化、绿色化方向的转变。山东省的体育设施建设还致力于实现体育设施的多元化和包容性，除了为专业运动员提供专业训练场地、竞赛场馆等设施外，还为普通民众建设了许多社区体育设施，致力于普及全民健身、打造社区体育文化。这些设施让每个人都能体验到体育的乐趣，从而进一步推动了全民健身的普及和发展。此外，山东省的体育设施建设与城市发展之间存在着紧密的结合。许多体育设施被纳入城市规划中，成为城市的重要组成部分。这些设施不仅为市民提供了健身娱乐的场所，还为城市增添了独特的魅力，为城市增添了体育景观，打造城市的体育文化名片，实现了城市与体育的和谐共生。综上所述，山东省在体育基础设施的建设方面取得了显著成果，为山东省实现新发展阶段体育产业高质量发展共享维度的持续优化提供了有力的支撑。这些优质的体育设施为公众提供了良好的健身娱乐环境，促进了全民健身的普及，进一步推动了山东省体育事业的发展。

3. 社会参与

社会参与是指个体或群体通过参与社会活动、社会事务和政治过程，对社会发展产生影响的过程。社会参与包括个体在社会中的角色扮演、社会互动、社会支持、社会规范等方面的参与。社会参与是社会发展的基础，它能够促进社会公正、平等、和谐和进步。在具体实践过程中，社会参与包含多个方面，涵盖社会义务和公益活动、政治参与、社区建设和管理、文化参与、经济参与、环境保护和可持续发展等领域。新发展阶段山东省体育产业高质量发展共享维度在社会参与层面要求政府、企业、行业协会、社会组织、市场以及群众协调合作，充分调动社会上广泛的体育资源，促进社会力量参与体育产业发展共享，发挥政府领导、企业主导、群众参与以及市场运作的合力，相互促进、相互制约，共同推动新发展阶段山东省体育产业高质量共享维度的持续优化。

　　山东省努力把握当前体育产业发展面临的良好环境和时代机遇，山东省体育产业共享维度的发展融合竞技体育、社会体育、学校体育等层面的社会力量，发挥政府的领导职能，由山东省人民政府为体育产业发展提供全方位坚强保障与精准扶持，鼓励社会基层体育组织与各类体育企业形成合力、共同发展，坚持体育产业供给侧改革，整合各方资源带动体育产业的发展与优化，着力提升全民健身公共服务水平，构建更高水平的全民健身公共服务体系。山东提出在省内着力实现体育产业与社会力量的创新融合，重点发力打造"大体育"发展格局，努力实现部门协同工作机制与评估考核等工作的改善与创新，依托体育总会的整体管理与资源协调优势创新体育社会组织管理，优化山东省体育产业平台与体育企业的沟通协调，广泛动员社会力量、集中各方优势参与山东省体育事业的建设，使社会在共享山东省体育产业高质量发展成果的同时积极推动体育产业的创新与优化，形成山东省体育产业的良性循环与可持续发展。

　　在山东省委、省政府"打造千亿领航企业，引领万亿产业集群"的支持与号召下，响应新发展阶段山东省体育产业高质量发展共享维度的现实需求，2022年11月24日，山东省首家体育产业混合所有制企业——山东省体育产业集团成立并正式启动运营。山东省体育产业集团是由山东省委、省政府对体育产业国有企业深化改革的一次创新性探索。山东省体育产业集团集中整合社会上的体育产业资源，形成体育产业规模效应，以山东省体育产业发展为核心，促进山东省体育事业实现现代化发展、可持续发展，顺应新发展阶段山东省体育产业高质量发展共享维度的现实需要。山东省体育产业集团在山东省委、山东省人民政府、山东省体育局以及各级社会力量的支持下，积极探索新发展阶段山东省体育产业的发展模式，带动山东省体育产业实现规模增长，致力于消除阻碍山东省体育产业发展的现实阻碍，为实现新发展阶段山东省体育产业高质量发展共享维度的优化奠定深厚的产业基础与社会基础。

　　在扶持省内体育企业的同时，山东省积极推动各级社会体育俱乐部的建设。从广度与深度同时发力，联合各级体育部门为社会组织开展业务提供帮助，大力支持创办青少年俱乐部、青训营等，对符合条件的青少年体育俱乐部、青训营等给予经费扶持，推动社会力量、社会资本充分参与体育产业发展共享的建设，建立青少年体育俱乐部管理平台，为青少年体育发展、交流和竞赛活动等提供"互联网＋"服务，着力构建山东省现代化的"大青训"体系。

除了企业、俱乐部等在体育产业发展共享过程中的作用外，于社会体育层面，山东省人民群众对于体育产业的积极参与与大力支持也让山东省体育产业的发展取得了雄厚的开展基础。山东省始终坚持大力发展全民健身事业，以《山东省全民健身条例》《山东省全民健身实施计划（2016—2020 年）》等政策文件为行动纲领和核心思想，努力打造山东省全民健身"大群体"的发展格局。山东省体育局公布的《山东省全民健身计划（2016–2020）》的实施情况显示，2018 年山东省"经常参加体育锻炼人数"的比例达到了 40.5％，各级社会体育指导员共计 23 万人，各级体育社会组织共计 4.7 万个，各类公共体育场地和体育设施基本实现全部开放，农民体育健身工程覆盖率达到了 95％以上，城市社区"15 分钟"健身圈基本形成。"十三五"期间，山东省平均每年举办县级及以上全民健身赛事及活动次数超过 5500 次，山东省全民健身运动会年度参赛规模接近 500 万人次，共计成功举办 3 届冬季全民健身运动会。

学校体育层面，山东省积极推动体教融合的发展模式。青少年是新发展阶段山东省体育产业高质量发展共享维度的重要受益群体，能否帮助青少年养成良好的运动习惯、熟练掌握运动技能，将直接影响青少年一生的生理健康和心理健康状况，决定全民健康事业的发展水平。山东省积极通过政府购买服务的形式，促进协会、俱乐部、企业等社会力量参与青少年体育事业的融合发展。大力开展各级校园体育联赛，具体落实到省级、市级、区级、县级、校级等，让学生近距离接触并感受体育联赛与体育文化。发挥校园体育在竞技体育人才培养体系中的投入比重，从提高普及率入手，扩大选材基础，完善校园竞赛体系与青训体系的紧密结合，从竞赛中选拔优秀后备人才，加强教师、教练培训，提高师资的专业技能及文化水平。此外，山东省教育厅和省体育局强力规范市级体校文化教学工作，文化教育由教育部门进行统筹管理，有文化教学的市级体校全部加挂普通学校牌子。努力实现县级体校的办学模式改革，为省优秀运动队做好人才储备。开展传统体育项目学校的领导、教师、教练员培训，对有代表性的优秀传统项目学校和重点项目传统学校给予经费等方面的扶持。积极探索推进各类体育项目通过多种形式"进校园"活动，组织各级运动队的优秀教练员、运动员到校园与师生互动，传播体育技能、体育文化、体育知识。

竞技体育方面，发展竞技体育对于体育产业发展共享同样具有积极的现实意义，通过竞技体育成果的共享能够促进公众身体素质的提高和健康生活方式的形成。山东省体育局发布的《山东省"十四五"体育发展规划》中总结了"十三五"期间山东省体育方面取得的一些成绩，山东省运动员在奥运会、世锦赛、世界杯总决赛上共获得 40 个世界冠军；在年度全国最高水平比赛中获得全运、奥运项目金牌 263 枚，连续 5 年位居全国前列。"十四五"期间，在 2021 年举行的东京奥运会上，山东省一共有 49 名选手参赛，参加 17 个大项 50 个小项冠军的争夺，最终获得 7 枚金牌、1 枚银牌、3 枚铜牌。无论是金牌数量、参赛人数还是参赛项目的数量，山东省都位居全国首位，体现出了近年来山东省竞技体育的发展与进步。竞技体育精神力量与文化属性能够引领体育产业以及全民健身事业发展共享实现向更广阔、多元的方向转换。竞技体育的成果展示能够激发群众参与健身活动的热情，尤其是青少年，同时运动员阳光、健康的形象也能为青少年的成长起到良好的引导和榜样作用。优秀的竞技体育成果会让公众感受到体育运动的魅力和乐趣，从而更加积极地投入健身活动中。高水平发展的竞技体育为全民健身提供了更多参与运动机会和指导，竞技体育的专业性和规范性也可以为全民健身提供更多的指导和帮助，让更多人了解和掌握健身知识，提高健身效果和质量。竞技体育在实践过程中的先进研究成果能够促进运动训练和运动康复的完善与提高，能够为民众提供专业的运动及康复指导。此外，竞技体育的培训和选拔机制可以发掘更多的人才，发达的竞技体育后备人才培养体系也为青少年提供了参与运动训练的机会，同时也创造了更多的工作就业机会，为全民健身注入新的活力。

4. 政策支持

政策支持能够实现产业助力因素的不断优化改进，有助于资金、人才、知识等资源进入市场实现健康循环和充分共享。新发展阶段山东省体育产业高质量共享维度的持续优化离不开宏观政策的调控作用和支持作用，山东省人民政府、山东省体育局等制定并发布了有关体育产业及全民健身事业发展的多项政策，积极优化产业环境、加快科技创新、实现共建共荣。山东省提出积极推动构建全省"大体育"发展格局，鼓励社会力量参与体育事业的建设。推动体育产业高质量发展，打造健康的市场主体发展环境；保持青少年体育工作良好发展态势，加强体育改革创新，促进"体育 + "融合发展、城乡区域均衡发展和数字体育建设等方面持续发力。

山东省人民政府在其发布的《关于加快推进新时代社会主义现代化体育强省建设的实施意见》中提出了未来山东省体育事业的发展目标，包括到 2025 年，山东省体育强省建设取得重大突破，体育产业规模达到 6000 亿元以上，占全省 GDP 的比重接近 2%。全民健身公共服务体系进一步优化完善，人均体育场地面积超过 2.7 平方米，经常参加体育锻炼人群数量比例达到 42%。此外竞技体育层面国内外重大赛事成绩要继续位居全国前列，体育文化层面文化软实力要进一步提升，积极推动国内外体育对外交流合作。到 2035 年，山东省要实现建成新时代社会主义现代化体育强省，全省体育产业总产值达到 1 万亿元，让体育产业成为山东省国民经济支柱性产业。依托体育事业的发展，建成更高水平的全民健身公共服务体系，届时山东省人均体育场地面积要超过 3.5 平方米，经常参加体育锻炼人群数量比例要达到 48%，人民群众身体素质、生活质量和全民健康状况明显改善，实现构建运动促进健康新模式、新格局。形成具有地方特色和独特魅力的体育文化，广泛传播中华体育精神，国内国际间的对外交流合作明显增强。

在山东省人民政府发布的《关于促进全民健身和体育消费推动体育产业高质量发展的实施意见》中，从七个维度提出新发展阶段通过全民健身与体育消费促进山东省体育产业高质量发展的指导意见，该意见旨在深入实施全民健身国家战略，促进体育消费持续提质升级，推动体育产业成为国民经济支柱性产业，让全民健身事业与体育产业实现互促互荣、协同发展。

在体育产业资金引导方面，山东省制定并发布了《山东省体育产业发展引导基金设立方案》，提出通过发挥财政资金的引导放大作用和市场在资源配置中的决定性作用，合理配置体育产业发展中的资金流向，促进投资机构和社会资本参与体育产业发展建设，大力扶持山东省中小微体育产业企业以及政府重点建设项目。

此外，为了更好地促进"三大球"等群众参与度较高的体育运动的发展，山东省也出台了相应的支持政策或指导意见，以足球为例，山东省为了推动实现足球改革，出台《山东省足球改革发展实施方案》，制定《山东省足球中长期发展规划》，并与省教育厅联合制定了《关于加快发展青少年校园足球的实施意见》，积极破除发展道路上的各类阻碍，努力为体育事业的发展打造良好的发展环境和人才选拔体系，推动新发展阶段山东省体育产业高质量发展共享维度水平的提高以及持续优化。

5. 对外交流合作

近年来山东省积极推动体育产业"走出去"与"引进来"相结合，通过开展国内国际交流合作活动，推动山东省优秀的体育产品和体育文化走向更大的舞台，引进国际级体育赛事、博览会等落户山东，在交流中学习最新的体育产业发展成果与体育共享知识理论，推动山东省体育产业发展共享体系更加成熟完善。

国内交流方面，通过成立黄河流域体育健康产业高质量发展共同体、沿大运河（山东）城市体育发展联盟，组织召开京津冀鲁体育产业资源交流大会等。通过联合企业、高校、科研机构、政府机关、社会力量，推动召开如"黄河流域体育健康产业高质量发展共同体成立大会暨首届全国体育健康产业高峰论坛"等学术前沿论坛及会议，促进体育产业、健康产业、医疗产业等产业融合协调发展，坚持"大体育""大健康"理念，按照"对接需求、集聚特色，协同创新、跨界融合，主体多元、创新机制，市场驱动、集群发展"的建设原则，以"全方位、全周期保障人民健康"为价值追求，以"大体育＋大健康"为建设特色，以"政产学研融合＋创新创业＋产业示范"为建设路径，推动全民健身和全民健康深度融合，深化体卫协同发展，整合社会各界资金、资源、科研力量，加强人才培养、科技创新、产业发展、共建共享等方面的深度合作，打造黄河流域体育健康产业的科创、人才、信息的聚集地。

国际交流方面，为落实《中国—中东欧国家合作布加勒斯特纲要》精神，加强中国与中东欧国家在体育学学科领域的交流合作，提升中国与中东欧国家高校体育学学科建设水平，2023 年 11 月 23 日至 24 日，由山东大学和塞尔维亚诺维萨德大学共同牵头发起的中国—中东欧国家高校联合会体育学学科建设共同体成立大会暨共同体 2023 年体育学学科发展国际会议在山东大学举行，广大共同体成员高校未来将围绕"全球大学体育"高质量发展这一主题展开交流，加快建立更加立体、更加完善的战略合作体系，立足发展现实，加强在人才培养、科研合作、人文交流等方面的深度合作，实现各类优质体育资源的共建共享，促进各国人民相知相亲、民心相通相融，积极发挥体育促进身心健康、推进民心相通、增强世界凝聚力、促进人类团结的独特作用，在更大范围、更深层次、更高水平上推进高质量共建"一带一路"，为体育国际化发展注入新动力，为构建人类命运共同体作出新贡献。山东体育学院与西班牙武康大学共建"山东体育学院国家足球学院·国家篮球学院西班牙实训基地"，旨在加强双方体育训练等方面的建设交流。

山东省未来将重点推动重大体育赛事的打造及引进，根据《关于促进全民健身和体育消费推动体育产业高质量发展的实施意见》中的要求，山东省力争培育 5 项以上国际品牌赛事，10 项以上全国品牌赛事，对重大高端赛事给予适当奖励扶持，支持有条件的市打造体育赛事名城。将赛事打造为体育科技合作共享的重要平台，持续打造"金牌赛事"，推动体育科技创新发展。通过赛事吸引体育人才，拓展赛事覆盖面及影响力，加强国际交流与合作，培育体育科技创新人才。通过赛事实践促进学科研究成果转化，深化"产学研用"协同创新模式，推动体育产业转型升级，激发体育产业发展新动能。

9.2 新发展阶段山东省体育产业 高质量发展共享发展路径

虽然近年来山东省体育产业在各方面取得了长足发展，但在共享维度上还存在一些短板。首先总体上山东省体育产业发展地区之间存在不均衡，呈现东强、中平、西弱的态势，地区间、城乡间体育产业资金、资源、基础设施等配置不均衡。其次山东省体育产业结构有待优化，虽然体育服务业总体发展态势较好，但竞赛表演业、体育健身休闲、体育场地和设施管理服务业等核心业态的增长速度较低、发展比较缓慢，总产出和增加值占比较小。此外，山东省体育产业的发展存在不平衡不充分的问题，竞技体育成果的共享程度较低，全民健身公共服务体系尚不完善，体育场馆的社会效益未能充分发挥。同时，体育产业的人才队伍、科技支撑和市场开发等方面也存在不足。

为了使新发展阶段山东省体育产业高质量发展共享维度层面取得进一步的优化与改进，本部分将给出下述优化路径，以改善山东省体育产业发展共享层面出现的问题及阻碍因素。

9.2.1　坚持党建引领共享发展，加强宏观调控

坚持党对体育工作的领导是确保我国体育事业沿着正确方向发展的根本保证。只有坚持党的领导，才能协调各方利益关系，满足人民群众日益增长的多元化、多层次的体育需求。同时，在发挥市场机制作用的同时，政府在体育公共服务中的作用也至关重要。我们要全面贯彻党的各项决策部署，认真落实全民健身国家战略，促进群众体育和竞技体育全面发展。只有这样，我们才能确保我国体育事业始终沿着正确的方向前进，为人民群众提供更好的体育服务。

做好党建工作在基层体育社会组织的引领和带动作用。体育社会组织在新时代强省建设中具有关键地位，对全民健康、文化建设、经济增长、产业结构升级等方面发挥着重要作用。山东省需要做好党建工作与社会体育工作的有机结合，注重基层体育总会和体育社会组织的建设，打造以党委政府主导、部门协同、全社会参与的"大体育"发展格局。发挥体育社会组织的多元功能，利用体育总会的枢纽作用和体育社会组织的社会性独特优势，积极融入体育强省建设。发挥技术、人才和行业优势，推动群众体育普及、竞技体育提升和体育产业发展。将各级体育总会和体育社会组织作为工作的焦点，致力于实现全社会共同参与、共建共享的体育强省目标。同时，积极寻求新时代体育社会组织的发展途径，全面推进体育社会组织高质量发展。强调健全全民健身组织体系，贯彻党和国家关于加强体育社会组织的要求，科学规划基层体育总会和体育社会组织的高质量发展，实现从"有"到"优"的升级。积极推动体育社会组织创新发展，制定专项规划和激励政策，提升整体发展水

平。特别强调将体育与乡村振兴相结合，发挥乡村体育总会和项目协会的作用，推动乡村体育"四赛"活动，为乡村振兴贡献实际行动。

在对体育社会组织的监督管理和指导服务方面，要履行职责，确保规范健康发展。党建方面要坚持党管一切原则，履行对体育社会组织的党建指导职责，发挥党组织在各方面的带头作用。同时，加强监督管理，明确监管事项清单，确保各项监管程序的严格执行。指导服务方面要加大"放管服"改革力度，推进资源开放，促进创新创造活力。此外，积极推动政府购买服务，优化政府购买服务的政策机制。安全管理方面要坚持底线思维，增强风险防范意识，确保各项体育活动的安全有序进行。

9.2.2　着力优化体育产业结构

未来山东省需要聚焦供需两侧发力，实现体育产业结构的优化，解决体育产业发展不平衡、不充分的问题，推动体育产业实现高质量发展。

加大体育竞赛表演业、体育健身休闲产业发展的投入力度，培育引进国际国内大赛事，吸引国际国内顶级和单项赛事，争取培育5项以上国际品牌赛事、10项以上全国品牌赛事。支持有条件的市创建体育赛事名城，积极发展职业赛事，鼓励社会力量组建职业体育俱乐部，引导业余精品赛事，展开足球、篮球、乒乓球、羽毛球等三级联赛。支持各地举办沿黄、沿海、沿运河系列品牌赛事，完善健身休闲体系，推广足球、篮球、排球、游泳、路跑、骑行等健身项目。着力于地区特色赛事品牌的建设和营销，加强体育品牌建设，提高品牌知名度。因地制宜选择营销策略，吸引更多赞助商和消费者参与，从而推动体育产业结构的优化。鼓励冰雪、山地户外、水上、汽车摩托车、航空等具有发展潜力的健身项目的开展，推动电子竞技、击剑、马术等时尚运动项目覆盖更多消费人群。传承推广武术、龙舟、射箭等传统健身休闲项目，发扬中华传统体育文化和体育精神。推进体育用品制造业升级，建设智慧体育研发中心，应用更多科技成果于体育领域，推动数字化、网络化、智能化改造，促进科技成果的应用和产学研结合。支持企业参与高新技术企业认定，鼓励企业与高校、科研机构合作创新，承担国家、省级科技计划项目，提升我国体育行业核心竞争力。支持地方建设体育产业园区和孵化基地，争创国家级体育产业创新示范区。发挥国家体育用品质量检验检测中心（山东）作用，加强对创新产品的质量检测服务。

加强市场主体，扶持引领型企业，推进体育产业补链、延链、强链，形成集群发展格局。支持企业跨区域、跨行业、跨所有制兼并重组，打造跨界融合发展的体育产业集团。吸引国内外知名体育企业到山东省设立分支机构或区域总部。对符合条件的企业，给予升级高新技术企业的支持，鼓励各市建设体育产业园区和众创空间。依据《星级体育健身俱乐部培育创建评定规范》《体育技能培训机构评定规范》等政策标准，实施打造100家星级健身俱乐部、100个品牌赛事的"双百计划"，支持健身俱乐部规范化、标准化、品质化发展。培育新型创业服务平台，引入知名企业和品牌，推动体育产业发展。优化体育营商环境，推动体育消费。深化"放管服"改革，完善赛事管理和服务机制，确保规范安全。推动公共资源向体育赛事活动依法依规开放。创建国家体育消费试点城市，发放体育消费券，举办体育消费季等活动。加强体育市场监管，制定健身机构管理办法，强化社会信用失信联合惩戒。完善体育消费支付、体育保险产品及服务形式，丰富群众的体育消费选择。

9.2.3　加大政策扶持力度

未来山东省体育产业相关政策扶持力度需要进一步增强，推动体育产业实现共享发展。明确政策制定目标是推动体育产业、全民健身事业等协同发展，产业发展成果要可公开、可共享、公平公正，同时要确立可衡量和可操作的共享发展目标，包括资源共享、提高利用效率、改善民生福祉等，以便评估政策实施效果。完善相关法律法规体系，制定并完善与共享发展相关的法规，明确各方权利和义务，规范共享行为，为其提供法律保障。增加对共享发展的政策支持，包括财政补贴、税收优惠、金融扶持等，鼓励中小微体育产业企业及政府重点项目发展，推动体育资源、设施及场馆等对公众实现开放使用，实际执行过程中强化对共享发展的监督和评估，确保政策实施效果。鼓励和支持科技创新，提高共享技术水平和效率，如通过大数据、云计算等手段实现资源的高效管理和共享。在制定和实施共享发展政策时，注重公平公正，避免资源过度集中和不均分配，同时关注和支持弱势群体，确保共享发展成果惠及全体人民。

通过加大政策扶持力度，促进体育产业与全民健身相关行业融合发展。在大量政策"利好"背景下，大力推动体育产业与全民健身相关行业的融合发展，重点突破体育与健康、互联网、旅游等领域。促进体育与健康融合发展，鼓励社会资本开发体育健康产业，推行运动处方，提供有偿服务的健康大数据；促进体育与互联网融合发展，探索"互联网＋体育"发展新业态，提供线上多元化、多层次服务和智能化产品；促进体育与旅游融合发展，大力开展健身休闲、户外运动以及民族传统体育等，培育体育旅游精品项目。

山东省根据国家体育总局发布的《"十四五"体育发展规划》，结合山东省体育产业"十四五"发展规划，加强对体育产业的支持力度，推动体育产业高质量发展。政府可以通过以下措施充分发挥政府的职能，助力体育产业的高质量发展。

1. 设立专项资金

山东省政府可以设立专项补贴资金，用于支持体育产业项目的发展。这些项目可以包括体育场馆建设、体育赛事举办、体育旅游开发、体育人才培养等。通过给予项目补贴，可以降低项目的成本和风险，提高项目的可行性和成功率。同时，专项补贴资金还可以用于奖励优秀的体育企业和项目，激励更多的企业和个人参与到体育产业的发展中来。

2. 提供低息贷款支持

山东省政府可以通过与金融机构合作，为体育产业项目提供低息贷款支持。低息贷款可以降低项目的融资成本，减轻企业的财务压力，促进项目的顺利实施。同时，低息贷款还可以鼓励更多的社会资本进入体育产业领域，推动体育产业的快速发展。

3. 要加强政企交流

根据政府需求采购相关企业服务或产品，以助力消费代替资金扶持。政府需提供良好的竞争环境和资源，减少对市场的干预，简政放权，激活市场，引导体育产业良性竞争，使体育产业供给侧结构合理化，有效推动新时代山东省体育产业高质量发展。

另外，应充分发挥山东省政府功能，积极开拓体育市场，引导并激发居民体育消费活力，提升人民群众的消费力与购买力；以体育市场需求为导向，提高山东省政府举办体育赛事的积极性，通过大众媒介，广泛开展群众体育运动，提高群众对体育的认识，激发山东省人民的体育消费热情，转变消费观念；着力构建消费群体热爱的体育项目，举办运动会等体育活动增强群众体验感，引导群众感受竞技体育的魅力；有针对性地加大体育消费市场的开发力度，随着人民生活水平的不断提高，消费观念的不断转变，精神需求的加大，体育健康、体育娱乐、体育产业等都将得到进一步发展，将盘活体育经济消费活力。

9.2.4　建立公平的分配机制

建立公平的社会资源分配机制需要采取一系列综合措施。首先，确保资源分配过程透明可查，通过公共信息平台公开标准、流程和结果。其次，法治化至关重要，建立健全的法律法规体系明确原则和程序，以维护公平正义。促进社会各界广泛参与也是关键，包括公民、非政府组织和专业机构，以建立资源分配的决策机制。此外，基于全面的社会需求评估，确定资金、信息、资源等的分配优先级，并考虑差异化政策以满足不同群体需求，结合山东省体育产业共享层面存在的"东强、中平、西弱"现象及城乡之间发展不平衡问题，下一步要适当将更多优质的体育资源及人才向西部体育欠发达地区和乡村地区配置。除地区和城乡呈现的差异外，体育分配制度还需要考虑弱势群体需求的特殊性，尤其以老年群体、残疾人群体为工作重点，体育产业发展成果的再分配要淡化效益至上的意识，以提高弱势群体社会福祉、满足其现实需求为行为导向，体育场馆设施等要实现无障碍环境建设，为弱势群体创造更加安全、便利、舒适的从事体育运动的环境，同时考虑到弱势群体体育赛事市场效益较低的特点，要在财政等方面给予相应补贴，确保弱势群体体育参与权益的保障。此外还需要确保财政透明度，监督公共财政使用合理高效，对资金流向保持跟踪与监督。同时加强社会对公平概念的教育，提高公众对社会资源分配的认知水平。建立资源分配的纠错机制，确保及时纠正不正当现象，并设立定期评估机制，根据社会变化和需求灵活调整政策，以不断提升分配机制的公平性。

9.2.5　深化体教融合、体卫融合等产业交叉融合

体育产业交叉融合发展是指体育产业与其他产业之间的相互渗透、相互融合，形成新的产业形态和产业链，从而促进体育产业的多元化发展，提高竞争力和创新能力。未来山东省要加强体育产业与教育、医疗等产业的合作，通过体育产业交叉融合发展带动全民健身事业以及健康中国的建设，共同开发新的体育产品和服务，以满足不同消费者的需求。推动技术融合，利用大数据、人工智能等先进技术手段提高体育产业的智能化水平，从而提高生产效率和产品质量。此外，通过业态创新，如体育旅游、体育赛事、体育健身等，为消费者提供更加丰富多样的体育产品和服务。体育产业交叉融合发展将会创造新的就业岗位，需要培养具备跨学科知识和技能的体育产业人才。体育产业交叉融合发展是未来体育产业的重要趋势，需要政府、企业和社会各界共同努力，推动深度融合，促进体育产业的健康发展。

1. 体教融合方面

推行体育教学改革，增加体育课课时，将体育成绩考核纳入高校培养方案，并推动研究生体育公共课程。提高教学质量，设立可供选择的体育课程教学，建立"健康知识＋基本运动技能＋专项运动技能"教学模式。推广游泳教学，力争实现2025年时每一名中小学生都能掌握游泳技能。加强体育锻炼，确保学生每天校内、校外各1小时体育锻炼，加强学生军事训练。师资队伍建设方面，通过多种方式解决体育教师短缺，推进高校体育教育专业人才培养改革，每年组织体育教育专业大学生到农村学校支教。培育体育名师团队，推进省级体育教师培训基地建设，鼓励推荐体育教师参评教学名师。体育评价机制方面，改革考试制度，推行"运动参与＋体质健康测试＋运动技能测试"方式确定体育科目成绩。提高中考体育科目考试分值占比，探索在高校招生测试中增设体育项目。强化督导问责，将学校体育质量纳入教育督导范围，对不认真履职的进行问责。规范课余体育训练，鼓励学校与体校、社会

俱乐部合作，共建各类高水平运动队。健全体育竞赛体系，科学设置赛事，构建四级竞赛制度。建设体育传统特色学校，推广中华传统体育项目，建设省级体育传统特色学校。培养优秀体育人才，建立完善招生、训练、培养"一条龙"体系。体育办学条件方面，加大体育经费投入，调整支出结构，引导社会资本参与。改善场地器材建设，按标准建设中小学体育场馆，推进社会公共体育场馆向学生免费或优惠开放。引导家庭和社会力量参与，鼓励企业、单位、个人及社会公益组织赞助学校体育活动。组织保障方面，强调各级政府将学校体育工作纳入重要议程。

2. 体卫融合方面

完善体卫融合顶层设计，建立体育部门与卫生部门联合工作协调机制，强化综合服务平台，确立体育康养、运动康复等领域的标准体系，通过体育部门与医院、高校等深度合作打造体医融合领域人才培养体系，并构建科普矩阵，积极开创新时期多层次、多元化、多模式的体卫融合发展新途径。专注于创新体卫融合模式、培育人才队伍、攻克关键技术、推动科研成果转化以及促进体育健身产业的发展等领域，致力于打造体卫融合的行业标杆和示范样板。支持黄河流域体育健康产业发展共同体工作，设立国家和省级体育产业基地（园区），加强领军企业和羚羊企业，构筑新格局的体育产业集群发展。创建"四沿"（沿黄、沿运、沿海、沿齐长城）体育赛事品牌，鼓励各地因地制宜推动具有地方特色的体育赛事活动，促进徒步、漂流、骑行、潜水、滑雪、垂钓、高空等健身休闲业态。稳固山东省体育健身用品和运动康养设备的领先地位，推进体育用品制造业向数字化、网络化、智能化的转型，积极研发智能运动装备、智能场馆、可穿戴设备等产品和技术。重点发展运动康复领域，体育参与医疗康复是一种有益的康复方式，旨在通过结合体育活动和锻炼，促进患者的身体康复和心理健康。在医疗康复中，体育活动作为辅助治疗手段，有助于患者恢复身体功能和提高生活质量。例如，对于骨折、关节损伤等患者，适当的康复训练和体育活动有助于促进骨折愈合和恢复关节功能。对于慢性疾病如高血压、糖尿病等，适当的体育活动能够有效降低血压、控制血糖，从而预防并发症的发生。在医疗康复中，体育活动的形式和内容需根据患者的具体情况和需求选择。针对行动不便的患者，可以选择床上运动、轮椅运动等；对于需要提高肌肉力量的患者，可以进行力量训练、举重等。在进行医疗康复时，要注重患者的安全和舒适度，避免过度运动和潜在的损伤。总体而言，体育参与医疗康复为患者提供了全面而有效的康复方式，有助于维护身体健康和促进心理健康。在制定康复计划时，需要根据患者的具体情况和需求选择适当的体育活动和训练方式。鼓励通过科技创新、产业转型、成果转化等方式，培育康复医疗相关产业，支持基层医疗机构丰富和创新康复医疗服务模式，将康复医疗服务延伸至社区和居家，为有迫切康复需求的人群就近就便提供专业康复服务。积极推动体育要素参与养老产业发展，体育参与养老产业是一种创新模式，旨在通过体育活动和锻炼提高老年人的身体健康和生活质量，为养老产业创造新的服务内容和市场机会。在实践中，可以采取多项措施。首先，建设适合老年人的体育设施，包括健身器材、游泳池、羽毛球馆等，以提供安全、舒适的锻炼环境。其次，开展适合老年人的体育活动，如太极拳、健身操、瑜伽等，满足其身体状况和兴趣爱好，有助于维持身体健康和提升精神愉悦感。为老年人提供专业的体育服务也是关键，包括健康咨询、健身指导、康复训练等，以制定个性化锻炼计划，提高锻炼效果。此外，通过宣传和教育推广体育养老理念，让老年人认识到体育锻炼对身体健康和生活质量的重要性，激发其参与体育活动的热情。总体而言，体育参与的创新型养老服务模式有望促进老年人身体健康和生活质量的提升，同时为养老产业注入新的服务元素和市场机遇。

9.2.6　推动体育产业数字化、智能化建设

推动体育产业数字化、智能化建设是当前发展的重要趋势，新发展阶段山东省体育产业高质量发展共享维度要进一步加大力度投入数字化、智能化建设，利用现代化的智能化数字技术及平台，实现体育经济行为多元化开展。加速网络共享体育经济发展模式建设，提升人均体育资源占有率。下一步山东省应制定明确的发展战略，明确数字化、智能化建设的目标和任务。要加强基础设施建设，通过数字化、智能化改造，提升体育场馆、健身设施的服务水平。积极引进先进技术，如云计算、大数据、人工智能，以支持产业的数字化、智能化发展。推动数字化转型是关键，将传统业务模式向数字化、智能化模式转变，提高效率

和竞争力。人才培养也至关重要，要加强相关领域的培养，提高从业人员的数字化、智能化素养。最后，建立合作机制，促使产业内外的合作，实现资源共享和优势互补。

9.2.7　提高体育设施利用率，完善体育设施供给

体育设施是体育产业发展的载体，体育设施建设滞后会严重影响体育产业高质量发展。我国进入新时代，"健康中国"上升至国家战略，人们健康理念提升，体育设施供给不足的矛盾日益凸显且导致了一系列社会问题，对于人口大省山东省来说，这一矛盾较为明显。提高体育设施利用率有助于满足居民日益增长的体育需求。随着人们生活水平的提高和健康意识的增强，越来越多的人开始关注体育锻炼和运动健身。提高体育设施的利用率，可以更好地满足居民的体育需求，促进全民健身运动的开展。

完善体育设施供给有助于推动体育产业的发展。体育设施是体育产业发展的重要基础，完善体育设施供给可以吸引更多的企业和投资者进入体育产业领域，促进体育产业的繁荣和发展。同时，完善的体育设施也可以为运动员和教练员提供更好的训练条件，提高运动水平和竞技水平。

此外，提高体育设施利用率和完善体育设施供给还有助于提升城市形象和促进社会和谐。一个完善的体育设施可以成为城市的新地标，提升城市的形象和知名度。同时，通过参与体育锻炼和运动健身，可以促进人们的身心健康和社会和谐。

山东省政府应该加大对体育基础设施建设的投入，配套专项资金，简化审批手续；应该提高体育场地设施利用率，完善体育健身设施与供给，健全体育组织体系，满足人们的健身需求，开展全民健身活动，鼓励各区县创建全民运动健身模范区，将体育表演、健身、竞赛等与旅游、贸易相结合，充分利用体育设施资源，提高综合效益。同时，山东省各地区体育部门要结合实际情况制定体育设施管理办法，如出台《山东省智能体育场馆补助管理办法》，积极推进全省智能体育场馆建设。另外，还应积极协调推进山东省体育公共服务平台分工任务，推进新时代山东省数字体育转型升级等。

261

第 10 章 结　语

　　随着全球经济的飞速发展，体育产业逐渐从幕后走向台前，成为各国竞相发展的重要领域。作为中国的经济强省，山东省在体育产业方面的探索和实践，不仅是对自身经济发展的一次重大尝试，更是对中国体育产业发展道路的有益探索。

　　本书全面梳理了山东省体育产业的发展状况，深入分析了其面临的机遇与挑战，通过大量的数据和案例研究，展现了山东省体育产业高质量发展的独特魅力和巨大潜力；同时还探讨了新发展理念下山东省体育产业高质量发展的战略、路径和措施，提出了一系列具有创新性和实践性的政策建议。

　　在新发展理念的指引下，我们提出了推动山东省体育产业高质量发展的战略框架和实施路径。其中，创新是核心动力，协调是内在要求，绿色是发展底色，开放是必由之路，共享是根本目的。只有全面贯彻这些理念，山东省的体育产业才能真正实现从大到强的跨越。

　　我们希望通过本书，能够激发更多的思考和行动，推动山东省乃至全国体育产业的高质量发展。同时，我们也期待着中国体育产业在全球范围内的崛起，为世界体育产业的发展贡献中国智慧和中国力量。

　　展望未来，随着科技的不断进步和消费市场的不断扩大，山东省体育产业将呈现出更加多元化、智能化和全球化的发展趋势。我们相信，在全社会的共同努力下，山东省的体育产业一定能够实现更高质量、更可持续的发展，为建设健康中国、推动经济社会发展做出更大的贡献。

参 考 文 献

［1］王晨曦、满江虹：《中国体育产业高质量发展评价指标体系的构建：基于动力变革、效率变革、质量变革》，载于《首都体育学院学报》2020 年第 3 期。

［2］王雪莉、付群、郑成雯：《中国体育产业高质量发展的现实挑战与路径探索》，载于《北京体育大学学报》2020 年第 1 期。

［3］任波、戴俊：《中国体育产业高质量发展：困境、逻辑与路径——基于"质量和效益为中心"的视角》，载于《体育与科学》2020 年第 2 期。

［4］李刚、代刚：《新时期我国体育消费的理论构建和实践路向——基于消费者行为理论研究》，载于《西安体育学院学报》2023 年第 6 期。

［5］任波、戴俊：《"双循环"新发展格局下中国体育产业高质量发展：逻辑、动力与路径》，载于《体育学研究》2021 年第 2 期。

［6］兰自力：《我国体育产业高质量发展的若干问题思考》，载于《第十一届全国体育科学大会论文摘要汇编》，湖北经济学院体育经济与管理学院，2019 年。

［7］李刚、代刚、杨立忠：《我国冰雪体育产业高质量发展的内在逻辑、国际经验及实现路径》，载于《山东财经大学学报》2022 年第 1 期。

［8］高庆勇、彭国强、程喜杰：《美国体育产业发展经验及启示》，载于《体育文化导刊》2019 年第 9 期。

［9］戴腾辉、王跃、周孝等：《我国体育产业发展过程中的宏观经济效应分析——基于总量和结构的视角》，载于《西安体育学院学报》2019 年第 3 期。

［10］龚秋玲、刘飞平：《我国体育产业的经济效应分析》，载于《体育文化导刊》2014 年第 9 期。

［11］荆林波：《我国体育产业发展现状、问题与对策建议》，载于《南京体育学院学报（社会科学版）》2016 年第 4 期。

［12］王先亮、张瑞林：《从生产到生活：论美好生活需要下体育产业高质量发展》，载于《沈阳体育学院学报》2020 年第 4 期。

［13］钟倪、任君保、张春燕等：《体育产业高质量发展的"量"与"质"协同问题研究》，载于《体育学研究》2023 年第 3 期。

［14］袁夕坤、战炤磊：《推动我国体育产业高质量发展的路径选择》，载于《经济与管理评论》2023 年第 1 期。

［15］任波、黄海燕：《"双碳"目标下中国体育产业结构优化的内在机理与升级策略》，载于《体育学研究》2022 年第 4 期。

［16］黎镇鹏、张泽承、任波等：《"双碳"背景下中国体育旅游产业低碳发展的现实基础、困境桎梏与实施路径》，载于《山东体育学院学报》（网络首发）2023 年第 6 期。

［17］陈婕：《中国绿色经济增长理论与实践》，电子工业出版社2022 年版。

［18］李刚：《乡村振兴背景下山东乡村体育教师专业培训研究》，经济科学出版社 2023 年版。

［19］石敏俊等：《中国经济绿色发展：理念、路径与政策》，中国人民大学出版社 2021 年版。

［20］李启琛、房铮、王云飞：《全域旅游背景下山东省体育旅游发展现状及对策研究》，载于《当代体育科技》2021 年第 11 期。

［21］任波、黄海燕：《"双碳"目标下我国体育产业低碳发展的现实意义、重点领域与推进策略》，载于《武汉体育学院学报》2022 年第7 期。

［22］陶军、章晓俊：《"双碳"目标下我国体育产业绿色发展的未来向度和现实路径》，载于《广西科技师范学院学报》2023 年第 3 期。

［23］陆思农：《"共享经济"时代体育产业发展的思考》，载于《国际公关》2023 年第 18 期。

［24］向书坚、徐应超、朱贺：《共享经济驱动包容性绿色发展：模式、机制及路径》，载于《改革与战略》2023 年第 5 期。

［25］刘琨：《全民健身与体育产业协同发展的现实困境与政策选择》，载于《西安体育学院学报》2020 年第 4 期。

［26］刘灿辉、安立仁：《移动互联时代的组织知识共享：从个体认知到团队认知》，载于《中国科技论坛》2016 年第 12 期。

［27］黄海燕、康露：《新时代体育产业高质量发展的理论逻辑与实施路径》，载于《体育科学》2022 年第 1 期。

［28］罗宇昕、罗湘林、杨明等：《扩大内需战略下体育产业高质量发展的理论遵循、循环堵点及畅通方略》，载于《山东体育学院学报》2023 年第 5 期。

［29］陈丛刊、陈宁：《新时代全民健身的内涵特征、战略定位与实践指向》，载于《天津体育学院学报》2022 年第 6 期。

［30］苟阳、黄谦、曹美娟等：《冲击解析及应对：新冠疫情影响下的体育产业高质量发展研究——基于产业关联结构的视角》，载于《成都体育学院学报》2022 年第 1 期。

［31］柴王军、李杨帆、李国等：《数字技术赋能体育产业高质量发展的逻辑、困境及纾解路径》，载于《西安体育学院学报》2022 年第 3 期。

［32］姜同仁、张林、王松等：《中国体育产业演进的内在逻辑、政策趋向和高质量发展路径》，载于《天津体育学院学报》2020 年第 6 期。

［33］单勇、徐晓燕：《论区域体育产业发展的基本要素》，载于《浙江体育科学》2004 年第 6 期。